챗GPT와 파이썬으로 주식 자동매매 앱 및 웹 투자 리포트 만들기

챗GPT와 파이썬으로 주식 자동매매 앱 및 웹 투자 리포트 만들기

초판 1쇄 발행 | 2024년 05월 20일

지은이 | 박찬의 저
펴낸이 | 김병성
펴낸곳 | 앤써북

출판사 등록번호 | 제 382-2012-0007 호
주소 | 파주시 탄현면 방촌로 548
전화 | 070-8877-4177
FAX | 031-942-9852
도서문의 | 앤써북 http://answerbook.co.kr
ISBN | 979-11-93059-25-8 13000

- 이 책의 일부 혹은 전체 내용을 무단 복사, 복제, 전재하는 것은 저작권법에 저촉됩니다.
- 본문 중에서 일부 인용한 모든 프로그램은 각 개발사(개발자)와 공급사에 의해 그 권리를 보호합니다.
- 앤써북은 독자 여러분의 의견에 항상 귀기울이고 있습니다.

[안내]
- 이 책의 내용을 기반으로 실습 및 운용 결과에 대해 저자, 소프트웨어 개발자 및 제공자, 앤써북 출판사, 서비스 제공자는 일체의 책임지지 않음을 안내드립니다.
- 이 책에 소개된 회사명, 제품명은 각 회사의 등록 상표 또는 상표이며 본문 중 TM, ©, ® 마크 등을 생략하였습니다.
- 이 책은 소프트웨어, 플랫폼, 서비스 등은 집필 당시 신 버전으로 설명하였습니다. 단, 독자의 학습 시점에 따라 책의 내용과 일부 다를 수 있습니다.

Preface
들어가며

매년 급격하게 변화하고 발전하는 IT 기술은 주식 시장에서 거래 방식을 근본적으로 변화시키고 있으며, 이 중 자동매매 시스템은 그 변화의 핵심입니다. 자동매매 시스템은 복잡하고 방대한 시장 데이터를 신속하게 분석하며, 사람의 개입 없이도 주식 매매 결정을 내릴 수 있게 합니다. 이는 투자자들에게 빠르고 효율적인 거래 기회를 제공하며, 시장 변동성에 신속하게 대응할 수 있는 능력을 부여합니다.

이러한 자동매매 시스템을 제작하는 데 파이썬은 가장 인기 있는 프로그래밍 언어 중 하나입니다. 파이썬의 간결하고 이해하기 쉬운 문법, 강력한 데이터 분석 및 처리 라이브러리와의 호환성은 주식 데이터를 받아서 빠르게 처리하는 것에 아주 뛰어납니다. 추가로, 파이선은 다양한 외부 API와의 통합이 용이하여, 여러 금융 데이터 소스와 거래 플랫폼에 쉽게 접근할 수 있습니다. 이는 자동매매 애플리케이션이 실시간 시장 변화에 빠르게 반응하고, 다양한 거래 전략을 실험하고 반영하는 데 중요한 요소입니다.

이 책에서는 파이썬 프로그래밍에 챗GPT를 적극적으로 활용합니다. 챗GPT와 같은 인공지능은 사람이 구상하는 알고리즘을 전달하면 그것을 프로그래밍 코드로 작성하고, 디버깅을 지원하며 다양한 프로그래밍 문제를 해결하는 수준까지 이르렀습니다. 이를 통하여 프로그래밍에 대한 진입 장벽이 낮아지고, 프로그래밍 언어에 대한 학습 곡선이 더욱 완만해지고 있습니다. 하지만 챗GPT를 통해서 보다 효율적으로 프로그래밍을 할 수 있더라도, 코드를 검수하고 재구성하는 것은 결국 사람이 관련 지식을 기반으로 해야 한다는 점을 기억하시기 바랍니다. 이 책에서는 파이썬 프로그래밍에 대한 진입장벽을 낮추고, 프로그래밍 문야에서 챗GPT의 잠재력을 확인하기 위해 챗GPT로 자동매매 애플리케이션의 뼈대를 만드는 것에 초점을 맞추었습니다. 따라서 파이썬에 대한 기본 지식이 부족하더라도 책의 기본 내용을 따라오시는 것은 가능하리라 생각합니다. 하지만 이 책에서 얻은 내용을 바탕으로 추가 기능 구현 및 변형을 통한 자신만의 애플리케이션을 만들고자 한다면, 챗GPT가 생성한 코드를 연결하고 검수하는 과정에서 파이썬에 대한 기본 지식이 요구될 것입니다. 따라서 이 책에서 설명하는 파이썬 기초 지식 학습도 병행하시기를 적극 추천드립니다.

이 책의 chapter 1에서는 챗GPT에 대한 전반적인 소개와 사용법을 학습합니다. 챗GPT에 대해 간단히 소개하고, 파이썬 프로그래밍 관점에서 챗GPT가 어떤 특징을 가지는지 설명합니다. 또한, 챗GPT에 효율적으로 질문하기 위한 기초적인 프롬프트 작성법을 학습합니다. 비록 고급 프롬프트 엔지니어링은 아닐 지라도 이 부분을 잘 학습해 두면 일반적인 수준에서 챗GPT를 통한 파이썬 프로그래밍에 아주 효율적으로 활용할 수 있으며, 무엇보다도 이 책에서의 프롬프트 작성에 전반적으로 사용되는 기법들이 많으므로 꼭 학습하고 넘어가시기 바랍니다.

Chapter 2에서는 파이썬 기초 문법을 다룹니다. 맨 처음에 다루는 파이썬 설치 및 프로그래밍 환경 세팅은 챗GPT가 생성해 준 파이썬 코드를 직접 PC에서 실행하기 위해 꼭 진행해야 하는 내용입니다. 다음으로 변수, 여러 파이썬 데이터 타입 및 자료형에 대해 학습하며 조건문 및 반복문 등의 기초 문법도 함께 다룹니다. 이 책에서는 챗GPT가 생성한 코드의 문법적인 내용을 설명하는 [★코드 설명] 코너가 있는데, 이 코너를 이해하기 위해서는 이번 장에서 학습하는 기초 지식이 필요합니다.

Chapter 3에서는 본격적으로 챗GPT를 사용하여 주식 자동 매매 전략을 구현하고 이를 백테스팅합니다. 크게 변동성 돌파 전략과 머신러닝 기반 전략을 소개하며, 이 중 변동성 돌파 전략은 chapter 4에서 자동 매매 애플리케이션을 제작할 때 근간이 되는 전략입니다. 머신러닝 기반 전략은 랜덤 포레스트 모델을 이용하여 특정 종목의 주가를 예측합니다. 이를 활용하여 앞으로의 주가가 계속해서 상승할 것으로 예측되는 종목에 투자하는 전략을 세울 수 있습니다.

Chapter 4에서는 변동성 돌파 전략을 기반으로 한 자동매매 애플리케이션을 본격적으로 제작합니다. 그래픽 유저 인터페이스 (GUI) 애플리케이션을 제작하기 위하여 pyqt5 모듈과 QtDesigner에 대해 학습합니다. 이 장에서는 원하는 알고리즘의 자동 매매 애플리케이션을 제작하기 위하여 수 차례 챗GPT와 소통하며 디버깅 과정을 거칩니다. 이러한 과정에서 챗GPT를 통한 프로그래밍 문제 해결 절차를 학습할 수 있으며, 이는 다른 프로그래밍 프로젝트를 진행할 때에도 큰 도움이 될 것입니다. 또한, 자동 매매 애플리케이션을 통해 매매 주문이 진행될 때 마다 모바일에서 알람을 받을 수 있도록 슬랙 환경을 구축합니다.

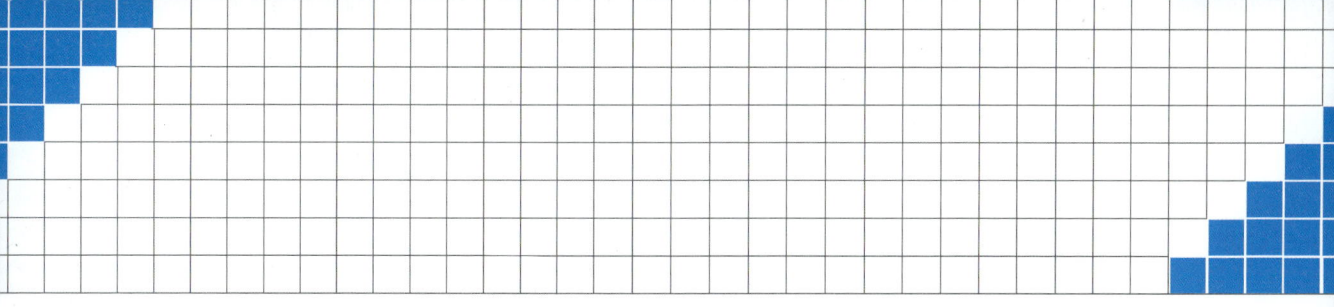

    마지막 chapter 5에서는 chapter 4에서 제작한 자동 매매 애플리케이션의 일정 기간 동안의 매매 실적을 streamlit 웹 대시보드에 요약하고 시각화합니다. Streamlit은 HTML 지식 없이 웹 대시보드를 파이썬으로 손쉽게 구축할 수 있는 라이브러리로, 특히 특정 주제에 대한 데이터 분석 결과를 시각화 하는 데 요긴하게 활용될 수 있습니다. 여기서는 자동 매매 애플리케이션의 일정 기간 동안의 매매 실적을 여러 차트로 시각화 하여 대시보드에 간단한 매매 리포트 형식으로 표현하는 방법을 학습합니다.

    본격적으로 들어가기에 앞서, 이 책은 투자 지침서가 아니라는 것을 독자 분들께 말씀드립니다. 이 책은 보다 효율적이고 신속하게 주식 시장에 투자하기 위하여 자동 매매 애플리케이션을 제작하는 일련의 과정에 있어 챗GPT와 파이썬의 잠재력과 장점을 소개하는 데 목적이 있습니다. 이 책에서 소개하는 매매 전략들은 독자의 이해를 돕기 위해 선정한 간단한 예시로, 추가적인 튜닝 없이 그대로 실제 투자에 활용할 경우 손실이 발생할 수 있습니다. 이 책에서 배운 내용을 바탕으로 하여 독자분들께서 개인적으로 갈고 닦은 투자 전략을 반영하여 자신만의 자동매매 애플리케이션을 제작해 보시기 바랍니다. 독자 분들의 성공적인 투자를 기원합니다.

저자 박찬의

How to learn this book
이 책을 학습하는 방법

　이 책은 챗 GPT를 이용하여 주식 자동매매 애플리케이션 제작이라는 주제로 파이썬 프로그래밍을 진행합니다. 이 책은 독자들이 챗GPT와 파이썬에 대해 생소하거나 입문 수준이라는 전제로 하기 때문에 고급 프롬프트 엔지니어링과 고급 파이썬 문법을 사용하지는 않습니다. 최대한 입문자의 눈높이에서 챗GPT에 질문을 하고 파이썬 코드를 생성하여 애플리케이션을 제작합니다. 따라서 챗GPT에 완벽하게 질문하여 최소한의 코드로 효율적인 프로그래밍을 하기보다는, 챗GPT를 이용한 파이썬 프로그래밍 과정에서 맞닥뜨리는 문제를 발견하고 해결하는 과정을 설명하는 것에 집중했습니다. 그렇기 때문에 독자분들께서는 각 장에서 학습하고자 하는 목표를 통해 나아가는 과정에서 어떤 문제를 만나고, 그 문제들을 어떻게 해결하는지에 대해 나무보다는 숲을 본다는 관점에서 학습하시기를 추천합니다.

　Chapter 1에서 소개하겠지만, 챗GPT는 동일한 질문에 항상 동일하게 답변하지 않습니다. 이 책에서는 프롬프트를 작성하여 챗GPT로부터 파이썬 코드를 생성하고, 생성된 코드를 바탕으로 알고리즘을 수정하거나 추가해 나갑니다. 따라서 이 책과 동일하게 프롬프트를 작성하였지만 동일한 답변을 얻지 못하였다면 이후의 과정에서도 동일한 답변을 얻지 못할 가능성이 큽니다. 물론 챗GPT가 "다른" 방향으로 생성해 주는 코드가 항상 "틀린"것은 아닙니다. 이럴 때에는 동일한 답변을 얻을 때까지 몇 차례 질문을 재생성하거나, 이 책에서 소스코드로 제공되는 스크립트를 프롬프트에 전달하며 "아래에서 전달한 코드를 바탕으로 ~부분을 ~해 줘"와 같은 방식으로 대화를 이끌어 나가면 됩니다. 예를 들어, 이 책에서 챗GPT에 질문을 하여 "A" 라는 스크립트를 얻었을 때 "A" 코드의 "B" 부분을 "C"처럼 수정하는 디버깅 과정에서 소스코드로 제공되는 "A" 스크립트를 아래처럼 프롬프트에 붙여 넣고 후속 디버깅 과정을 계속 진행하시면 됩니다. 이러한 방법은 책의 본문에서도 다시 안내하도록 하겠습니다. 중요한 것은 이 책의 내용을 100% 동일하게 따라하려는 것이 아니라, 나무보다 숲을 바라보는 시각으로 문제의 발견과 해결 과정의 흐름을 학습하는 것임을 기억하시기 바랍니다.

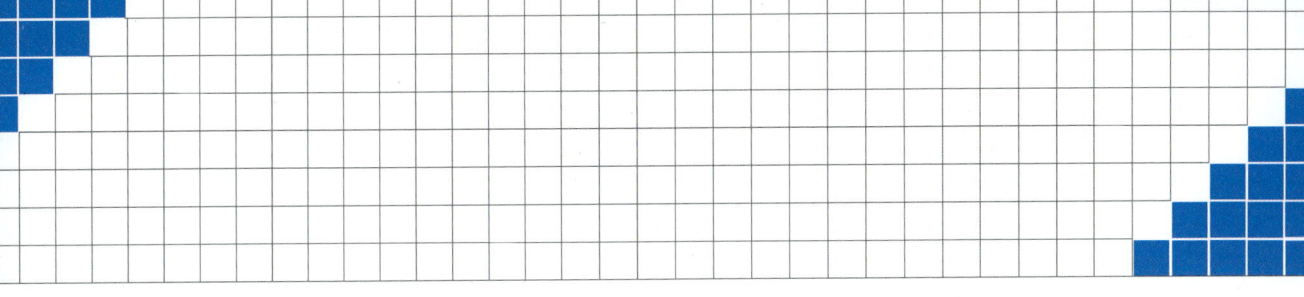

 아래 코드는 ~에 대한 코드야. 아래 코드의 "B"부분을 "C"처럼 수정하여 코드를 생성해 줘.
[이 곳에 "A" 스크립트를 붙여넣습니다.]

   마지막으로 이 책의 내용을 따라하실 때에는 GPT-4.0 모델을 사용하는 것을 추천합니다. GPT-4.0은 3.5모델 대비 최근 데이터로 학습하였으며 더욱 거대한 모델로 보다 정교하고 정확한 답변을 합니다. 또한, GPT4.0은 파일 첨부와 코드 분석 기능을 제공하는데, 5장에서 주식 매매일지 데이터를 기반으로 다양한 시각화 차트를 생성하는 과정에서 csv 파일을 챗GPT에 업로드하여 분석하는 부분에 활용됩니다. 3.5 버전은 파일 업로드를 제공하지 않습니다.

> ◘ **온라인강의 시청하기**
> 앤써북 공식 카페를 통해 저자가 직접 진행하고 있는 온라인강의 경로를 확인할 수 있습니다.
>
> • 강의명 :
>   챗GPT와 파이썬으로 주식 자동매매 앱과 웹 투자 리포트 만들기
>
> • https://cafe.naver.com/answerbook/5521
>
>

책 소스 다운로드 및 Q&A 그리고 체험단

이 책의 실습에 필요한 책 소스 파일과 긴급 공지 사항 및 정오표와 같은 안내 사항은 앤써북 공식 카페의 책 전용 게시판을 이용하시면 됩니다.

[책 소스 다운로드 & 정오표]

이 책의 실습에 필요한 소스 파일은 [챗GPT로 만드는 주식 자동매매 앱과 웹 투자 리포트 with 파이썬] 책 소스 다운로드 전용게시판 주소 또는 QR코드로 접근한 후 안내에 따라 책소스 파일을 다운로드 받습니다.

- 책 소스 다운로드 전용게시판 바로가기 https://cafe.naver.com/answerbook/6169

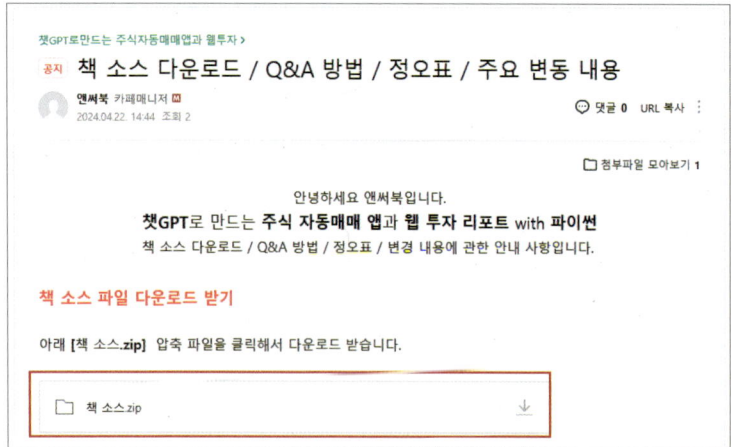

[책 내용 Q&A 및 소스]

이 책의 실습에 필요한 소스 파일과 책 내용과 관련한 궁금한 사항은 저자가 직접 운영하는 깃허브를 이용하면 정확한 답변 받을 수 있습니다. 단, 문의 내용에 따라 답변 받지 못할 경우도 있음을 양해 부탁드립니다.

- 저자가 운영하는 깃허브 https://github.com/Chaneui/GPT_trading

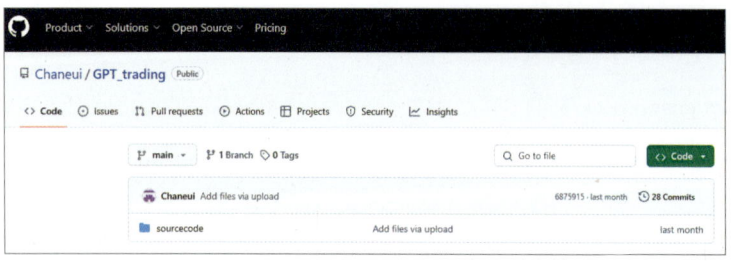

[앤써북 공식 체험단 소식 받기]

앤써북에서 출간된 신간 책은 물론 책과 연관된 실습 키트 등 앤써북에서 진행하는 모든 체험 모집 안내글 소식을 편리하게 받아보실 수 있습니다.

체험단 모집 안내 게시글은 비정기적으로 등록되기 때문에 앤써북 카페 공식 체험단 모집 게시판에 접속한 후 "즐겨찾기" 버튼(❶)을 눌러 [채널 구독하기] 버튼(❷)을 눌러 즐겨찾기 설정해 놓거나 상단의 "새글 구독" 슬라이드(❸)를 우측으로 드래하여 ON으로 설정해 놓으면 체험단 게시판에 새로운 체험단 모집 글이 업로드되면 네이버 로그인 시 자동으로 안내보실 수 있습니다.

- 앤써북 카페 공식 체험단 모집 게시판 https://cafe.naver.com/answerbook/menu/150

Contents
목차

CHAPTER 01 챗GPT와 파이썬 프로그래밍

챗GPT 소개 • 13
챗GPT에 효율적으로 질문하는 방법 • 17
    나쁜 예시 • 17
    좋은 예시 • 17
    예시 없이 질문만 한 경우 • 18
    질문 없이 예시만 있는 경우 • 19
    질문과 예시가 둘 다 있는 경우 • 20
챗GPT와 소통하기 위해 주의해야 할 사항 • 25

CHAPTER 02 필요한 만큼만 배우는 파이썬 기초

파이썬 설치 및 프로그래밍 환경 세팅 • 30
변수의 선언과 할당 • 34
데이터의 종류 • 38
조건문 • 41
반복문 • 45
리스트 • 50
튜플 • 54
딕셔너리 • 55
집합 • 58
함수 • 60
클래스 • 64
모듈 • 67

CHAPTER 03 챗GPT로 주식 매매 전략을 구현하고 백테스팅하기

매매 전략: 변동성 돌파 전략 • 71
매매 전략: 머신러닝 기반 전략 • 78

CHAPTER 04 증권사 API로 주식 자동 매매 애플리케이션 구현하기

키움증권 API 개요, 신청 방법 및 접근 방법 • 83
자동 매매 시스템 설계도 소개 • 95
PyQt5로 자동매매 애플리케이션 GUI 구현하기 • 96
자동매매 로직 구현 • 106
슬랙을 이용한 매매 주문 알람 받기 • 143

CHAPTER 05 Streamlit으로 웹 투자 대시보드 제작하기

Streamlit 소개 및 설치 • 159
Streamlit 기본 위젯 및 레이아웃 알아보기 • 166
Streamlit 투자 웹 대시보드 제작하기 • 182

CHAPTER 01

챗GPT와
파이썬 프로그래밍

챗GPT 소개

우리는 현재 인공지능의 시대를 살고 있습니다. 인공지능 기술은 다양한 분야에서 인간의 삶에 빠르게 스며들고 있으며, 관련 기술에 관심이 없는 사람일지라도 한 번쯤은 인공지능의 발전이 인간의 삶에 미칠 영향에 대해서 고민해 봤을 것이라 생각합니다. 인공지능의 다양한 분야 중 하나로 텍스트나 음성 등으로 표현된 인간의 언어를 컴퓨터가 이해하고 분석하며 생성할 수 있도록 하는 자연어 처리(Natural Language Processing)가 있는데, 검색 엔진, 애플의 시리 음성 비서, 언어 번역기 등에 활용되고 있습니다. 그 중 최근 대중적인 관심을 크게 끌고 있는 챗GPT도 자연어 처리를 기반으로 한 대화형 인공지능 모델입니다.

챗GPT는 OpenAI에서 개발하여 특정 기간까지의 대규모 데이터셋을 학습하여 사용자의 질문 문맥을 파악하고 주어진 정보를 기반으로 적절한 응답을 생성합니다. 이는 단순한 질문-답변의 수준을 넘어서서 사용자와의 상호작용을 통해 보다 사용자에게 특화된 답변을 제공합니다. 이러한 특징들로 인하여 챗GPT는 간단한 프로그래밍 코드 작성 및 최적화, 언어 번역 및 문장 다듬기, 콘텐츠 생성, 데이터 처리 등 다양한 분야에서의 생산성 향상에 크게 기여할 것으로 기대 받고 있습니다.

본격적으로 챗GPT를 통해 간단한 질문을 하고 답변을 확인해 보도록 하겠습니다. 챗GPT 홈페이지에 접속하여❶ 로그인하면 아래 같은 화면을 확인할 수 있습니다. ❶에서는 지난 채팅 이력을 확인할 수 있습니다. 사용자의 지난 질문 및 챗GPT의 답변 내역을 불러와 계속해서 질문을 이어갈 수 있으며, 이전 질문 내역을 수정하여 수정된 답변을 받을 수도 있습니다. 챗GPT에 처음 접속하시거나 챗GPT에 질문을 한 적이 없을 경우 해당 리스트는 빈 화면으로 표시될 것입니다. ❷에서는 챗GPT의 모델을 선택할 수 있습니다. 무료 유저도 GPT-3.5 모델을 사용할 수 있으며, 매달 부가세 포함 22달러가량의 비용을 지불하면 GPT-4.0 모델을 구독 형태로 사용할 수 있습니다. GPT-3.5 대비 GPT-4.0은 발전된 모델로, 더 큰 훈련 데이터로 학습되었으며 모델의 크기와 구조도 복잡합니다. ❸은 챗GPT와의 대화 내용을 확인할 수 있는 창입니다. 일반적인 메신저 애플리케이션과 같이 사용자의 질문과 답변 내역이 기록되며, 사용자는 이미 답변 받은 질문들을 수정하고 새로운 답변을 받을 수도 있습니다. ❹를 통하여 챗GPT에게 질문을 할 수 있습니다.

---

❶ https://chat.openai.com

GPT-4.0의 경우에는 아래 그림 1과 같이 대화 창 왼쪽에 파일을 첨부할 수 있는 클립 아이콘을 확인할 수 있는데, 텍스트, 이미지, 스프레드시트, 문서 등 다양한 종류의 파일을 챗GPT에게 전달하여 요약 작성, 데이터 분석, 이미지 기반의 질의응답을 할 수 있습니다. GPT-3.5의 경우에는 해당 아이콘이 보이지 않습니다.

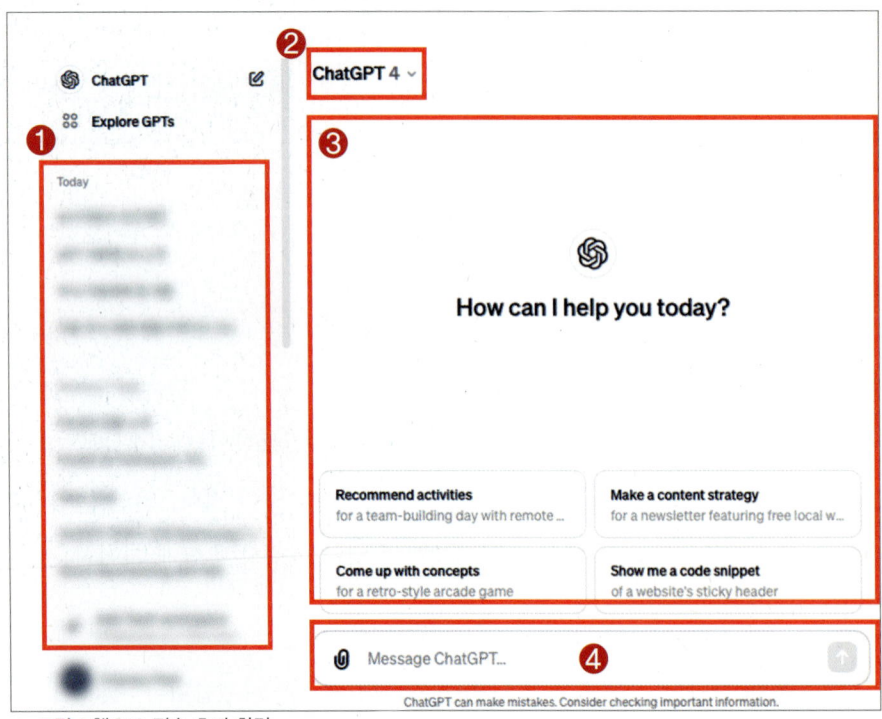

▲ 그림 1 챗GPT 접속 초기 화면

챗GPT 화면 구성을 확인했으니 이제 챗GPT에 질문을 해보도록 하겠습니다. 아래와 같이 챗GPT의 장단점을 질문해 보겠습니다.

 챗GPT의 장단점을 설명해줘

 챗GPT, 즉 Generative Pre-trained Transformer 모델은 다양한 종류의 대화를 생성할 수 있는 강력한 언어 모델입니다. 이 모델은 다양한 주제에 대해 정보를 제공하고, 질문에 답변하며, 텍스트 기반의 작업을 수행할 수 있는 능력을 갖추고 있습니다. 챗GPT의 장단점을 살펴보겠습니다.

장점

1. **다재다능함:** 챗GPT는 글쓰기, 대화, 요약, 번역 등 다양한 언어 관련 작업을 수행할 수 있습니다. 이는 GPT 모델이 대규모 데이터셋에서 학습되었기 때문에 가능합니다.

2. **사용자 맞춤형 대화:** 사용자의 입력에 기반하여 개별적인 대화나 텍스트를 생성할 수 있어, 맞춤형 대응이 가능합니다.

챗GPT, 즉 Generative Pre-trained Transformer 모델은 다양한 종류의 대화를 생성할 수 있는 강력한 언어 모델입니다. 이 모델은 다양한 주제에 대해 정보를 제공하고, 질문에 답변하며, 텍스트 기반의 작업을 수행할 수 있는 능력을 갖추고 있습니다. 챗GPT의 장단점을 살펴보겠습니다.

장점
1. **다재다능함**: 챗GPT는 글쓰기, 대화, 요약, 번역 등 다양한 언어 관련 작업을 수행할 수 있습니다. 이는 GPT 모델이 대규모 데이터셋에서 학습되었기 때문에 가능합니다.
2. **사용자 맞춤형 대화**: 사용자의 입력에 기반하여 개별적인 대화나 텍스트를 생성할 수 있어, 맞춤형 대응이 가능합니다.
3. **지식의 광범위함**: 챗GPT는 방대한 양의 정보를 학습하여 다양한 주제에 대해 정보를 제공할 수 있습니다.
4. **접근성과 효율성**: 언제 어디서나 쉽게 접근할 수 있으며, 정보 검색이나 콘텐츠 생성을 빠르게 수행할 수 있습니다.

단점
1. **정확성과 신뢰성의 한계**: 챗GPT는 학습 데이터에 기반하여 정보를 생성하기 때문에, 최신 정보가 부족하거나 잘못된 정보를 제공할 가능성이 있습니다.
2. **문맥 이해의 한계**: 복잡한 문맥이나 뉘앙스를 완전히 이해하지 못할 수 있으며, 이로 인해 때로는 부정확한 또는 관련 없는 답변을 할 수 있습니다.
3. **창의성의 제한**: 챗GPT는 기존에 학습된 데이터를 기반으로 새로운 콘텐츠를 생성하지만, 인간의 창의성처럼 완전히 새로운 아이디어나 개념을 창출하는 데는 한계가 있습니다.
4. **윤리적, 사회적 문제**: 편향, 프라이버시, 저작권 등과 관련된 윤리적이나 사회적 문제를 야기할 수 있습니다.

챗GPT는 다양한 용도로 유용하게 사용될 수 있지만, 그 한계를 인식하고 적절히 대처하는 것이 중요합니다. 사용자는 챗GPT가 제공하는 정보의 정확성을 항상 검증해야 하며, 중요한 결정을 내릴 때는 전문가의 조언을 구하는 것이 좋습니다.

위에서 볼 수 있는 것과 같이 챗GPT의 일반적인 장점과 단점을 각각 4개의 항목으로 설명해주는 것을 확인할 수 있습니다. 이번에는 조금 더 구체적으로 아래와 같이 챗GPT와 유사한 인공지능 모델들의 예시와 해당 모델과 비교했을 때 챗GPT의 장점과 단점을 질문해 보겠습니다.

챗GPT와 유사한 인공지능 모델에 대한 예시와, 그 모델들과 비교했을 때 챗GPT의 장단점에 대해서 설명해줘

챗GPT와 유사한 인공지능 모델은 주로 대규모 언어 모델을 기반으로 합니다. 이 모델들은 자연어 처리(NLP)와 생성 작업에서 뛰어난 성능을 보이며, 각기 다른 특성과 용도를 가지고 있습니다. 여기 몇 가지 예시와 챗GPT와의 비교를 통해 장단점을 설명하겠습니다.

BERT (Bidirectional Encoder Representations from Transformers)
- **특징**: BERT는 문맥을 양방향에서 이해하는 능력이 탁월하여, 특히 문맥 이해가 중요한 작업(예 질문 응답, 감정 분석)에서 강력한 성능을 발휘합니다.
- **장점**: 문맥 이해력이 뛰어나며, 특정 작업에 맞게 미세 조정(Fine-tuning)할 수 있습니다.
- **단점**: 순수한 텍스트 생성 능력은 챗GPT보다 떨어질 수 있습니다. BERT는 주로 이해 기반의 작업에 초점을 맞춥니다.

GPT 시리즈 (GPT-2, GPT-3)
- **특징**: 챗GPT의 직접적인 선조격인 GPT 시리즈는 생성적 작업에 강력한 성능을 보입니다. 특히 GPT-3는 그 규모와 범용성에서 매우 인상적인 결과를 보였습니다.
- **장점**: 대규모 데이터셋에서 학습되어 다양한 주제에 대한 지식을 가지고 있으며, 유연한 텍스트 생성 능력을 보입니다.
- **단점**: 모델의 크기가 커서 운영 비용이 높고, 때로는 예상치 못한 출력을 할 수 있으며, 최신 정보에 대한 이해가 부족할 수 있습니다.

T5 (Text-to-Text Transfer Transformer)
- **특징**: 모든 NLP 작업을 텍스트-투-텍스트 형식으로 변환하여 처리하는 것이 특징입니다. 예를 들어, 번역 작업은 "Translate English to German"이라는 프롬프트에 이어지는 영문 텍스트를 독일어로 변환하는 작업으로 처리됩니다.
- **장점**: 매우 유연한 접근 방식을 통해 다양한 언어 작업을 통합적으로 처리할 수 있습니다.
- **단점**: 특정 작업에 대해 챗GPT나 GPT-3만큼 특화된 성능을 보이지 않을 수 있습니다.

챗GPT와의 비교
- **장점**: 챗GPT는 특히 대화형 텍스트 생성에 최적화되어 있어, 대화의 흐름을 잘 이해하고 자연스러운 대화를 생성할 수 있습니다. 또한, 최신 버전은 이전 모델들의 단점을 보완하기 위해 지속적으로 개선되고 있습니다.
- **단점**: 대화형 모델 특성 상, 전문적이거나 특화된 지식을 필요로 하는 작업에서는 BERT나 T5 같은 모델이 미세 조정을 통해 더 정확한 정보를 제공할 수 있습니다. 또한, 큰 모델 규모로 인한 운영 비용과 최신 정보에 대한 한계는 여전히 도전 과제입니다.

각 모델은 설계와 목적이 다르므로, 특정 작업이나 요구 사항에 가장 적합한 모델을 선택하는 것이 중요합니다. 챗GPT는 대화형 AI, 텍스트 생성, 대화 시뮬레이션 등의 분야에서 특히 유용하게 사용될 수 있습니다.

챗GPT의 장단점을 다른 인공지능 모델과 대비하여 설명해 달라고 했을 때 챗GPT가 여러 가지 구체적인 예시를 들면서 구체적으로 장단점을 비교해 주는 것을 확인할 수 있습니다. 이처럼 챗GPT는 질문(프롬프트)을 명확하게 작성할 수록 사용자의 의도를 파악하고 질문의 요지에 보다 적합한 답변을 생성합니다. 다음 절에서 챗GPT에 전달하는 프롬프트를 (질문) 보다 정확하고 효율적으로 작성하는 법을 몇 가지 알아보도록 하겠습니다.

챗GPT에 효율적으로 질문하는 방법

챗GPT와 효율적이고 효과적인 소통을 하기 위해 알아두면 좋을 몇 가지 프롬프트 작성 팁을 짚고 넘어가겠습니다. 가장 중요한 규칙은 챗GPT에 요청하는 내용이 최대한 직접적이고 명확하여야 한다는 것입니다. 예를 들어, 특정 영화에 대한 사람들의 리뷰를 분석하여 영화 추천 시스템을 개선해야 하는 상황이라고 가정해 보겠습니다. 이러한 상황에서 프롬프트 작성의 나쁜 예시와 좋은 예시를 각각 한 개씩 보도록 하겠습니다.

나쁜 예시

> 사람들이 영화를 보고 다음처럼 리뷰를 남겼는데, 어떤 걸 할 수 있을지 확인해 줘. "이 영화는 정말 감동적이고 마지막까지 눈을 뗄 수 없었다. 시간 가는 줄 몰랐다.", "시간 낭비였다. 스토리가 너무 뻔하고 지루했다.", "특별할 거 없는 평범한 영화였다. 추천 시스템을 보고 예매했는데, 아쉬웠다."

위 프롬프트는 모호하고, 챗GPT에게 구체적인 작업 지시를 하지 않습니다. "어떤 걸 할 수 있을지"에 대한 요청은 해당 데이터를 기반으로 어떤 인사이트를 얻을 수 있을지에 대해 예시를 들어 달라는 요청으로 생각할 수 있는데, 위에서 가정한 상황과는 맞지 않는 요청입니다. 위 프롬프트를 다듬어서 챗GPT가 수행해야 할 분석이나 그 결과를 사용한 구체적인 지침을 포함하도록 수정해 보겠습니다.

좋은 예시

> 다음은 사용자들이 남긴 영화 리뷰 데이터야. 각 리뷰에서 나타나는 주요 감정을 분석하고, 이 정보를 바탕으로 우리의 영화 추천 시스템을 어떻게 개선할 수 있을지 제안해 줘.
> 1. 리뷰 A: "이 영화는 정말 감동적이고 마지막까지 눈을 뗄 수 없었다. 시간 가는 줄 몰랐다."
> 2. 리뷰 B: "시간 낭비였다. 스토리가 너무 뻔하고 지루했다."
> 3. 리뷰 C: "특별할 거 없는 평범한 영화였다. 추천 시스템을 보고 예매했는데, 아쉬웠다."

위와 같이 좋은 예시 프롬프트는 챗GPT가 생성해야 할 답변에 대한 구체적인 지시(추천 시스템개선 방향 제안)를 담고 있습니다. 추가적으로, 나쁜 예시에서는 고객의 리뷰를 문단 속에 열거식으로 나타내었지만, 좋은 예시에서는 첫 문단의 하단에 번호를 매겨 고객의 리뷰를 한 번호에 하나씩 작성했습니다. 이렇게 번호식으로 요구사항이나 정보를 전달하면 프롬프트를 수정하거나 관리하기에 용이합니다.

또한, 챗GPT에 질문을 할 때 답변에 대한 예시를 함께 제공하면 챗GPT가 사용자의 의도를 보다 명확히 판단하며 정확한 답변을 제공할 확률이 높아집니다. 비 오는 날의 옷차림에 대해 아래와 같이 세 개의 질문 예시에 대해 챗GPT의 답변이 어떻게 달라지는지 살펴보도록 하겠습니다.

예시 없이 질문만 한 경우

 비오는 날에는 어떤 옷차림을 하는게 좋을까?

 비오는 날에는 다음과 같은 옷차림이 좋습니다:

1. **방수 기능이 있는 외투**: 가벼운 방수 재킷이나 우비를 선택하세요. 비가 많이 올 때는 통기성이 좋은 소재로 만든 방수 재킷이 쾌적함을 유지하는 데 도움이 됩니다.
2. **긴 바지**: 긴 바지는 다리를 비로부터 보호하는 데 도움이 됩니다. 빠르게 마르는 소재로 된 바지를 선택하면 더욱 좋습니다.
3. **방수 신발**: 방수 기능이 있는 신발이나 부츠를 신어 발을 건조하게 유지하세요. 고무 재질의 장화는 비가 많이 오는 날에 탁월한 선택입니다.
4. **양산 또는 우산**: 비를 피할 수 있는 가장 확실한 방법입니다. 튼튼하고 넓은 우산을 선택하면 비바람에도 안전하게 보호받을 수 있습니다.
5. **모자**: 방수 기능이 있는 모자를 착용하면 얼굴과 머리를 비로부터 보호할 수 있습니다. 빗물이 얼굴로 흐르는 것을 방지해 줍니다.
6. **방수 가방**: 중요한 물건을 담은 가방이 젖지 않도록 방수 가방이나 가방 커버를 사용하세요.

비가 올 때는 밝은 색상의 옷을 피하고, 물에 젖었을 때 투명해지거나 쉽게 얼룩이 지는 소재의 옷도 피하는 것이 좋습니다. 가능하다면, 비에 젖었을 때도 편안하게 착용할 수 있는 소재의 옷을 선택하는 것이 중요합니다.

위에서 비오는 날에 어떤 옷차림을 하면 좋을지에 대한 질문을 예시 없이 챗GPT에게 물었습니다. "옷차림"이라고 하면 상의, 하의, 장갑, 모자, 신발 등 세부적으로 다양하게 분류할 수 있는데, 위의 답변을 살펴보면 외투, 바지, 신발, 우산, 모자, 가방으로 분류하여 각각의 항목에 대한 답변을 해 주었습니다. 일반적으로 "옷차림"이라고 했을 때 가장 일반적인 분류로 나누어서 설명하는 것을 알 수 있습니다.

아래 예시에서는 특정 날씨에 대한 옷차림을 설명해 달라는 직접적인 질문 없이 다른 날씨(눈 오는 날)에 대한 예시를 들어주고, 비 오는 날에 대한 답변은 공백으로 하여 챗GPT에게 전달합니다.

질문 없이 예시만 있는 경우

눈오는 날:
1. 신발: 아이젠
2. 겉옷 : 패딩
3. 손: 방수 장갑
4. 바지: 두꺼운 코듀로이

비오는 날에는 날씨에 맞춰서 옷을 입는 것이 중요해요. 다음은 비오는 날에 적합한 옷차림입니다:

1. 신발: 방수 기능이 있는 부츠를 착용하는 것이 좋습니다. 비가 많이 오는 날에는 물웅덩이를 피할 수 없으므로, 발이 젖지 않도록 하는 것이 중요해요.
2. 겉옷: 방수 재질의 우비나 레인코트를 입습니다. 가능하다면 통풍이 잘 되는 재질로 선택하는 것이 좋아요. 그래야 몸이 더워져 땀을 많이 흘리는 것을 방지할 수 있습니다.
3. 손: 비가 오는 날에는 우산을 들고 다니게 되므로, 방수 재질의 장갑을 착용하는 것보다는 우산을 통해 손을 보호하는 것이 더 효과적일 수 있습니다. 필요하다면 방수 기능이 있는 장갑을 착용할 수도 있어요.
4. 바지: 빠르게 마르는 소재의 바지를 입는 것이 좋습니다. 비가 올 때는 옷이 젖기 쉬우므로, 신속하게 건조될 수 있는 소재를 선택하는 것이 중요해요. 예를 들어, 가볍고 빨리 마르는 나일론이나 폴리에스테르 소재의 바지가 좋을 수 있습니다.

비오는 날에는 우산이나 레인코트 외에도, 방수 가방을 사용하여 소지품이 젖지 않도록 하는 것도 중요해요. 가능하면 밝은 색상의 옷이나 반사 소재를 포함한 옷을 입어 어두운 날씨에서도 눈에 잘 띄게 하는 것이 안전에 도움이 됩니다.

위와 같이 질문을 따로 명시하지 않아도 챗GPT가 눈 오는 날에 대한 예시를 학습하여 문맥과 질문을 파악하고 동일한 형식으로 비 오는 날의 옷차림에 대한 답변을 예시로 전달하는 것을 확인할 수 있습니다. 예시로부터 질문 의도를 스스로 파악하고 옷차림에 대한 분류를 예시로 들었던 눈 오는 날과 동일하게 하여 답변한다는 사실이 놀랍습니다.

질문과 예시가 둘 다 있는 경우

 아래 예시를 참고하여 비오는 날 적합한 옷차림을 알려줘.

눈오는 날:
1. 신발: 아이젠
2. 겉옷 : 패딩
3. 손: 방수 장갑
4. 바지: 두꺼운 코듀로이

 비오는 날에는 비로부터 몸을 보호하고 불편함을 최소화할 수 있는 옷차림이 중요해요. 여기에 비오는 날 적합한 옷차림을 추천드릴게요:

1. 신발: 방수 기능이 있는 부츠나 물에 젖어도 빨리 마르는 소재의 신발. 미끄럼 방지 기능이 있는 신발을 선택하는 것이 좋습니다.
2. 겉옷: 방수 기능이 있는 우비나 레인코트. 통풍이 잘되면서도 비를 막아줄 수 있는 소재가 좋습니다.
3. 손: 방수 장갑은 비가 심할 때 유용하며, 더운 날씨에는 필요하지 않을 수 있습니다. 비가 적당히 오는 날에는 손을 보호할 수 있는 가벼운 소재의 장갑을 선택할 수 있습니다.
4. 바지: 방수 처리된 패브릭이나 빨리 마르는 소재의 바지를 선택하는 것이 좋습니다. 물웅덩이나 비에 젖었을 때 빨리 마를 수 있는 소재를 고르는 것이 중요합니다.
5. 머리: 비를 막기 위해 방수 기능이 있는 모자나 우산을 사용하는 것이 좋습니다. 특히 바람이 많이 부는 날에는 우산보다 방수 모자를 선택하는 것이 더 효과적일 수 있습니다.

이러한 옷차림은 비가 오는 날에도 편안하고 건조하게 유지할 수 있도록 도와줍니다. 계절과 기후에 따라 적절한 옷차림을 조정하는 것이 중요합니다.

마지막 예시에서는 프롬프트에 질문과 예시를 둘 다 명시하여 전달하였습니다. 비 오는 날에 적합한 옷차림을 알려달라는 요구사항과 함께 직전 프롬프트에 사용하였던 눈 오는 날에 대한 옷차림 예시를 함께 전달하였는데, 그 결과로 5가지 분류를 전달하였습니다. 그 중 1에서 4번까지는 눈 오는 날에 대한 옷차림 예시와 동일한 분류이고, 마지막 5번째 분류는 전달했던 예시에는 없던 옷차림 분류입니다. 이처럼 챗GPT에 질문과 예시를 함께 전달하면 높은 확률로 사용자의 요구사항을 보다 명확히 파악하여 전달해 준 예시의 형식 외에도 추가적인 사항에 대한 답변을 줍니다.

다음으로 알아볼 것은 단계별 질문 방법입니다. 복잡한 문제를 해결하고자 할 때에는 원하는 답을 한 번의 질문으로 얻으려 하기보다는 작은 단계로 쪼개어 여러 번에 걸쳐 질문을 하는 것이 좋습니다. 각 단계에서 얻은 답변을 바탕으로 보다 구체적으로 다음 질문을 위한 프롬프트를 구성할 수 있습니다. 아래에서 간단한 예시를 하나 살펴보도록 하겠습니다. 기후 변화 전략에 대해 기본적인 설명부터 특정 전략에 대한 세부 정보 및 실제 효과와 사례를 알아보려고 합니다.

 기후 변화에 대응하기 위한 현재의 전략에는 어떤 것들이 있는지 알려 줘.

 기후 변화에 대응하기 위한 현재 전략은 크게 완화 전략과 적응 전략으로 나뉩니다. 각 전략은 기후 변화의 영향을 줄이고, 그 결과에 적응하는 방법을 모색합니다. 여기에는 국제적, 국가적, 지역적 수준의 다양한 접근 방법이 포함됩니다.

완화 전략
완화 전략은 기후 변화의 주요 원인인 온실가스 배출을 줄이기 위한 조치를 포함합니다.
재생 가능 에너지: 태양광, 풍력, 수력 및 지열 에너지와 같은 재생 가능 에너지 소스로의 전환을 촉진합니다.

[중략]

적응 전략
적응 전략은 기후 변화의 불가피한 영향에 대비하고, 사회적, 경제적, 환경적 탄력성을 강화하기 위한 조치를 포함합니다.

[후략]

위 질문을 통해 기후 변화 전략에 대한 개요를 살펴보았습니다. 기후 변화 전략에는 크게 완화 전략과 적응 전략이 있다고 설명하는데, 완화 전략 중 하나인 재생 가능 에너지에 대해 보다 자세히 알아보고자 합니다. 동일한 채팅에 아래와 같이 이어서 질문합니다.

이 중에서 재생 가능 에너지 사용 증가에 초점을 맞춘 전략에 대해 더 자세히 설명해 줘.

 재생 가능 에너지 사용 증가에 초점을 맞춘 전략은 기후 변화 완화를 위한 핵심 접근 방법 중 하나입니다. 이 전략은 화석 연료의 사용을 줄이고, 탄소 배출을 감소시키며, 장기적으로 지속 가능한 에너지 공급을 확보하는 것을 목표로 합니다. 재생 가능 에너지 소스에는 태양광, 풍력, 수력, 지열, 바이오에너지 등이 포함됩니다. 이러한 에너지 소스를 활용하는 주요 전략은 다음과 같습니다.

1. 정책 및 규제 지원

재생 에너지 목표 설정: 정부는 재생 가능 에너지 비율 목표를 설정하고, 이를 달성하기 위한 로드맵을 개발합니다.

인센티브 제공: 태양광 패널 설치, 풍력 발전소 건설과 같은 재생 가능 에너지 프로젝트에 대한 세제 혜택, 보조금, 피드인 타리프(FIT) 등을 제공합니다.

[후략]

여러 가지 기후 변화 전략이라는 큰 범주에서 보다 구체적인 범주인 재생 가능 에너지 사용 관련 전략에 대해 보다 자세한 정보를 요청했습니다. 해당 답변을 읽고 보니 재생 가능 에너지 사용 전략의 실효성이 궁금하여 아래처럼 전략의 구체적인 효과에 대해 질문할 수 있습니다.

 재생 가능 에너지 전략이 실제로 어떤 영향을 미쳤는지 구체적인 사례와 함께 설명해 줘.

 재생 가능 에너지 사용 증가에 초점을 맞춘 전략은 전 세계적으로 온실가스 배출 감소, 에너지 안보 강화, 지속 가능한 발전을 촉진하는 데 중요한 역할을 하고 있습니다. 이러한 전략은 태양광, 풍력, 수력 및 지열과 같은 재생 가능 에너지 소스를 통해 에너지 시스템을 전환하는 것을 목표로 합니다. 여기 몇 가지 구체적인 사례를 통해 재생 가능 에너지 전략이 어떤 영향을 미쳤는지 살펴보겠습니다.

독일의 에너지 전환 (Energiewende)

독일은 세계에서 가장 야심찬 재생 가능 에너지 및 탄소 배출 감소 목표 중 하나를 설정했습니다. 에너지 전환 정책의 핵심은 2050년까지 재생 가능 에너지를 전체 에너지 소비의 최소 80%로 증가시키고, 온실가스 배출을 1990년 대비 최소 80% 감소시키는 것입니다.

[후략]

이처럼 특정 주제에 대해 개요 수준의 질문부터 시작하여 단계적으로 세부적인 주제로 넘어가며 질문하는 것을 단계적 질문법이라고 합니다. 단계적 질문법은 복잡한 주제에 대해 일반적인 수준부터 시작하여 자연스럽게 세부적인 내용에 접근하는 데 효과적으로 활용할 수 있으며, 브레인스토밍 과정과 비슷하게 잘 알지 못하는 주제를 탐구하며 관심있는 세부 주제들을 파악해 나갈 때에도 유용합니다.

단계적 질문법에 이어 마지막으로 피드백 활용법에 대해 알아보도록 하겠습니다. 피드백 활용법은 챗GPT의 답변에 대해 피드백을 주어 보다 나은 답변이나 사용자의 질문 의도에 적합한 답변을 유도하는 방법입니다. 예를 들어 "이 답변도 좋지만, 보다 ~한 방향으로 설명해 줄 수 있나요?"와 같이 관점을 바꾸거나 다른 접근법을 요청하는 것입니다. 아래에서 구체적인 예시를 살펴보도록 하겠습니다.

 간단한 토마토 스파게티 레시피를 알려 줘

 간단한 토마토 스파게티를 만드는 레시피를 알려드리겠습니다. 이 레시피는 기본 재료만 사용하여 누구나 쉽게 따라 할 수 있으며, 대략 4인분 기준입니다.

재료
스파게티 면 400g
올리브 오일 2 큰술
마늘 4쪽 (다진 것)
양파 1개 (중간 크기, 다진 것)
토마토 통조림 1개 (400g)
신선한 바질 잎 몇 개 (또는 건조된 바질 1작은술)
소금, 후추 (기호에 맞게 조절)
강판에 간 파르메산 치즈 (선택적)
조리 방법
스파게티 준비하기: 큰 냄비에 물을 넣고 끓인다. 물이 끓기 시작하면
[후략]

가지고 있는 재료를 확인해 보니 올리브 오일이 없어. 올리브 오일 없이 비슷한 맛을 내는 스파게티를 만드는 방법을 알려 줘.

 올리브 오일이 없을 경우에도 맛있는 토마토 스파게티를 만들 수 있습니다. 올리브 오일의 주된 역할은 소스에 풍미를 더하고 재료들을 볶는 것이므로, 다른 식용유나 재료를 사용하여 비슷한 효과를 낼 수 있습니다. 여기 올리브 오일을 대체할 수 있는 방법을 소개합니다.

올리브 오일 대체재

버터: 부드럽고 고소한 맛을 선호한다면, 올리브 오일 대신 같은 양의 버터를 사용할 수 있습니다. 버터는 마늘과 양파를 볶을 때 풍부한 맛과 향을 더해줍니다.

채식 버터 또는 마가린: 채식 요리를 선호한다면, 채식 버터나 마가린을 사용할 수 있습니다. 이것들도 마늘과 양파를 볶는 데 적합하며, 소스에 부드러운 풍미를 더해줍니다.

식물성 기름: 카놀라유, 해바라기유 또는 콩기름 같은 식물성 기름은 올리브 오일의 좋은 대체재입니다. 이 기름들은 무향이므로, 요리의 맛을 변화시키지 않으면서 요리에 필요한 기름기를 제공할 수 있습니다.

조리 방법 수정

마늘과 양파 볶기: 올리브 오일 대신
[후략]

위 예시에서 첫 질문으로 토마토 스파게티에 대한 레시피를 요청하였습니다. 챗GPT의 답변을 살펴보면 필요한 재료와 레시피를 설명하고 있는데, 이 때 챗GPT의 답변에서 다른 방향으로의 접근이 필요한 경우 그 다음 질문과 같이 피드백을 주어 다른 방향으로의 접근을 할 수 있습니다. 위 예시에서는 챗GPT가 설명한 재료 중 올리브 오일 대신 다른 재료를 사용하여 유사한 결과를 만들어 낼 수 있는지에 대해 피드백을 주었고, 챗GPT는 올리브 오일을 대체할 다른 재료를 소개하고 그에 맞게끔 조리 방법도 수정해 주었습니다. 파이썬 프로그래밍을 예를 들면, 특정 알고리즘을 수행하는 스크립트를 요청하였는데, 챗GPT가 답변한 A라는 접근법 대신 B라는 접근 방법으로 문제를 해결할 수 있는 방법을 알려달라는 식으로 피드백을 주어 다른 방향에서 문제를 해결할 수 있습니다.

챗GPT와 소통하기 위해 주의해야 할 사항

챗GPT에 효율적이고 효과적으로 질문하는 몇 가지 방법을 간단히 알아보았으니, 이번에는 챗GPT를 통해 정보를 얻고자 할 때 주의해야 할 몇 가지 사항에 대해 알아보겠습니다. 그 중 하나는 챗GPT가 동일한 질문에 대해서 매번 동일한 답변을 하지 않는다는 것입니다. 이는 챗GPT의 설계상 확률적으로 가장 가능성이 높은 답변을 선택하며, 최대한 다양한 답변을 하도록 설계되었기 때문입니다. 이외에도 챗GPT는 대화의 맥락을 파악하여 맥락에 적절한 답변을 하고, 모델의 버전 업데이트에 따라 답변이 달라질 여지가 있습니다. 챗GPT 답변의 다양성을 확인하기 위해 아래처럼 간단한 질문을 해보겠습니다. 아래 질문은 같은 시간에 아래의 동일한 질문을 챗GPT에게 전달했을 때 다른 답변을 얻은 결과입니다.

 바나나가 노란색인 이유를 간단히 설명해 줘

 바나나가 노란색을 띠는 주된 이유는 바나나가 익으면서 생기는 자연적인 변화 때문입니다. 바나나가 익는 과정에서, 클로로필(잎록소)이라고 하는 녹색 색소가 분해되기 시작합니다. 이 과정에서 클로로필의 녹색이 사라지고, 카로티노이드라는 노란색 색소가 드러나게 됩니다. 이 카로티노이드 색소가 바나나의 노란색을 나타내는 주요 요소입니다. 또한, 익는 과정에서 바나나 내부의 전분이 당분으로 변하면서 바나나가 더 달고 부드러워지는 것도 관찰할 수 있습니다.

 바나나가 노란색을 띠는 이유는 바나나가 익으면서 클로로필(녹색 색소)이 분해되고, 카로티노이드라는 노란색 색소가 드러나기 때문입니다. 클로로필은 바나나가 덜 익었을 때 그 녹색을 제공하며, 바나나가 익어가면서 이 클로로필이 점차 사라지고 카로티노이드 색소가 더욱 명확하게 나타나면서 바나나의 색상이 노랗게 변합니다. 이 과정은 바나나의 숙성과 함께 일어나며, 숙성이 진행될수록 바나나는 더욱 노랗고 달콤해집니다.

위와 같이 동일한 질문에 대한 두 가지의 답변을 확인했을 때, 클로로필이라는 색소가 분해되며 카로티노이드를 생성하면서 바나나의 색깔이 녹색에서 노란색으로 변한다는 전체적인 내용은 동일하지만 문장의 진행과 같은 세부적인 내용은 약간 다른 것을 확인할 수 있습니다. 이는 다양성과 창의성의 관점에서는 장점이 될 수도 있지만, 일관성 관점에서는 단점이 될 수도 있습니다. 이 책에서는 주식 자동매매 애플리케이션의 세부적인 알고리즘을 챗GPT에 전달하여 파이썬 코드 생성을 요청하는데, 책에서 소개하는 것과 동일하게 프롬프트를 작성했음에도 동일하지 않은 답변을 얻을 수 있습니다. 동일한 알고리즘의 애플리케이션을 다양한 방식으로 구현할 수 있기 때문에 챗GPT가 다양한 방식으로 파이썬 코드를 생성해 주는 것이 책의 내용을 따라 진행하는 것에는 큰 문제는 아니겠지만, 책에서 소개한 질문 및 답변과 최대한 유사하게 학습하고자 하시는 분들께서는 앞의 이 책을 학습하는 방법에 소개한 것과 같이 배포된 소스코드를 프롬프트에 전달하여 원하는 부분을 추가나 수정하는 방향으로 활용해 보시기를 바랍니다.

다음으로 소개할 챗GPT의 특성 중 하나는 환각 현상입니다. 환각이란, 챗GPT가 잘못된 정보를 생성하거나 현실과 다른 내용을 답변하는 것을 의미합니다. 환각 현상은 챗GPT가 다양한 종류의 데이터를 학습하는 과정에서 데이터에 포함된 오류나 편향에 의해서, 혹은 모델 자체의 한계 때문에 발생할 수 있습니다. 아래처럼 프롬프트를 작성하여 챗GPT의 환각 현상이 어떻게 나타날 수 있는지 직접 확인해 보도록 하겠습니다.

 살수대첩이 임진왜란의 전체 전황에 미친 영향을 설명해 줘

 살수대첩은 1592년 임진왜란 초기에 일어난 전투로, 조선의 이순신 장군이 이끄는 조선 수군과 왜군 사이에서 벌어진 해전입니다. 이 전투는 조선 수군이 왜군을 상대로 대승을 거둔 것으로 유명하며, 임진왜란 전체 전황에 중대한 영향을 미쳤습니다.

살수대첩의 영향을 구체적으로 살펴보면 다음과 같습니다:

1. **조선 수군의 사기 진작**: 살수대첩을 포함한 일련의 해전에서의 승리는 조선 수군의 사기를 크게 높였습니다. 이는 임진왜란을 지속적으로 싸우는 데 중요한 역할을 했으며, 조선의 저항 의지를 강화시켰습니다.
2. **왜군의 진격 억제**: 살수대첩을 비롯한 조선 수군의 승리는 왜군의 조선 내 진격을 어렵게 만들었습니다. 특히 해상에서의 제어권을 잃음으로써 왜군의 보급선이 끊기고, 추가 병력과 물자의 조선 내 이동이 어려워졌습니다.
3. **조선과 명나라의 연합 강화**: 살수대첩을 포함한 조선의 연이은 승리는 명나라와의 동맹을 강화하는 데 기여했습니다. 이로 인해 명나라는 조선에 더 많은 지원과 병력을 제공하게 되었고, 이는 장기적으로 왜군과의 전쟁에서 조선의 승리 가능성을 높였습니다.
4. **해상 통제권 확보**: 조선 수군의 승리는 조선 해안가와 주요 해상 루트에서의 통제권을 확보하는 데 중요했습니다. 이는 조선이 왜군의 추가적인 침략을 방어하고, 해상에서의 전략적 우위를 유지하는 데 필수적이었습니다.
5. **전략적 이니셔티브 확보**: 살수대첩을 포함한 초기 해전에서의 승리는 조선이 전쟁의 전략적 이니셔티브를 장악하는 데 도움을 주었습니다. 이로 인해 조선은 전쟁의 흐름을 자신들의 유리한 방향으로 이끌 수 있었고, 왜군에 대한 방어적 태세에서 벗어나 공격적인 작전을 수행할 기반을 마련했습니다.

살수대첩은 임진왜란의 전체 전황에 중요한 전환점을 제공했으며, 조선의 최종 승리에 크게 기여한 전투로 평가됩니다. 이 전투는 조선 수군의 우수한 전술과 지휘 능력, 특히 이순신 장군의 리더십을 전 세계에 알리는 계기가 되었습니다.

살수대첩은 612년 고구려가 살수에서 수나라를 대상으로 크게 승리한 전투이고, 임진왜란은 전국시대가 끝난 일본이 조선을 침략하면서 1592년 발발한 전쟁으로, 이 둘은 시대적 배경이 전혀 다른 개별 사건입니다. 챗GPT에게 살수대첩이 임진왜란 기간 중 일어난 전투인 뉘앙스로 질문을 하자 환각을 일으키며 마치 두 개의 사건이 직접적인 연관이 있는 것처럼 설명하고 있습니다. 이번 예시처럼 유명한 두 사건에 대해 환각 현상을 일으켰을 때에는 사용자가 답변의 신뢰 여부를 판별하기 쉽지만, 좀 더 어렵고 심화된 주제이거나 사용자가 그 주제에 대한 배경지식이 충분하지 않을 때에는 그럴싸하게 보이는 환각 현상의 진위여부를 판별하기 쉽지 않습니다. 챗GPT의 환각 현상은 질문의 주제와 관계없이 일어날 수 있으므로, 챗GPT로부터 정보를 얻을 때에는 항상 답변의 사실 여부와 출처를 검증하는 등 답변의 진위 여부를 비판적으로 바라보는 시각을 가질 필요가 있습니다.

CHAPTER 02

필요한 만큼만 배우는 파이썬 기초

이번 장에서는 파이썬 프로그래밍에 대한 기초 지식을 학습해 보도록 하겠습니다. 파이썬은 다양한 프로그래밍 언어 중에서도 특히 입문자에게 친숙하고 다양한 분야에서 널리 사용되는 언어입니다. 파이썬 문법은 매우 직관적이고 읽기 쉬워 프로그래밍에 익숙하지 않은 사람들도 비교적 쉽게 학습할 수 있습니다.

파이썬은 금융, 데이터 분석, 데이터 시각화, 머신 러닝 등 다양한 분야에서 사용할 수 있는 방대한 라이브러리를 제공하기 때문에 주식 시장 데이터 분석, 매매 알고리즘의 구현 및 백테스팅, 실시간 데이터 피드 처리 등에 필요한 다양한 라이브러리를 쉽게 찾아 사용할 수 있습니다. 또한 파이썬은 전 세계적으로 거대한 개발자 커뮤니티를 보유하고 있어,

다양한 문제 해결을 위한 답을 쉽게 구할 수 있습니다. 다양한 개발자 포럼, 오픈소스 프로젝트, 온라인 자료 등을 활용할 수 있어 "당신이 파이썬에서 겪고 있는 어느 문제는 이미 누군가 겪고 인터넷에 질문한 적이 있을 것이다."라고 말하는 사람도 있을 정도입니다. 이러한 파이썬의 장점을 통해 타 프로그래밍 언어 대비 개발 과정을 효율화하고, 복잡한 기능도 비교적 적은 노력으로 구현할 수 있습니다.

이 책은 챗GPT를 최대한 활용하여 주식 자동매매 애플리케이션을 개발하는 것을 목표로 하고 있습니다. 많은 부분에서 챗GPT를 이용하여 파이썬 코드를 생성하지만 애플리케이션 제작을 위해 최소한의 파이썬 기초 지식은 학습할 것을 권장합니다.

애플리케이션의 알고리즘이 복잡해질수록 챗GPT만을 이용한 애플리케이션 제작은 쉽게 한계에 도달하며, 관련 기초 지식이 없는 상황에서 에러가 발생하거나 사용자가 원하는 것과는 다른 방향으로 애플리케이션이 동작할 경우 수정이 필요한 부분을 찾아내는 등 디버깅에 오랜 시간이 걸릴 수 있습니다.

기초 지식 없이 챗GPT에 의존하면, 복잡하거나 독특한 문제에 직면했을 때 스스로 해결책을 찾는 능력이 부족할 수 있습니다. 또한, 파이썬 기초 지식은 제작한 애플리케이션을 확장하여 기능을 발전시키거나 추가 기능을 구현하고자 할 때 그 가능성을 떠올리고 실제로 코드로 구현하는 데 큰 도움이 됩니다.

이번 장에서는 파이썬 프로그래밍을 위한 핵심적인 기초 지식을 습득합니다. 이 장에서 다루는 내용들을 잘 파악하고 넘어간다면, 뒤에서 챗GPT로 파이썬 코드를 생성하고 디버깅을 하는 과정에서 학습 이해도가 훨씬 올라갈 것입니다.

파이썬 설치 및 프로그래밍 환경 세팅

이번 절에서는 파이썬 프로그래밍을 위한 파이썬과 아나콘다 설치, 가상환경 생성 및 설정 방법에 대해 알아보고자 합니다. 가상환경이란 여러 파이썬 버전이나 패키지 버전을 이용한 개발을 하기 위해 격리된 작업 공간입니다. 여러분이 파이썬을 이용하여 여러 개의 프로젝트를 동시에 수행한다고 가정해 보겠습니다. A라는 프로젝트에서는 a라는 파이썬과 패키지 버전을 이용하여 개발할 것을 요구하고, B라는 프로젝트에서는 b 버전을 요구한다면 두 개의 프로젝트를 동시에 진행하기 위해 매번 파이썬과 각종 패키지를 적절한 버전에 맞춰 설치하고 삭제하기를 반복할 수는 없을 것입니다. 이러한 경우를 위하여 특정 버전의 파이썬과 패키지로 하나의 개발 환경을 구성하여 관리할 수 있도록 하는 것을 가상환경이라고 합니다. 가상환경을 생성하고 관리할 수 있는 대표적인 프로그램 중 하나가 아나콘다이며, 이번 절에서는 아나콘다를 설치하고 가상환경을 세팅해 보도록 하겠습니다. 우선 아나콘다 공식 홈페이지에 접속하여 개인용 무료 버전의 아나콘다를 다운로드하고 설치하도록 하겠습니다 (그림 2).[2]

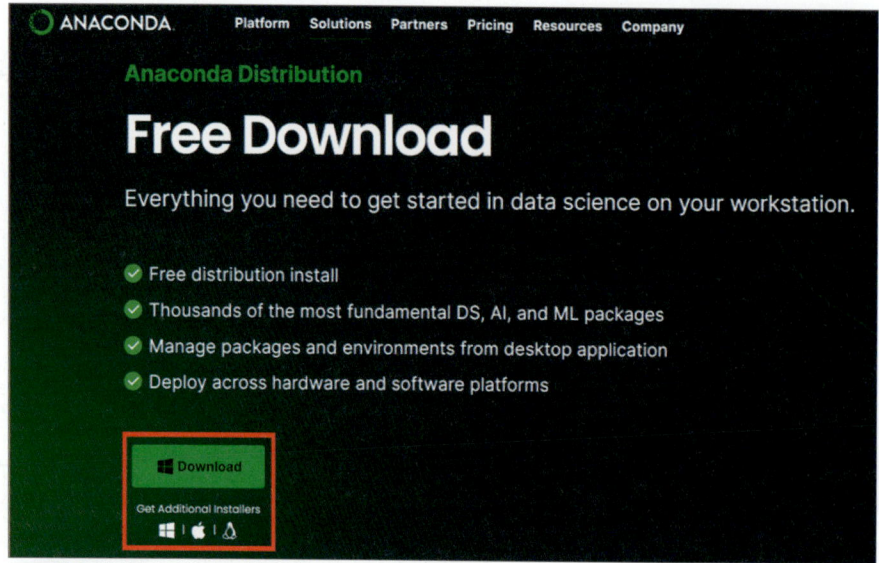

▲ 그림 2 아나콘다 다운로드 및 설치

▲ 그림 3 Windows 시작 메뉴에서 확인할 수 있는 아나콘다 프롬프트

[2] https://www.anaconda.com/

아나콘다를 설치하면 그림 3과 같이 Anaconda prompt가 설치됩니다. 해당 애플리케이션을 실행한 후 파이썬 가상환경을 생성 및 설정해 보겠습니다. 주의해야 할 점은, 이 책에서는 파이썬을 필요에 따라 32bit 버전과 64bit 버전을 따로 사용한다는 것입니다. 주식 자동매매 애플리케이션을 구현하기 위하여 키움증권에서 제공하는 Open API+를 이용하여 각종 주식 데이터를 주고받아야 하는데, 해당 API는 64bit 환경을 지원하지 않기 때문에 32bit로 설정하여야 키움증권 서버와 정상적인 통신을 할 수 있습니다. 반면, 마지막 chapter 5에서 다루는 streamlit 라이브러리는 32bit 버전의 파이썬을 지원하지 않기 때문에 64bit 버전을 사용해야 합니다. 64bit 파이썬 가상환경 생성은 chapter 5에서 다루는 것으로 하고, 여기서는 우선 32bit 가상환경으로 세팅하도록 하겠습니다. 아나콘다 환경을 32bit로 설정하기 위한 커맨드는 아래와 같습니다. 아래 커맨드를 아나콘다 프롬프트에서 작성합니다.

```
conda create -n [가상환경 이름]
```

위 커맨드는 가상환경을 생성하는 것으로, [가상환경 이름]에 앞으로 실습에 사용할 적절한 가상환경 이름을 입력하시기 바랍니다. 여기서는 kiwoom_32로 사용하도록 하겠습니다. 가상환경 설치 커맨드를 입력하면 도중에 Proceed y/n와 같이 계속 진행할지 여부를 확인하라는 문구가 나오는데, 이 때 y를 눌러서 설치를 계속 진행하면 됩니다 (그림 4).

```
conda activate [가상환경 이름]
conda config --env --set subdir win-32
```

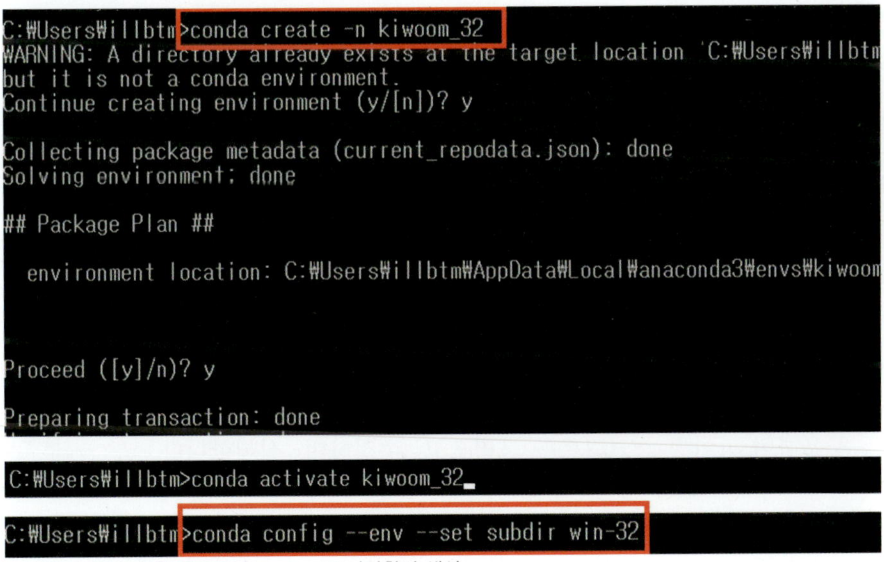

▲ 그림 4 32bit 환경 설정 및 kiwoom_32 가상환경 생성

가상환경을 설치 후, conda activate [가상환경 이름] 커맨드를 입력하여 생성한 가상환경을 활성화합니다. 여기서 [가상환경 이름]에는 좀 전에 생성한 가상환경인 kiwoom_32를 입력합니다. 파이썬 가상환경이 정상적으로 활성화되었다면 아래 그림5의 맨 윗 줄처럼 (kiwoom_32)와 같이 커맨드의 맨 앞에 활성화된 가상환경의 이름이 나타나게 됩니다. 그 다음 conda config --env --set subdir win-32커맨드를 입력하여 32bit 환경으로 설정한 후, 32bit 환경에서 3.10 버전 파이썬을 설치해 보도록 하겠습니다. 아래처럼 conda install python=3.10 커맨드를 입력하여 3.10 버전의 파이썬을 설치합니다. 이 책에서는 3.10 버전의 파이썬을 이용하여 자동매매 애플리케이션을 제작하는데, 독자분들께서도 가급적 동일한 환경인 3.10 버전의 파이썬을 설치하여 실습하시는 것을 권장합니다.

conda install python=3.10

여기까지 성공적으로 따라오셨다면 이제 파이썬이 32bit로 정상적으로 설치되었는지 확인해 보도록 하겠습니다. 커맨드창에 아래 3개 명령어를 한 줄씩 차례대로 입력합니다. 맨 위의 python 명령어를 통해 파이썬 프로그래밍 환경으로 진입하며, 아래 두 줄의 코드를 통하여 실행된 파이썬 환경의 플랫폼을 확인합니다. 아래 그림 5의 빨간색 박스와 같이 '32bit'가 확인되면 성공입니다.

python
import platform
print(platform.architecture())

▲ 그림 5 kiwoom_32 가상환경에 32bit의 파이썬이 정상적으로 설치되었는지 확인

다음으로는 파이썬 통합 개발 환경을 설치하도록 하겠습니다. 이 책에서는 Visual Studio code (VS code)를 사용하여 파이썬 스크립트를 불러오고, 수정하며, 실행합니다. VS code 공

식 홈페이지에 접속하여 VS code를 다운로드 및 설치합니다.[3] 설치 후 VS code를 실행하면 아래 그림 6와 같은 화면을 확인할 수 있습니다. 좌측 세로 메뉴바에서 그림 6의 왼쪽에서 빨간색 박스로 표시된 메뉴를 선택하여 VS code에서 파이썬을 이용하기 위한 몇 가지 extension을 설치하도록 하겠습니다. 검색 창에 "python"을 입력하고 아래 그림처럼 Python, Python Debugger를 설치합니다. 설치가 완료되면 그림 6의 우측과 같이 세로 메뉴의 가장 위 아이콘을 클릭한 후 File, New File, Python file을 차례대로 클릭하여 .py 확장자를 가지는 파이썬 새로운 파이썬 스크립트 파일을 생성할 수 있으며, 파일의 이름을 main.py로 설정하였습니다.

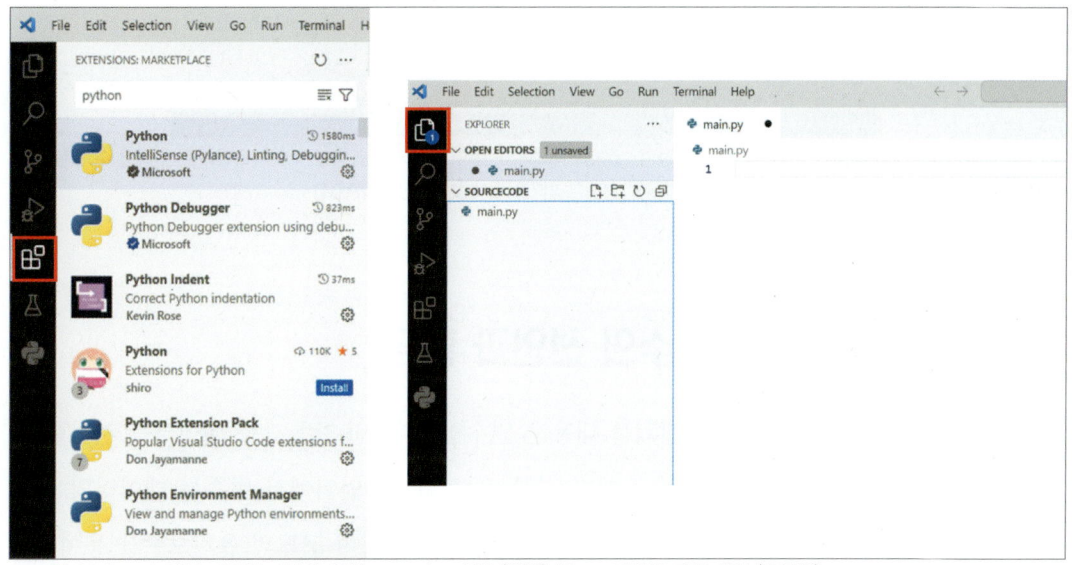

▲ 그림 6 VS code에서 파이썬 개발을 위한 extension 설치 (왼쪽) 및 .py 파이썬 파일 생성 (오른쪽)

파이썬 스크립트 파일까지 만들었으니, 이제 해당 스크립트에 파이썬 인터프리터를 연결하도록 하겠습니다. 파이썬 인터프리터는 사용자가 작성한 파이썬 스크립트를 읽어서 컴퓨터가 이해하고 실행할 수 있는 형태로 변환하는 역할을 합니다. 윈도우 운영체제 기준으로 `Ctrl` + `Shift` + `P` 단축키를 입력하면 그림 7과 같이 상단에 파이썬 인터프리터를 선택할 수 있는 메뉴가 나타납니다. 이 때 Python: Select Interpreter를 선택하면 PC에 설치된 가상환경들과 각 환경에 설치된 파이썬 버전들을 확인할 수 있는데, 이전에 Anaconda Prompt에서 생성했던 kiwoom_32를 선택하면 됩니다. 지금까지 설치 및 설정한 kiwoom_32 파이썬 가상환경을 기반으로 하여 VS code로 생성한 파이썬 스크립트 파일에 여러가지 파이썬 기초 문법을 직접 작성하며 실행하고 그 결과를 확인해 보며 파이썬 기초 문법을 학습하도록 하겠습니다.

---

[3] https://code.visualstudio.com/

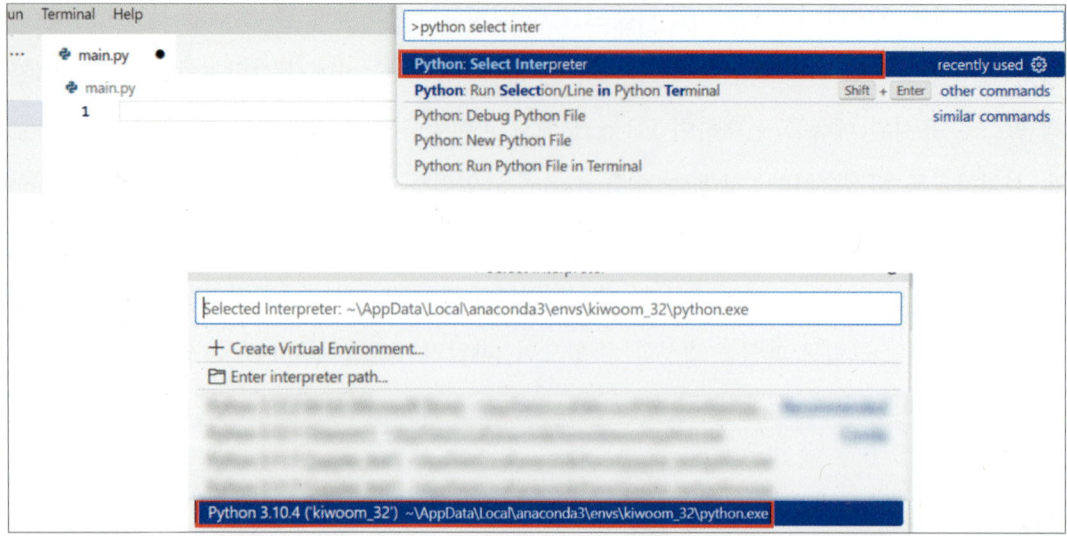

▲ 그림 7 VS code에서 파이썬 인터프리터 선택하기. Ctrl + Shift + P 단축키를 입력하면 인터프리터를 선택할 수 있는 설정 창이 나타나며 (위쪽) 설치된 다양한 가상환경의 파이썬 인터프리터를 선택할 수 있다 (아래쪽)

파이썬 기초 문법 1: 변수의 선언과 할당

파이썬 기초 문법 중 가장 먼저 배워볼 내용은 변수입니다. 변수란 각종 데이터를 저장할 공간이라고 이해하면 됩니다. 파이썬을 포함한 각종 프로그래밍 언어에서 변수는 데이터의 재사용을 위해 사용하며 불필요한 코드를 줄이고 가독성을 향상시키며 코드의 유지보수를 용이하게 합니다. 또한 변수는 조건문과 반복문을 제어하는 중요한 역할을 할 수 있습니다. 파이썬은 변수에 데이터를 할당할 때 등호(=)를 기준으로 왼쪽에는 변수의 이름을, 오른쪽에는 변수에 할당할 데이터를 입력합니다. 여기서 등호는 "같다"를 의미하는 것이 아니라 "오른쪽 데이터를 왼쪽 변수에 할당한다"로 이해하시면 됩니다.

```
변수 = 값
```
값을 변수에 할당합니다

아래 코드를 통해 변수를 할당하고, 출력하는 예시를 들어보도록 하겠습니다.

데이터 저장 및 이름 부여   (파이썬 변수 기초.py)

```
age = 25
name = 'Alice'

print(age)
print(name)
```

위 예시 코드에서는 age 변수에 25라는 값을, name이라는 변수에 Alice라는 값을 입력합니다. 여기서 name 변수에 할당한 값으로 Alice는 따옴표(') 안에 있는 것을 확인할 수 있는데 이는 문자들로 이루어진 문자열 데이터로, 파이썬에서 문자열은 따옴표나 쌍따옴표(") 안에 적어 주기 때문입니다. 아래에 print 함수는 괄호 안의 값(인자)을 출력하는 역할을 합니다. 위 예시 코드에서는 age 변수와 name 변수의 값을 출력한다는 의미입니다. 위 코드를 이전에 생성한 .py 파이썬 파일에 그대로 적은 후 해당 스크립트를 실행해 보겠습니다. 파이썬 스크립트를 실행하는 단축키는 Ctrl + F5 입니다. 스크립트가 실행되면 아래와 같이 터미널에 결과가 표시됩니다.

```
25
Alice
```

print 함수를 사용하여 age 변수와 name 변수를 출력했을 때 해당 변수에 저장된 값들인 25와 Alice가 각각 출력된 것을 확인할 수 있습니다.

변수는 데이터의 저장뿐만 아니라 데이터의 재사용 및 코드의 유지보수 관점에서도 장점이 있습니다. 아래 예시 코드를 살펴보겠습니다.

데이터의 재사용과 유지보수 (파이썬 변수 기초.py)

```python
width = 10
height = 5

area = width * height
area2 = width * height * 2
area3 = width * height * 3

print(area)
print(area2)
print(area3)
```

```
50
100
150
```

위 코드에서는 width 변수에 10을, height 변수에 5를 저장하고 아래에서 width와 height를 곱하여 area를 계산합니다. 추가로 area2 변수는 area의 2배, area3는 area의 3배의 값을 저장하는데, area와 관련된 3가지 변수 모두 width와 height 변수에 저장된 값들을 사용하여 연산을 하고 있습니다. 이 때, 만약 width라는 값을 10에서 20으로 변경해야 한다고 가정하면 area, area2, area3 변수의 연산 결과 값 또한 width의 변경에 의해 함께 변경되어야 하는데, 만약 width라는 변수를 사용하지 않고 area = 10 * 5, area2 = 10 * 5 * 2와 같이 직접 그 값을 사용하여 area 변수들을 계산한다면 width 값을 10에서 20으로 변경할 때 width에 해당하는 10이라는 값을 코드 전반에 걸쳐 모두 변경해 주어야 합니다. 하지만 위 코드와 같이 width라는 변수에 10이라는 값을 저장하여 사용하면 width 변수에 할당하는 값만 10에서 20으로 변경하면 그 아래의 width 변수 값은 모두 20으로 변경되는 효과를 가지므로, 한 번의 수정으로 전체 코드에서 연관된 모든 부분이 수정됩니다. 이는 데이터의 재사용과 유지보수 관점에서 큰 장점을 가집니다.

다음으로, 변수는 if 조건문에서 조건문을 실행하거나 실행되지 않게끔 제어하는 역할을 할 수 있습니다. 아래 예시 코드의 if 조건문에서 if 뒤에 따라오는 값이 참인 경우 if문 아래 들여쓰기가 되어있는 코드 블럭을 실행하며, 거짓인 경우 해당 부분을 뛰어넘고 뒤따르는 else 블럭을 실행합니다. if 조건문은 뒤에서 자세히 배울 예정이니 여기서는 잘 이해가 되지 않더라도 괜찮습니다.

프로그램의 동작 제어 (파이썬 변수 기초.py)

```python
true_or_false = True
if true_or_false:
    print("True!")
else:
    print("False")
```

```
True!
```

위 예시 코드에서 if문 뒤에 따라오는 값은 true_or_false 라는 변수입니다. 해당 변수는 그 위에서 True(참)으로 정의하였으므로, 해당 if 조건문을 실행시키며, if문 아래의 코드 블럭인 print함수를 통하여 "True!"가 출력되게 됩니다. 이처럼 변수를 활용하여 if 조건문을 제어할 수 있습니다.

마지막으로 파이썬 변수를 설정할 때의 주의사항 및 권장사항을 알아보고 넘어가겠습니다. 일반적으로 파이썬 변수의 이름으로는 의미가 있고, 명료한 약어를 사용하기를 권장합니다. 무작위로 변수 이름을 설정하면 코드가 단순할 때는 크게 문제가 되지 않지만, 변수가 많아지거나 코드가 조금만 복잡해지더라도 해당 변수가 어떤 데이터를 저장하고 있는지, 의미가 무엇인지 파악하기 어려워 유지보수의 관점에서 문제가 생기기 때문입니다. 아래 예시 코드에서 total_ score와 avg_temp는 그 의미를 쉽게 파악할 수 있기 때문에 좋은 예시라고 할 수 있습니다.

다음으로 파이썬 변수명으로는 예약어를 사용할 수 없습니다. 파이썬에서는 특정 역할을 하는 단어들이 있는데, 대표적인 예시로 아래의 예시 코드와 같은 class나, if, for, while, def 등이 있습니다. 이러한 단어들은 특정 동작을 하게끔 정의된 것들이기 때문에 변수명으로 사용할 수 없습니다.

다음으로 파이썬 변수는 영어 대소문자를 구분합니다. 아래 예시 코드에서 myVar와 myvar 두 개의 변수는 같은 알파벳으로 이루어져 있지만 대소문자로 구분되어 서로 전혀 다른 변수로 인식됩니다.

마지막으로 파이썬 변수명으로 첫 글자는 숫자를 사용할 수 없습니다. 변수의 첫 글자로는 "_"와 같은 언더바 혹은 알파벳 등 문자로 시작하여야 합니다. 예를 들어, 아래 코드처럼 2class와 같은 변수명은 사용할 수 없습니다.

변수명 설정 규칙 및 권장사항 (파이썬 변수 기초.py)
```python
# 의미있는 이름 사용
total_score = 100

# 명료한 약어 사용
avg_temp = 30.5

# 예약어 사용 불가
class = "Programming"

# 영어 대소문자 구분
myVar = 10
myvar = 20

# 변수명 첫글자 숫자 불가
2class = 30 # 불가
```

파이썬 기초 문법 1: 데이터의 종류

이번 절에서는 파이썬 데이터 타입에 대하여 알아보도록 하겠습니다. 파이썬은 다양한 종류의 데이터 타입을 지원하는데, 그 중 널리 사용되는 정수형, 실수형, 문자열, 불리언 데이터 타입에 대해 살펴보도록 하겠습니다.

정수형과 실수형 데이터 타입은 수치형 데이터를 표현하는 데 사용됩니다. 정수형 데이터 타입은 정수 값을 나타내며 양수와 음수, 0을 포함한 정수를 표현할 수 있습니다. 실수형 데이터 타입은 부동소수점을 나타내는 데이터 타입으로, 소수점 이하의 값을 표현할 수 있습니다. 동일한 수치형 변수에 대해서 정수형, 실수형으로 타입을 구분하는 이유는 수치형 변수의 메모리 할당량과 관계가 있습니다. 정수형의 경우 실수형 데이터 타입에 비해 비교적 할당되는 메모리 공간이 적기 때문에 정수형으로만 표현되는 데이터를 실수형으로 설정하는 것은 메모리 낭비를 야기합니다. 정수형 및 실수형 데이터 타입처럼 수치형 데이터는 +, -, *, **, /, %, //과 같은 연산자를 이용하여 연산을 할 수 있으며, 각각 더하기, 빼기, 곱하기, n제곱, 나누기, 나머지, 몫을 뜻합니다. 정수형 및 실수형 변수를 선언하는 예시는 아래 예시 코드를 참고하시기 바랍니다.

문자열은 문자들의 연속으로 이루어진 데이터 타입을 뜻합니다. 앞서 간단히 소개한 바와 같이 문자열 데이터 타입은 작은따옴표나 큰따옴표로 둘러싸여 있습니다. 아래 예시 코드에서 name 및 message 변수에 각각 Alice와 Hello, Python! 문자열을 할당하는 예시를 살펴보시기 바랍니다.

```
다양한 타입의 변수 선언 (데이터 타입.py)

# 정수형 변수 선언
age = 25
count = -10

# 실수형 변수 선언
height = 175.5
pi = 3.141592

# 문자열 변수 선언
name = "Alice"
message = 'Hello, Python!'
```

파이썬 문자열 변수는 짚고 넘어가야 할 몇 가지 특징들이 있습니다. 첫 번째로 문자열 변수를 이루는 요소들의 일부를 선택할 수 있는 인덱싱과 슬라이싱입니다. 위에서 선언한 message 변수의 경우 H, e, l, l, o, ,, , P, y, t, h, o, n, ! 이라는 개별 문자 요소들로 구성되어 있는

데, 여기서 8번째 요소인 P를 (공백 포함) 인덱싱하기 위하여 아래처럼 변수명 뒤에 [7]과 같이 7이라는 인덱스를 대괄호 사이에 입력하여 전달할 수 있습니다. 이 때 인덱스는 0부터 시작하여 1씩 증가하므로, 8번째 문자열인 P를 선택하기 위해서는 7을 입력해야 합니다. 또한 여러 개의 요소들을 연속하여 선택할 수 있는 방법으로 슬라이싱이 있는데 대괄호 사이에 두 개의 인덱스를 콜론(:)을 사이에 두고 입력하는 방법입니다. [n:m]을 전달하게 되면 n+1번째부터 m번째까지 연속된 요소를 반환합니다. 아래 예시 코드에서는 message[1:5]를 호출하였는데, 이 때 message 변수의 2번째 요소부터 5번째 요소까지 반환하여 "ello"가 반환되게 됩니다.

문자열 슬라이싱 (데이터 타입.py)
```python
message = "Hello, Python!"
print(message[7]) # P
print(message[1:5]) # ello
```

```
P
ello
```

앞서 수치형 변수는 여러 가지 연산자를 이용한 연산이 가능하다고 설명했는데, 문자열은 + 연산자를 이용하여 두 개의 문자열을 연결할 수 있습니다. 아래 예시 코드에서 first_name변수에 "John", last_name에 "Doe"를 할당한 후 아래 full_name 변수를 first_name + " " + last_name으로 할당하게 되면 "John Doe"라는 값을 가지게 됩니다.

문자열 연결 (데이터 타입.py)
```python
first_name = "John"
last_name = "Doe"
full_name = first_name + " " + last_name
print(full_name) # John Doe
```

```
John Doe
```

파이썬은 문자열 데이터를 처리하기 위한 여러 가지 유용한 메서드들을 제공합니다. 메서드란 일종의 함수라고 이해하시면 되는데, 이후 클래스를 배울 때 좀 더 자세히 다루도록 하겠습니다. 아래 예시 코드에서는 upper, lower, split이라는 3가지 문자열 메서드를 소개하고 있습니다. upper 메서드는 문자열을 모두 대문자로 변환하며, lower는 반대로 문자열을 모두 소문자로 변환합니다. split 메서드는 기본적으로 문자열을 공백을 기준으로 분리하여 리스트 형식으로 반환하나 (리스트는 뒤에서 자세히 다룹니다), split 메서드의 인자로 전달되는 값을 기준으로도 문자열을 리스트로 쪼갤 수도 있습니다. 예를 들어 split(',')와 같이 사용하면 콤마를 기준으로 문자열을 쪼갭니다. 메서드는 메서드를 실행할 데이터나 변수 뒤에 마침표(.)를 사이에 두고 입력합니다. 아래 예시 코드에서 메서드의 사용 예시와 출력된 결과를 확인하시기 바랍니다.

문자열 메서드 (데이터 타입.py)

```python
# 문자열을 대문자로 변환
sentence = "Python is a powerful programming language."
upper_sentence = sentence.upper()
print(upper_sentence)

# lower 메서드를 사용하여 문자열을 소문자로 변환
lower_sentence = sentence.lower()
print(lower_sentence)

# split 메서드를 사용하여 공백을 기준으로 문자열을 분리
words = sentence.split()
print(words)
```

```
PYTHON IS A POWERFUL PROGRAMMING LANGUAGE.
python is a powerful programming language.
['Python', 'is', 'a', 'powerful', 'programming', 'language.']
```

불리언은 참, 거짓을 각각 True, False로 나타내는 데이터 타입으로 조건문이나 논리연산에 주로 사용합니다. 아래 예시 코드는 is_sunny 변수에 참을 의미하는 True를, is_raining 변수에 거짓을 의미하는 False를 할당하는 예시 코드입니다.

불리언 변수 할당 (데이터 타입.py)

```python
is_sunny = True
is_raining = False
```

위 예시 코드처럼 True나 False를 직접 변수에 할당하는 방법도 있지만, 비교 연산자를 사용하여 간접적으로 할당하는 방법도 있습니다. 아래 예시 코드에서는 age 변수에 25를 할당하고, 아래에서 is_adult 변수에는 age >= 18을 할당합니다. 이 때 age는 25이기 때문에 age >= 18 이라는 비교 연산자를 참으로 만들며 결과적으로 is_adult에는 True가 할당됩니다.

문자열 메서드 (데이터 타입.py)

```python
age = 25
is_adult = age >= 18
print(is_adult)
```

```
True
```

파이썬 기초 문법 1: 조건문

이번 절에서는 파이썬의 중요 문법 중 하나인 if 조건문을 배워보도록 하겠습니다. 앞서 잠깐 소개한 바 있지만, if 조건문은 뒤따라오는 조건식이 참인 경우에만 들여쓰기로 뒤따르는 구문을 실행합니다. 기본적인 if 조건문의 구조는 아래와 같습니다. 아래 if 조건문을 보면 if 뒤에 조건식이 따라옵니다. 조건식은 앞서 다룬 age >= 18처럼 True 혹은 False 둘 중 하나의 값을 갖습니다. 조건식 이후 콜론이 뒤따르며, 여기까지가 조건식이고 아래쪽으로 if문이 참일 때 실행할 코드블럭이 뒤따를 것이라는 뜻으로 이해하시면 됩니다. 파이썬은 들여쓰기 기반으로 코드 블럭을 구성하기 때문에 if 조건문 아래에 들여쓰기 되어 작성되는 코드는 if 조건문과 한 묶음으로 묶이게 됩니다.

if 조건문의 기본 구조 (조건문.py)

```
if 조건:
    # 조건이 참일 때 실행되는 코드
    # ...
```

이제 간단한 if 조건문 예시를 들어보도록 하겠습니다. 아래에서는 사용자로부터 숫자를 입력은 후 입력받은 숫자가 양수일 경우 "입력한 숫자는 양수입니다." 라는 문구를 출력하는 코드를 작성하였습니다. 이 때 input은 사용자로부터 데이터를 입력받는 함수로, 해당 함수가 호출되면 input 함수에 전달된 인자가 출력되며 사용자로부터 입력을 받는 창이 생성됩니다. 사용자가 데이터를 입력하면 코드가 이어서 계속 진행됩니다. 아래에서는 사용자로부터 입력을 받고, 해당 입력 값을 int 함수를 통하여 정수형으로 변환한 후 number 변수에 저장합니다. 이후 if 조건문을 통하여 number 변수의 값이 0보다 클 경우 if 구문에 포함된 print 함수를 실행합니다.

조건문 활용 예시 (조건문.py)

```python
# 숫자를 입력받아 양수 여부를 출력
number = int(input("숫자를 입력하세요: "))
# if 조건문
if number > 0:
    print("입력한 숫자는 양수입니다.")
```

위 코드를 실행한 후 input 함수를 통한 입력값을 21로 설정한 결과는 아래와 같습니다. 21은 0보다 크기 때문에 조건식이 참이 되고, if 조건문 내의 print 함수가 실행됩니다.

```
숫자를 입력하세요: 21
입력한 숫자는 양수입니다.
```

만약 -2를 입력하면 number 변수의 값이 음수이기 때문에 if 조건문의 조건식을 만족시키지 못하게 되며, if 구문이 실행되지 않습니다. -2를 입력한 경우 아래처럼 "입력한 숫자는 양수입니다." 구문이 출력되지 않습니다.

```
숫자를 입력하세요: -2
```

다음으로는 다중 조건문을 배워보도록 하겠습니다. 다중 조건문은 여러 개의 조건이 있을 때 각 조건마다 다른 동작을 실행하고자 할 때에 사용됩니다. 아래 예시는 사용자로부터 입력값을 받아 그 값이 90 이상일 때에는 grade 변수에 "A"를, 80 이상 90 미만일 때는 "B", 80 미만 70 이상일 때 "C", 70 미만 60 이상일 때 "D", 그 외의 값에는 "F"를 할당하고, 맨 아래쪽에 print 함수를 통하여 grade 변수의 값을 출력합니다. 이처럼 다중 조건문을 작성할 때에는 첫 번째 조건문은 if로 시작하여 작성하며, 이후 조건들은 elif로 시작하여 코드를 작성합니다. 이 때 elif는 else if의 약자입니다. 마지막의 else는 앞서 작성된 조건식이 모두 거짓일 때 실행할 코드를 뜻합니다.

마지막 print 함수의 인자에는 문자열을 묶는 쌍따옴표 왼쪽에 f가 있습니다. 이는 쌍따옴표로 둘러싸인 문자열에서 외부 변수를 참조하도록 하는 기능인데, 문자열의 내부에 중괄호로 둘러싸인 변수명을 입력하게 되면 해당 변수를 참조하여 그 변수의 값을 대입합니다. 여기서는 grade 변수를 참조하므로, 앞서 다중 if문을 통하여 할당된 grade 변수의 값이 출력됩니다. 아래 코드를 실행하고 입력값으로 85를 입력하면 아래와 같이 "학점 : B"가 출력되게 됩니다.

다중 조건문 (조건문.py)

```python
score = int(input("점수를 입력하세요: "))
# 다중 조건문
if score >= 90:
    grade = 'A'
elif score >= 80:
    grade = 'B'
elif score >= 70:
    grade = 'C'
elif score >= 60:
    grade = 'D'
else:
    grade = 'F'
print(f"학점: {grade}")
```

```
점수를 입력하세요: 85
학점: B
```

다음으로는 if 조건문을 활용한 중첩 조건문을 살펴보도록 하겠습니다. 중첩 조건문은 if 조건문 안에 또다른 if 조건문을 두는 경우입니다. A와 B라는 두 가지 조건문이 있다고 가정했을 때 A 조건문을 만족한 경우 B 조건문의 참, 거짓이 확인되며 A 조건문이 거짓인 경우 B 조건문은 건너뛰게 됩니다. 아래에서 간단한 예제를 통하여 살펴보도록 하겠습니다. x와 y라는 두 가지 정수형 데이터 타입을 가지는 변수에 각각 10, 20을 할당하고, 아래에 x가 0보다 큰 경우를 판단하는 첫 번째 조건문이 있습니다. x는 10으로 0보다 크기 때문에 조건문 안쪽이 실행되게 되며, 이 때 y가 0보다 큰지를 판단하는 두 번째 조건문이 실행됩니다. y도 역시 0보다 크기 때문에 "x와 y는 양수입니다."라는 구문이 출력됩니다.

중첩 조건문 (조건문.py)
```python
# 중첩 조건문 예제
x = 10
y = 20
if x > 0:
    if y > 0:
        print("x와 y는 양수입니다.")
    else:
        print("x는 양수이고, y는 음수 또는 0입니다.")
else:
    print("x는 음수 또는 0입니다.")
```

```
x와 y는 양수입니다.
```

조건문의 몇 가지 활용 예시를 더 살펴보도록 하겠습니다. 여러 개의 조건식을 and나 or로 묶는 경우를 살펴보겠습니다. if 다음에 표현되는 조건식에 두 가지 이상의 조건식을 and나 or로 묶을 수 있습니다. 아래 예시는 age >= 18이라는 첫 번째 조건식과 is_student라는 불리언 변수를 and로 묶은 경우입니다. age 변수의 값은 25이고, is_student의 값은 True이기 때문에 두 조건 모두 참이며, and는 두 조건이 모두 참일 때만 참이기 때문에 전체 조건식이 참이 됩니다. 따라서 if문이 실행되어 "성인 학생입니다." 문구가 출력됩니다.

복합 조건문 (조건문.py)

```python
age = 25
is_student = True
if age >= 18 and is_student:
    print("성인 학생입니다.")
else:
    print("성인이거나 학생이 아닙니다.")
```

성인 학생입니다.

다음으로 삼항 연산자를 이용한 if문 사용 방법에 대해 알아보도록 하겠습니다. 지금까지 알아본 if 조건문은 if를 포함한 조건식과 이를 만족할 때 실행될 코드를 포함하여 최소 두 줄 이상이었습니다. 이를 줄여서 한 줄로 축약할 수 있는데, 이 때 삼항 연산자가 사용됩니다. 아래 예시 코드에서는 number 변수에 15를 할당한 후 이를 2로 나눈 나머지가 0인 경우 result에 "짝수"를, 이외의 경우에는 "홀수"를 할당하고 마지막 print 함수를 통해 result의 값을 출력합니다. 이 때 아래 코드의 두 번째 줄에서 삼항 연산자를 확인할 수 있는데, [참인 경우의 값] if [조건식] else [거짓인 경우의 값]과 같은 형태로 표현됩니다. 여기서 15는 2로 나눈 나머지가 1이기 때문에 result 변수에 "홀수"가 할당됩니다.

삼항 연산자를 활용한 if문 (조건문.py)

```python
number = 15
result = "짝수" if number % 2 == 0 else "홀수"
print(result)
```

홀수

파이썬 기초 문법 1: 반복문

이번 절에서는 반복문에 대해 알아보도록 하겠습니다. 파이썬에는 대표적으로 두 가지 반복문이 있는데, for와 while을 활용한 반복문입니다. 우선 for 반복문에 대해 살펴보도록 하겠습니다. for 반복문은 리스트, 튜플, 문자열 등 시퀀스의 각 요소들을 순회하며 순차적으로 반복문 내부의 코드를 실행합니다. 여기서 리스트, 튜플과 같은 파이썬 자료 구조는 뒤에서 다시 자세히 알아볼 예정으로, 여기서는 하나 이상의 요소들을 묶어서 저장할 수 있는 자료 구조라고 간단히 이해하시면 됩니다. 이러한 반복문은 동일하거나 유사한 작업을 여러 번 반복하는 데 유용합니다. for 반복문의 기본 구조는 아래와 같습니다. for [요소] in [시퀀스]:의 구문으로 시작하며, if문과 동일하게 for 문을 통해 반복할 코드를 for 구문 아래쪽에 들여쓰기로 작성합니다. 이 때 [요소]는 하나 이상의 데이터를 저장하는 [시퀀스]에서 처음부터 순서대로 하나씩 값을 받아오게 될 변수입니다.

반복문의 기본 구조 (반복문.py)

```python
for 요소 in 시퀀스:
    # 반복 실행할 코드
    # …
```

아래 예제 코드를 통해 바로 for 반복문의 실전 예시를 살펴보도록 하겠습니다. 아래 코드에서는 fruits 변수에 "apple", "banana", "cherry"라는 세 개의 문자열을 대괄호로 묶어서 저장합니다. 이렇게 대괄호로 묶이고 콤마로 각 요소를 구분하는 자료 구조를 리스트라고 하며, 뒤에서 자세히 알아볼 예정입니다. 해당 리스트를 fruit 라는 요소 변수로 받아와 for 반복문 내에서 print 함수로 fruit 변수의 값을 출력합니다. 그 결과는 아래와 같습니다. 위에서 보는 것과 같이 리스트 내 "apple", "banana", "cherry"를 순서대로 하나씩 fruit에 받아와 print 함수로 출력하기 때문에 그 결과로 "apple", "banana", "cherry"가 출력됩니다.

for 반복문 예시 (반복문.py)

```python
fruits = ["apple", "banana", "cherry"]
for fruit in fruits:
    print(fruit)
```

```
apple
banana
cherry
```

다음으로 알아볼 것은 리스트 컴프리헨션입니다. 아래 예시 코드의 numbers 변수와 같이 1부터 시작하여 1 간격으로 5까지 총 5개의 원소를 갖는 리스트가 있을 때, 해당 리스트의 각 요소들을 각각 제곱한 값을 요소로 갖는 또다른 리스트를 생성해야 한다고 가정해 보겠습니다. 아래 예제처럼 원소의 개수가 5개로 적을 때에는 1, 4, 9, 16, 25와 같이 하나하나 직접 작성해도 되겠지만, 원소의 개수가 5개가 아니라 100개라고 가정하면 100개의 모든 원소들을 제곱한 값을 계산하고 직접 타이핑하기에는 한계가 있습니다. 이 때 리스트의 원소를 하나의 구문으로 표현할 수 있는데, 이를 리스트 컴프리헨션이라고 합니다. 사용 방법은 [최종 값] for [요소] in [시퀀스]와 같습니다. 아래에서는 numbers에서 불러오는 요소를 제곱하기 위하여 ** 연산자를 사용하였는데, 해당 연산자는 수치형 변수의 n제곱 값을 구하는 역할을 합니다.

리스트 컴프리헨션 (반복문.py)
```python
numbers = [1, 2, 3, 4, 5]
squared_numbers = [num ** 2 for num in numbers]
print(squared_numbers)
```

```
[1, 4, 9, 16, 25]
```

다음으로는 for 구문의 시퀀스로 range 함수를 이용하는 방법을 설명하도록 하겠습니다. range 함수는 수치형 값을 시퀀스로 만드는 함수입니다. 함수의 인자로는 보통 두 개의 양의 정수 n, m을 받아서 n부터 1씩 증가하여 m-1까지의 시퀀스를 만듭니다. 아래 예제 코드에서는 range 함수의 인자로 1과 5가 전달되어 1부터 4까지의 시퀀스가 생성됩니다.

range 함수의 사용 (반복문.py)
```python
for number in range(1, 5):
    print(number)
```

```
1
2
3
4
```

for 반복문의 몇 가지 활용 예시를 살펴보도록 하겠습니다. 아래 예제 코드는 리스트에 포함된 요소들의 총합을 계산합니다. numbers 변수에 1부터 5까지 1씩 증가하는 수치형 데이터를 가지는 리스트를 할당하고 해당 변수의 총합을 sum_result 변수에 할당하도록 하겠습니다. 이 때 sum_result는 처음에는 0을 할당합니다. for 반복문을 통하여 numbers 요소들을 처음부터 순서대로 하나씩 number로 받아오며, for 구문 내에서 sum_result의 값에다 number를 더하여 저장합니다. 이 때 sum_result += number는 sum_result = sum_result + number와 같은 의미입니다. 즉, sum_result의 기존 값에 number를 더하여 그 값으로 sum_result를 갱신한다는 뜻입니다. 마지막으로 print 함수를 통해 sum_result의 최종값을 출력합니다.

for 반복문의 활용1 (반복문.py)

```
numbers = [1, 2, 3, 4, 5]
sum_result = 0
for number in numbers:
    sum_result += number
print(sum_result)
```

```
15
```

이번에는 for 반복문과 if 조건문을 함께 사용한 예시를 살펴보도록 하겠습니다. 10, 25, 30, 15, 40, 50의 요소를 가지는 numbers 리스트 변수가 있을 때 20보다 큰 숫자만 출력하도록 하려고 합니다. 이 때 for 문을 통하여 리스트 내 요소들을 순회하면서 if문을 통하여 각 요소가 20 이상일 때 print 함수가 실행되도록 코드를 작성합니다. 아래 예시 코드와 실행 결과를 확인하시기 바랍니다.

for 반복문의 활용2 (반복문.py)

```
numbers = [10, 25, 30, 15, 40, 50]
# 20보다 큰 숫자만 출력
for number in numbers:
    if number > 20:
        print(number)
```

```
25
30
40
50
```

마지막으로 for 반복문을 중간에 중단하는 방법을 알아보겠습니다. for 반복문을 통해 시퀀스를 순회하다가 특정 조건을 만족할 때 for 반복문을 끝까지 진행하지 않고 현 상태에서 빠져나올 때에는 break 구문을 사용합니다. 아래 예시 코드는 10, 20, 30, 40, 50을 요소로 가지는 numbers 리스트 변수를 for 반복문으로 순회하면서 if 조건문을 통해 받아온 요소가 30 이상일 때 break문을 통하여 반복문을 빠져나갑니다. if문이 거짓으로 실행되지 않으면 맨 아래에서 print 함수를 통해 순회하는 요소를 출력합니다. 아래 예시 코드와 그 실행 결과를 확인하시기 바랍니다.

for 반복문의 활용3 (반복문.py)
```python
numbers = [10, 20, 30, 40, 50]
# 30 이상의 숫자가 나오면 종료
for number in numbers:
    if number >= 30:
        break
    print(number)
```

```
10
20
```

지금까지 for 구문을 사용한 반복문을 알아봤는데, 이번에는 while 구문을 사용한 반복문에 대해 알아보도록 하겠습니다. for 반복문은 시퀀스를 이용하여 요소들을 하나씩 받아오며 그 요소들에 대해 특정 코드를 반복하며 실행하지만, while 반복문은 if문과 비슷하게 while 뒤에 조건식이 따라오며 해당 조건식이 참인 값을 만족하면 while 아래에 들여쓰기로 묶이는 코드 블럭을 반복하게 됩니다. while 반복문의 기본 구조는 아래와 같습니다.

while 반복문의 기본구조 (반복문.py)
```python
while 조건:
    # 조건이 참일 동안 실행되는 코드
    # ...
```

보통 while 반복문은 카운터 역할을 하는 변수를 이용하여 해당 변수와 특정 값과의 크기를 비교하는 조건식을 사용하여 반복문을 제어할 수 있습니다. 아래 예시 코드에서는 카운터 변수 count에 0을 할당하며 해당 변수의 값이 5보다 작을 때 while 반복문을 반복합니다. 이 때 반복문 안에서 print 함수를 통해 현재 count 변수의 값을 출력하며, 현재 count 변수의 값에 1씩 더해갑니다. 카운터 변수의 값이 0부터 시작하여 반복문을 반복하며 1씩 커지면서 5가 되는 순간 while 반복문의 조건식을 만족하지 않게 되고, 해당 반복문은 종료됩니다.

while 반복문 예시1 (반복문.py)

```python
count = 0
while count < 5:
    print(f"현재 카운터 값: {count}")
    count += 1
```

```
현재 카운터 값: 0
현재 카운터 값: 1
현재 카운터 값: 2
현재 카운터 값: 3
현재 카운터 값: 4
```

while 반복문은 조건식의 값을 True로 고정함으로써 무한루프를 만들 수 있습니다. 아래 예시처럼 while True:로 시작하는 무한루프는 break문과 같은 강제 종료 구문이 없는 이상 애플리케이션이 실행 되는 동안 계속해서 반복됩니다. 아래 예시 코드는 input 함수를 통해 사용자로부터 데이터를 받아오는데, 해당 데이터가 exit인 경우에만 if 조건문과 break를 통하여 무한루프를 탈출합니다. 만약 그 이외의 값이 입력될 시 해당 입력값을 print 함수를 통해 출력하고 루프를 계속해서 반복합니다. 아래 예시 코드와 그 실행 결과를 확인하시기 바랍니다. 이 때 실행 결과는 사용자 입력 값으로 "apple", "banana", "exit"을 순차적으로 입력한 결과입니다.

while 반복문 예시1 (반복문.py)

```python
while True:
    user_input = input("종료하려면 'exit'을 입력하세요: ")
    
    if user_input.lower() == "exit":
        break
    print(f"사용자 입력: {user_input}")
```

```
종료하려면 'exit'을 입력하세요: apple
사용자 입력: apple
종료하려면 'exit'을 입력하세요: banana
사용자 입력: banana
종료하려면 'exit'을 입력하세요: exit
```

파이썬 자료 구조: 리스트

이번에는 파이썬의 여러 가지 자료구조를 배워보고자 합니다. 우선 파이썬에서 많이 쓰이는 자료구조 중 하나인 리스트에 대해 알아보도록 하겠습니다. 리스트는 앞서 for 반복문을 학습할 때 만나본 것과 같이 대괄호 사이에 한 가지 이상의 원소들을 콤마를 기준으로 구분하여 저장할 수 있는 자료구조입니다. 리스트의 각 요소들은 순서가 있으며, 여러 종류의 데이터 타입을 포함할 수 있습니다. 아래에서 리스트 생성 예시를 살펴보도록 하겠습니다. 아래 예시 코드는 총 7개의 원소를 가지는 리스트를 생성한 것입니다. 각 원소로는 1, 2, 3과 같은 정수형 데이터도 있으며, "four"과 같이 문자열 데이터, 5.0과 같은 부동소수점을 가지는 실수형 데이터도 있습니다. 이처럼 리스트에는 꼭 한 종류의 데이터 타입만 들어갈 수 있는 것이 아니라 여러 가지 데이터나 자료 구조를 포함할 수 있다는 것을 확인하시기 바랍니다. 파이썬 심화 과정에서는 리스트의 각 원소가 또다른 리스트인 경우도 어렵지 않게 만나볼 수 있습니다.

리스트 생성 (자료 구조.py)

```python
my_list = [1, 2, 3, "four", 5.0, 6, 'eight']
```

앞서 문자열 데이터 타입을 배울 때 문자열을 구성하는 하나 이상의 요소를 선택하는 인덱싱과 슬라이싱을 배웠었습니다. 리스트도 동일한 방식으로 인덱싱과 슬라이싱을 통해 리스트를 구성하는 요소들의 일부를 가져올 수 있습니다. 위 예시와 같이 my_list라는 리스트가 있을 때 첫 번째 요소는 0이라는 인덱스로 지칭할 수 있고, 다음 요소로 넘어가면서 1씩 증가하여 0, 1, 2, …. 와 같이 인덱싱을 할 수 있습니다. 아래 예시 코드에서 첫 번째와 네 번째 요소를 인덱싱하여 불러와 보도록 하겠습니다. 첫 번째 요소는 0, 네 번째 요소는 3로 지칭합니다. 아래 예시 코드와 그 결과값을 확인하시기 바랍니다. 앞서 문자열 데이터를 학습할 때 했던 것과 동일한 방식으로 변수 바로 뒤에 대괄호가 오고, 그 사이에 인덱스 번호를 지정하여 요소들을 가져옵니다. 첫 번째와 네 번째 요소인 1과 "four"가 각각 출력된 것을 확인할 수 있습니다.

리스트 인덱싱 (자료 구조.py)

```python
print(my_list[0])
print(my_list[3])
```

```
1
four
```

다음으로는 리스트 슬라이싱입니다. 슬라이싱을 사용하면 하나 이상의 요소를 한꺼번에 불러올 수 있습니다. 리스트 슬라이싱은 대괄호 안에 두 개의 인덱스를 콜론을 기준으로 구분하여 입력합니다. 예를 들어 [n:m] 이라고 입력할 시 n+1번째 요소부터 m번째 요소까지를 불러옵니다. 아래 예시에서는 my_list에서 [1:4]와 같이 슬라이싱하여 두 번째 요소부터 네 번째 요소까지 불러옵니다. 그 결과 2, 3, "four"가 출력됩니다.

인덱스 번호로 꼭 양의 정수만 입력해야 하는 것은 아닙니다. 아래 예시와 같이 음의 정수도 인덱스로 사용할 수 있는데, 리스트의 맨 마지막 요소를 -1번째로 보고, 오른쪽에서 왼쪽 방향으로 1씩 감소시켜가며 그 순서를 매길 수 있습니다. 아래 예시 코드의 [2:-2]는 세 번째 요소부터 마지막에서 세 번째 까지를 뜻합니다 (콜론의 오른쪽 인덱스에 해당하는 요소는 포함하지 않으므로). 그 결과 3, "four", 5.0을 불러옵니다.

리스트 슬라이싱 (자료 구조.py)

```python
# 리스트 슬라이싱1
print(my_list[1:4]) #[2, 3, 'four']

# 리스트 슬라이싱2
print(my_list[2:-2]) #[3, 'four', 5.0]
```

```
[2, 3, 'four']
[3, 'four', 5.0]
```

리스트 슬라이싱에 관해 조금 더 알아보겠습니다. 슬라이싱은 꼭 연속하는 요소들만 가져올 수 있는 것은 아닌데, 아래 예시 코드에서는 연속하지 않는 요소 슬라이싱법을 알아보겠습니다. 일반적으로 슬라이싱은 [n:m]과 같이 사용하는데, 콜론을 하나 추가하여 [n:m:k]와 같은 형식으로도 사용할 수 있습니다. 이 때 n, m, k는 생략 가능한데, n이 생략될 경우 맨 처음부터 슬라이싱이 시작되며, m이 생략될 경우 맨 끝까지, k가 생략될 경우엔 1이 사용됩니다. 여기시 k는 슬라이싱 시 요소들을 건너뛰는 스텝을 의미하는데, k값이 1일 경우 건너뛰는 요소 없이 연속된 요소를 슬라이싱합니다. k값이 2일 경우 1, 3, 5, 7.. 과 같은 식으로 요소들을 한 개씩 건너뛰며 슬라이싱합니다. 아래 예제 코드를 살펴보도록 하겠습니다. 우선 my_list[3:]를 살펴보겠습니다. 여기서 n값은 3이므로 3+1번째 요소인 네 번째 요소부터 슬라이싱이 시작되며, m값이 생략되었으므로 마지막 요소까지 모두 슬라이싱합니다. 그 결과 "four", 5.0, 6, "eight"가 반환됩니다. 그 아래 코드에서는 my_list[1::2]으로 슬라이싱하는데, 이 때 두 번째 요소부터 끝까지 (중간 m 값이 생략되었으므로) 슬라이싱하되 k값이 2이므로 요소들을 한 개씩 건너뛰게 됩니다. 그 결과 2, "four", 6이 반환됩니다. 아래 예제 코드와 그 결과를 확인하시기 바랍니다.

리스트 슬라이싱 (자료 구조.py)
```python
# 리스트 슬라이싱3
print(my_list[3:])

# 리스트 슬라이싱4
print(my_list[1::2])
```

```
['four', 5.0, 6, 'eight']
[2, 'four', 6]
```

이번에는 리스트의 연산과 메서드에 대해 살펴보도록 하겠습니다. 리스트는 다른 리스트와 + 연산이 가능합니다. 이 때 +는 단순히 각 요소들을 각각 더하는 것이 아니고, 두 개의 리스트를 이어서 하나의 리스트로 만드는 연산입니다. 아래 예제 코드를 살펴보겠습니다. [1, 2, 3]의 list1이 있고, [4, 5, 6]의 list2가 있을 때 list1+list2는 [1, 2, 3, 4, 5, 6]을 반환하게 됩니다.

리스트 슬라이싱 (자료 구조.py)
```python
list1 = [1, 2, 3]
list2 = [4, 5, 6]
result = list1 + list2
print(result)
```

```
[1, 2, 3, 4, 5, 6]
```

비슷한 개념으로 리스트와 양의 정수의 곱셈 연산도 가능합니다. 아래 예제 코드에서는 [1, 2, 3] 리스트에 3을 * 연산자를 이용하여 곱하는데, 리스트 내 각 요소에 3을 곱하는 것이 아니라 [1, 2, 3] + [1, 2, 3] + [1, 2, 3]과 같은 연산을 진행합니다. 즉 리스트를 곱해지는 수만큼 반복한다는 뜻입니다. 아래 예제 코드와 그 결과를 확인하시기 바랍니다.

리스트 연산 (자료 구조.py)
```python
list = [1, 2, 3]
print(list * 3)
```

```
[1, 2, 3, 1, 2, 3, 1, 2, 3]
```

다음으로 리스트에 사용할 수 있는 몇 가지 유용한 메서드들을 알아보도록 하겠습니다. 가장 먼저 알아볼 메서드는 append입니다. append 메서드는 특정 리스트의 마지막에 메서드의 인자로 전달된 데이터를 추가합니다. 아래 예시 코드를 살펴보도록 하겠습니다. 리스트 [1, 2, 3]에 append 메서드를 이용하여 4를 추가하였습니다.

리스트 메서드 (자료 구조.py)
```
my_list = [1, 2, 3]
my_list.append(4)
print(my_list)
```

```
[1, 2, 3, 4]
```

다음으로 리스트 내 특정 요소를 제거하는 pop 메서드를 알아보도록 하겠습니다. pop 메서드는 인자로 인덱스를 받는데, 이 때 pop 메서드에 전달된 인덱스에 해당하는 요소를 삭제하고 pop 메서드의 결과로 반환합니다. 만약 pop 메서드에 인자가 생략될 경우 맨 마지막 요소를 삭제하고 삭제한 값을 반환합니다. 아래 예시 코드를 살펴보면 pop 메서드를 이용하여 인덱스 1에 해당하는 요소를 (리스트의 두 번째 요소) 삭제하며, 그 값을 popped_value에 할당합니다. 이후 my_list를 출력하면 두 번째 요소였던 2가 삭제되어 있는 것을 확인할 수 있습니다.

리스트 메서드 (자료 구조.py)
```
my_list = [1, 2, 3]
popped_value = my_list.pop(1)
print(popped_value)
print(my_list)
```

```
2
[1, 3]
```

마지막으로 sort 메서드를 알아보도록 하겠습니다. sort 메서드는 리스트의 요소들을 정렬합니다. 아래 예시에서 my_list에 [3, 1, 4, 1, 5, 9, 2]를 할당한 후 my_list를 sort 메서드를 통해 정렬하면 아래와 같이 [1, 1, 2, 3, 4, 5, 9]가 되는 것을 확인할 수 있습니다.

리스트 메서드 (자료 구조.py)
```
my_list = [3, 1, 4, 1, 5, 9, 2]
my_list.sort()
print(my_list)
```

```
[1, 1, 2, 3, 4, 5, 9]
```

파이썬 자료 구조: 튜플

다음으로 알아볼 파이썬 자료구조는 튜플입니다. 튜플은 리스트와 유사하게 순서가 있으며 다양한 자료형을 포함할 수 있는 묶음입니다. 리스트는 요소들을 대괄호를 통해 묶고 콤마를 통해 각 요소들을 구분하였다면, 튜플은 소괄호로 요소들을 묶으며 콤마를 사용해 요소들을 구분한다는 특징이 있습니다. 또한 리스트는 처음 변수에 할당한 이후 각 요소들을 변경하는 것이 가능하지만, 튜플은 한 번 선언된 이후에는 각 요소들을 변경할 수 없다는 차이점이 있습니다. 이러한 튜플의 불변성은 보안성 관점에서 리스트 대비 우수하다는 특징이 있습니다. 아래에서 간난한 튜플을 선언하고 print 함수를 통해 출력하는 예시를 살펴보도록 하겠습니다.

튜플 생성 (자료 구조.py)
```python
my_tuple = (1, 2, 3, "four", 5.0)
print(my_tuple)
```

```
(1, 2, 3, 'four', 5.0)
```

앞서 튜플은 한 번 선언된 후에는 그 요소를 변경할 수 없다고 했는데, 이를 직접 확인해 보도록 하겠습니다. 아래 예시 코드에서는 앞서 생성한 my_tuple의 첫 번째 요소인 1을 0으로 변경해 보도록 하겠습니다. 튜플의 요소를 불러오는 인덱싱과 슬라이싱은 리스트와 동일하므로, 첫 번째 요소를 0으로 변경하기 위해 my_tuple[0] = 0과 같이 입력한 후 해당 코드를 실행하면 아래처럼 에러 메시지가 발생합니다.

튜플의 불변성 (자료 구조.py)
```python
my_tuple[0] = 0
```

```
TypeError: 'tuple' object does not support item assignment
```

튜플은 리스트와 유사한 점이 많아 리스트와 같이 +, *를 이용한 연산을 그대로 사용할 수 있습니다. 여기서는 지면이 부족하여 직접 예시 코드를 확인하지는 않지만 독자 분들께서 직접 한 번 실습해 보시기 바랍니다.

파이썬 자료 구조: 딕셔너리

이번에는 파이썬 자료 구조 중 딕셔너리에 대해 알아보도록 하겠습니다. 앞서 리스트와 튜플이 순서를 가지며 인덱스를 통해 각 요소를 가져올 수 있는 자료형이라면, 딕셔너리는 순서를 가지지 않으며 데이터가 키:값의 쌍을 이루어 저장되는 자료 구조입니다. 리스트와 동일하게 가변성을 가지며 다양한 데이터 형태를 저장할 수 있습니다. 딕셔너리는 데이터를 중괄호로 ({}) 싸고 있으며, 각각의 키와 값은 콜론을 기준으로 구분되며, 이러한 키:값 쌍은 콤마를 기준으로 구분됩니다. 아래에서 바로 예시를 살펴보도록 하겠습니다. 아래 코드에서 my_dict 변수를 생성하고 "name"에는 "John", "age"에는 25, "city"에는 "New York"을 각각 키:값으로 저장하였습니다. 딕셔너리는 각각의 요소에 키를 통하여 접근할 수 있으며, 이 때 대괄호 사이에 키를 전달하면 그에 해당하는 값이 반환됩니다. 아래 예시에서는 "name" 키에 해당하는 "John"이라는 값이, "age" 키에 해당하는 25라는 값이 각각 출력됩니다.

딕셔너리 생성 (자료 구조.py)

```python
my_dict = {'name': 'John', 'age': 25, 'city': 'New York'}

# 딕셔너리의 요소에 접근
print(my_dict['name'])
print(my_dict['age'])
```

```
John
25
```

딕셔너리에 저장된 특정 키의 데이터는 변경이 가능하며, 새로운 키:값 쌍을 추가하는 것도 가능합니다. 아래 예시 코드에서는 age 키의 값을 25로 변경하고, 새로운 키로 "gender"를 추가하며 그 값으로는 "Male"을 저장합니다. 맨 마지막의 print 함수를 통해 지금까지 수정된 딕셔너리를 출력합니다.

딕셔너리 값 수정 및 추가 (자료 구조.py)

```python
# 딕셔너리 값 변경
my_dict['age'] = 26
# 딕셔너리에 새로운 요소 추가
my_dict['gender'] = 'Male'
# 딕셔너리의 키-값 쌍 출력
print(my_dict)
```

```
{'name': 'John', 'age': 26, 'city': 'New York', 'gender': 'Male'}
```

이번에는 딕셔너리의 활용을 위한 주요 함수와 메서드 몇 가지를 소개하도록 하겠습니다. 앞서 딕셔너리에 값을 추가하는 방법을 배웠는데, 반대로 특정 키:값 쌍을 삭제할 수도 있습니다. 이 때 아래 예제 코드와 같이 del을 사용하여 딕셔너리에서 삭제하고자 하는 키를 전달합니다. 아래 예시에서는 키:값 쌍으로 "city":"New York"을 삭제합니다.

딕셔너리 키:값 쌍 삭제 (자료 구조.py)

```python
# del, 딕셔너리 요소 삭제
my_dict = {'name':'John', 'age': 25, 'city': 'New York'}
del my_dict['city']
print(my_dict)
```

```
{'name': 'John', 'age': 25}
```

딕셔너리에 키:값 형태로 저장된 모든 데이터의 키만 출력하는 메서드는 keys 입니다. 앞서 생성한 my_dict 딕셔너리에 city를 키로 가지는 데이터를 삭제했으므로 남은 키는 name과 age일텐데, 아래 코드와 같이 keys 메서드를 통해 그 값들을 확인할 수 있습니다. 반대로 모든 키의 값들을 모두 출력하는 메서드는 values입니다. 아래 예시 코드와 그 출력값들을 확인해 보시기 바랍니다.

딕셔너리 메서드 활용1 (자료 구조.py)

```python
# keys, 딕셔너리의 모든 키 출력
keys = my_dict.keys()
print(keys)
# values, 딕셔너리의 모든 값 출력
values = my_dict.values()
print(values)
```

```
dict_keys(['name', 'age'])
dict_values(['John', 25])
```

다음으로 리스트에서 활용했던 것과 동일한 방식으로 pop 메서드를 사용할 수 있습니다. 해당 메서드의 딕셔너리에서의 동작은 리스트에서 사용한 것과 동일하지만, pop 메서드의 인자로 리스트에서는 인덱스 번호를 받는 반면 딕셔너리에서는 키를 그 인자로 받습니다.

딕셔너리 메서드 활용2 (자료 구조.py)

```python
# pop, 지정된 키에 해당하는 값을 제거 후 반환
my_dict = {'name': 'John', 'age': 25, 'city': 'New York'}
removed_value = my_dict.pop('age')
print(removed_value)
print(my_dict)
```

```
25
{'name': 'John', 'city': 'New York'}
```

마지막으로 update 메서드를 알아보도록 하겠습니다. update 메서드는 다른 딕셔너리나 키:값 쌍으로 현 딕셔너리를 업데이트 합니다. 아래 예시 코드에서 my_dict와 new_data 두 가지 딕셔너리는 "age" 키를 동시에 가지고 있지만 그 값은 각각 25, 26으로 다릅니다. 또한 new_data 딕셔너리는 my_dict에는 없는 "gender":"Male"을 가지고 있습니다. 이 때 my_dict 딕셔너리에서 update 메서드를 호출하고 그 인자로 new_data를 전달하게 되면 age 키의 값이 new_data 딕셔너리의 값안 26으로 변경되고, my_dict에는 없었던 "gender":"Male" 키:값 쌍이 추가됩니다. 아래 예시 코드와 그 결과를 확인해 보세요.

딕셔너리 메서드 활용3 (자료 구조.py)

```python
# update, 다른 딕셔너리나, 키:값 쌍으로 현 딕셔너리 업데이트
my_dict = {'name': 'John', 'age': 25, 'city': 'New York'}
new_data = {'age': 26, 'gender': 'Male'}
my_dict.update(new_data)
print(my_dict)
```

```
{'name': 'John', 'age': 26, 'city': 'New York', 'gender': 'Male'}
```

파이썬 자료 구조: 집합

마지막으로 배워볼 파이썬 자료 구조는 집합입니다. 집합은 중괄호({})를 사용해 리스트처럼 정의하며, 순서가 없으며 가변성을 가집니다. 집합만의 특징으로는 원소의 중복을 허용하지 않으며 수학적 집합 연산을 지원한다는 점이 있습니다. 아래 예시 코드를 통해 집합 변수를 생성해 보도록 하겠습니다. 집합은 중복된 원소를 허락하지 않으므로 {1, 2, 2, 3, 3, 4, 5, 5}와 같이 여러 개의 중복된 원소를 입력하여 my_set 변수에 저장한 후 다시 해당 변수를 print 함수를 통해 출력하게 되면 {1, 2, 3, 4, 5}와 같이 중복값이 제외된 것을 확인할 수 있습니다.

집합 정의 (자료 구조.py)

```python
my_set = {1, 2, 2, 3, 3, 4, 5, 5}
print(my_set)
```

```
{1, 2, 3, 4, 5}
```

다음으로는 파이썬 집합 자료형을 이용하여 수학적 집합 연산을 해보도록 하겠습니다. set1 변수에 {1, 2, 3, 4, 5}를, set2에 {3, 4, 5, 6, 7}을 각각 할당한 후 이 둘의 합집합, 교집합, 차집합을 구해보도록 하겠습니다. 합집합, 교집합과 차집합을 구하는 연산자는 각각 |, &, - 입니다. 아래 예시 코드와 그 실행 결과를 확인해 주시기 바랍니다.

파이썬 집합 자료형의 수학적 집합 연산 (자료 구조.py)

```python
# 집합 연산: 합집합, 교집합, 차집합
set1 = {1, 2, 3, 4, 5}
set2 = {3, 4, 5, 6, 7}

union_set = set1 | set2
intersection_set = set1 & set2
difference_set = set1 - set2

print(union_set)
print(intersection_set)
print(difference_set)
```

```
{1, 2, 3, 4, 5, 6, 7}
{3, 4, 5}
{1, 2}
```

다음으로는 집합에서 활용할 수 있는 몇 가지 메서드들에 대해 알아보도록 하겠습니다. 집합을 한 번 정의한 후 해당 집합에 add 메서드와 remove 메서드를 이용하여 특정 원소를 추가하거나 삭제할 수 있습니다. 각 메서드들의 인자로는 추가하거나 삭제할 값을 전달하며, 아래 예제 코드에서 사용법을 확인하시기 바랍니다.

유용한 집합 메서드1 (자료 구조.py)

```python
# add, 집합에 새로운 원소 추가
my_set = {1, 2, 3}
my_set.add(4)
print(my_set)

# remove, 집합에서 특정 원소 제거
my_set = {1, 2, 3, 4}
my_set.remove(3)
print(my_set)
```

```
{1, 2, 3, 4}
{1, 2, 4}
```

한 집합이 다른 집합의 부분집합인지를 확인할 수 있는 메서드도 종종 사용됩니다. issubset 메서드를 이용하여 아래 예시 코드의 set2가 set1의 부분집합인지 확인해 보겠습니다. 부분집합이 맞을 경우 True를, 아닐 경우에는 False를 반환합니다.

유용한 집합 메서드2 (자료 구조.py)

```python
set1 = {1, 2, 3}
set2 = {1, 2}
is_subset = set2.issubset(set1)
print(is_subset)
```

```
True
```

파이썬 기초 문법 2: 함수

함수란 한 번 정의한 후 여러 번 재사용 가능한 코드의 블럭입니다. 함수는 특정 작업을 수행하거나 계산하여 결과를 반환하도록 할 수 있습니다. 함수를 정의함으로써 같은 코드를 반복하지 않고 필요할 때 마다 해당 함수를 호출하여 사용할 수 있어 우수한 재사용성과 코드의 유지보수를 용이하게 하며, 큰 문제를 해결하기 위해 문제를 작은 부분으로 나누어 각 부분을 함수로 정의하여 문제를 더 쉽게 이해하고 해결할 수 있게 한다는 장점도 있습니다. 함수는 다양한 상황에서 사용할 수 있는데, 데이터셋에서 특정 조건을 만족하는 항목을 필터링하거나, 데이터에 대해 통계적 계산을 수행하는 데이터 처리용으로 사용할 수도 있으며, 사용자로부터 입력을 받아 그 입력을 처리하고 결과를 반환하기도 하며, 수학적 연산을 수행하는 등의 다양한 역할을 합니다.

파이썬 함수의 기본 구조는 아래 예시 코드와 같으며, 함수명과 전달받을 인자들을 정의하고 아래쪽에 들여쓰기로 함수의 내용을 작성할 수 있습니다. 해당 함수가 호출되어 결과값을 반환할 때에는 그 반환값을 return 예약어 뒤에 적어주면 됩니다.

사용자 정의 함수의 기본 구조 (함수, 클래스, 모듈.py)

```python
def function_name(parameters):
    # 함수 내용
    # ...
    return result  # 함수의 결과값 (생략 가능)
```

아래 예시 코드는 add_numbers라는 이름을 가지는 사용자 정의 함수를 정의하고, 이를 호출하여 직접 결과를 반환 받는 예시입니다. def 예약어 뒤에 함수의 이름인 add_numbers를 표시해 주었으며, 함수의 이름 뒤 괄호 사이에 해당 함수가 받아올 인자를 적어줍니다. 여기서는 x와 y 두 개의 인자를 받습니다. 함수의 내용은 return x+y로, 해당 함수는 x와 y 두 인자를 받아 그 합을 반환한다는 것을 알 수 있습니다. 아래에서는 add_numbers 함수를 호출하고 이 때 인자로는 3과 5를 전달하며, 호출된 함수의 반환값을 print 함수로 출력합니다. 아래 예시 코드와 그 실행 결과를 확인하시기 바랍니다.

사용자 정의 함수의 정의와 호출 예시1 (함수, 클래스, 모듈.py)

```python
def add_numbers(x, y):
    return x + y
print(add_numbers(3, 5))
```

```
8
```

위 예시에서는 x와 y 두 개의 인자를 받는 add_numbers 함수를 정의했었는데, 함수를 정의할 때 각 인자의 초기값을 설정할 수도 있습니다. 아래 예시에는 하나의 인자(x)를 받으며 그 제곱을 반환하는 square라는 함수를 정의하였습니다. 이 때 인자를 명시하는 부분에 x=2와 같이 x 인자의 초기값을 전달하면 이후 해당 함수를 호출하면서 따로 인자를 명시하지 않을 때 설정된 초기값이 사용됩니다. 함수 호출 시 인자를 명시하면 명시된 값이 초기값에 우선합니다. 아래 예시 코드와 그 결과를 살펴보시기 바랍니다.

사용자 정의 함수의 정의와 호출 예시2 (함수, 클래스, 모듈.py)

```python
def square(x=2):
    return x ** 2
result = square()
print(result)
result = square(4)
print(result)
```

```
4
16
```

사용자 정의 함수의 반환값이 꼭 하나여야 한다는 법은 없습니다. return 예약어 다음 콤마를 기준으로 하나 이상의 반환값을 입력할 수 있습니다. 아래 예시는 x, y 두 개의 인자를 받아서 인자들의 합과 곱, 총 2개의 값을 반환하는 calculate 함수의 사용 예시를 보여줍니다. 이 때 함수를 호출하며 함수가 반환하는 두 개의 반환값을 받아오기 위하여 sum_result, product_result 변수를 등호 왼쪽에 적어줍니다.

사용자 정의 함수의 정의와 호출 예시3 (함수, 클래스, 모듈.py)

```python
def calculate(x, y):
    sum_result = x + y
    product_result = x * y
    return sum_result, product_result

sum_result, product_result = calculate(3, 4)
print(f"Sum: {sum_result}, Product: {product_result}")
```

```
Sum: 7, Product: 12
```

추가로 람다함수를 알아보도록 하겠습니다. 람다함수는 이름 없이 정의된 간단한 함수를 의미합니다. lambda 키워드를 사용하여 생성되며, 일반적으로 한 줄의 간단한 표현식으로 구성됩니다. 일반적으로는 lambda [인자]: [표현식]과 같은 형태를 가집니다. 복잡하지 않은 함수는 람다함수를 통해 def로 시작하는 사용자 정의 함수보다 더욱 간단하게 나타낼 수 있어 코드의 가독성을 우수하게 합니다. 아래 예시 코드에서는 x, y 두 개의 인자를 받아 그 곱을 반환하는 람다함수를 정의하여 multiply라는 변수에 할당하고 호출하여 그 결과를 출력하는 과정이 나타나 있습니다. 아래 예시 코드와 그 결과를 확인하시기 바랍니다.

람다함수의 정의와 호출 예시 (함수, 클래스, 모듈.py)
```python
multiply = lambda x, y: x * y
result = multiply(4, 6)
print(result)
```

```
24
```

마지막으로 파이썬에서 기본으로 제공하는 유용한 내장 함수를 알아보도록 하겠습니다. 우선 len 함수와 type 함수입니다. len 함수는 시퀀스 자료형의 길이를 반환합니다. 아래 예시 코드에서는 [1, 2, 3, 4, 5]와 같이 총 5개의 원소를 가지는 리스트를 my_list 변수에 할당하고 len 함수의 인자로 전달하여 그 길이를 확인합니다. 이 때 리스트 원소의 총 개수인 5가 반환됩니다. type 함수는 변수에 저장된 데이터 타입을 확인하는 기능을 합니다. 아래 예시 코드와 같이 42라는 값을 value 변수에 저장하고, 해당 변수를 type 함수의 인자로 전달하면 int가 (정수형) 반환됩니다.

파이썬 내장 함수 len, type (함수, 클래스, 모듈.py)
```python
my_list = [1, 2, 3, 4, 5]
length = len(my_list)
print(length)

value = 42
value_type = type(value)
print(value_type)
```

```
5
<class 'int'>
```

다음으로는 sum과 round 함수입니다. sum 함수는 시퀀스 자료형 내 원소의 총합을 반환합니다. 아래 예시에서 [1, 2, 3, 4, 5]를 numbers 변수에 저장한 후 해당 변수를 sum 함수의 인자로 전달하면 요소들의 총합인 15가 반환되게 됩니다. sum 함수 외에도 시퀀스 자료형 내 원소의 최소, 최대를 확인할 수 있는 min, max 함수도 있습니다. round 함수는 숫자를 반올림한 값을 반환합니다. round(숫자, 자리수)의 형태로 사용되며, 아래 예시에서는 value에 3.14159의 값을 저장한 후 해당 값을 round 함수를 이용하여 소수 둘째 자리까지 반환하는 예시입니다.

파이썬 내장 함수 sum, round (함수, 클래스, 모듈.py)

```python
numbers = [1, 2, 3, 4, 5]
sum_result = sum(numbers)
print(sum_result)

value = 3.14159
rounded_value = round(value, 2)
print(rounded_value)
```

```
15
3.14
```

마지막으로 str 함수에 대해 알아보도록 하겠습니다. str 함수는 인자로 전달받은 데이터 타입을 문자열로 변환하는 함수입니다. 아래 예시에서는 number 변수에 42라는 정수형 값을 저장한 후 str 함수에 number 변수를 전달하여 데이터 타입을 정수형에서 문자열로 변환합니다. 이 때 str 외에도 int, float, bool과 같이 각각 정수, 실수, 불리언 타입으로 데이터를 변환하는 함수도 있습니다.

파이썬 내장 함수 str (함수, 클래스, 모듈.py)

```python
number = 42
number_str = str(number)
print(type(number_str))
```

```
<class 'str'>
```

파이썬 기초 문법 2: 클래스

파이썬에서 클래스란 데이터와 데이터를 처리하는 함수를 함께 묶어놓은 구조체입니다. 관련된 기능과 데이터를 묶어서 코드를 구조화하여 복잡한 시스템의 개발과 유지보수를 용이하게 하며, 특정 기능을 수행하는 코드를 묶어 관리하므로 높은 재사용성을 가집니다. 클래스라는 개념이 조금 추상적일 수 있는데, 아래 그림 8의 예시를 살펴보며 세부적으로 설명하도록 하겠습니다.

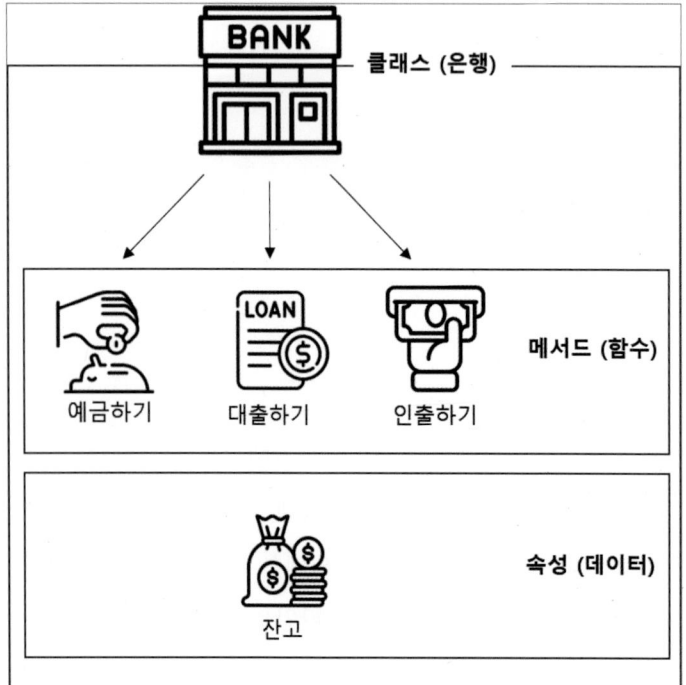

▲ 그림 8 클래스 예시

위 그림은 은행 업무에 관련된 것을 클래스로 구조화하여 나타낸 예시입니다. 은행이라는 클래스를 만들고 그 안에서 할 수 있는 작업들을 함수로 구현하며, 데이터를 저장할 변수를 설정합니다. 은행에서 할 수 있는 일들을 3가지 선정하여 예금하기, 대출하기, 인출하기라고 하겠습니다. 예금하기 기능을 수행하면 고객이 가지고 있는 잔고에서 예금한 금액을 더해서 잔고를 갱신합니다. 이 기능을 하나의 예금하기 함수로 구현합니다.

이렇게 클래스 내부에서 기능하는 함수를 메서드라고 합니다. 대출하기와 인출하기도 마찬가지로 각자의 기능을 하는 하나의 함수로 제작합니다. 예금하기, 대출하기, 인출하기와 같은 기능 뿐만 아니라 잔고라는 데이터를 저장할 수 있는데, 이처럼 클래스에서 정의된 데이터는 속성이라고 합니다. 위 그림 8의 예시를 직접 파이썬 코드로 구현해 보도록 하겠습니다.

은행 클래스 (함수, 클래스, 모듈.py)

```python
class Bank:
    def __init__(self, balance=0):
        self.balance = balance
    def deposit(self, amount):
        """예금 메서드"""
        self.balance += amount # 속성
        return f"{amount}원이 예금되었습니다. 현재 잔액: {self.balance}원"
    def withdraw(self, amount):
        """인출 메서드"""
        if amount <= self.balance:
            self.balance -= amount
            return f"{amount}원이 인출되었습니다. 현재 잔액: {self.balance}원 "
        else:
            return "잔액이 부족합니다."
    def loan(self, amount):
        """대출 메서드"""
        self.balance += amount
        return f" {amount}원이 대출되었습니다. 현재 잔액: {self.balance}원 "

my_bank = Bank(1000) # my_bank 인스턴스
```

위 예시 코드를 살펴보겠습니다. 클래스는 class 예약어로 정의합니다. 이 때 함수의 정의와 유사하게 클래스의 이름이 class 예약어 다음에 따라오며, 콜론을 기준으로 아래에서 들여쓰기로 클래스의 내용을 작성합니다. 클래스 내에서 맨 처음 오는 메서드는 __init__ 입니다. 이를 생성자라고 부르며, 클래스를 호출할 때 (보다 정확히 말하면, 해당 클래스 객체가 생성될 때) 생성자 블록이 사동으로 실행되는 기능을 가집니다. 잠깐 코드의 맨 아래줄을 보면 my_bank 변수에 좀 전에 정의한 Bank 클래스를 할당하는데, 이 때 할당됨과 동시에 생성자가 실행됩니다. 여기서 my_bank는 Bank 클래스의 인스턴스라고 부릅니다. 다시 올라가서, 생성자의 인자로는 self와 balance가 있습니다.

클래스에서는 self라는 단어를 자주 볼 수 있는데, 이는 클래스 내부의 메서드나 속성이 자신이 속한 인스턴스를 참조할 수 있도록 하는 파이썬의 관례입니다. 클래스는 my_bank와 같이 변수에 할당되어 사용되는데 이 때 my_bank와 같은 인스턴스를 지칭한다고 생각하시면

됩니다. my_bank 인스턴스가 생성될 때 1000이 전달되었으므로 생성자에 의해 인스턴스의 balance 속성은 1000으로 할당되게 됩니다. 다음으로 예금 기능을 수행하는 deposite 메서드를 만듭니다. 이 때 인자로는 인스턴스인 self와 예금 금액인 amount가 전달되어 balance에 amount만큼 더한 값을 저장하고, 예금 금액과 잔고를 출력하는 문자열을 반환합니다.

이 때 deposite 메서드 내 balance 변수 앞에 self가 붙어 있다는 점을 확인하시기 바랍니다. 이는 my_bank 인스턴스의 속성인 balance를 뜻합니다. 만약 my_bank 인스턴스뿐만 아니라 your_bank 인스턴스도 있다고 가정하면 각각 인스턴스의 balance 속성은 따로 관리되어야 하기 때문에, self는 이를 명시하기 위한 관례라고 볼 수 있습니다. deposite 메서드 외에 인출 기능을 구현한 widthdraw, 대출 기능을 구현한 loan 메서드도 동일한 방식으로 작성되었으며, 메서드를 구성하는 내용은 앞서 배운 내용들을 바탕으로 구성되어 있으므로 직접 코드를 살펴보시기 바랍니다.

지금까지의 코드로 my_bank 인스턴스를 생성하였습니다. 이제 예금, 인출, 대출 메서드를 사용해 보도록 하겠습니다. 아래 예시 코드는 예금, 인출, 대출 메서드를 호출하고 그 결과를 확인한 것으로 이 때 deposite, withdraw, loan 메서드에는 각각 2000, 1500, 3000이 전달되었습니다. 아래 예시 코드에서 메서드의 출력값과 잔고 속성의 변화가 의도한 대로 이루어지는지 아래에서 살펴보시기 바랍니다.

은행 클래스 (함수, 클래스, 모듈.py)

```python
print(my_bank.deposit(2000))
print(my_bank.withdraw(1500))
print(my_bank.loan(3000))
```

```
2000원이 예금되었습니다. 현재 잔액: 3000원
1500원이 인출되었습니다. 현재 잔액: 1500원
3000원이 대출되었습니다. 현재 잔액: 4500원
```

파이썬 기초 문법 2: 모듈

파이썬 모듈은 파이썬 프로그래밍 형식으로 작성된 .py 파일을 뜻하며, 여러 가지 클래스, 함수, 변수를 포함할 수 있습니다. 모듈은 이러한 요소들을 다른 파이썬 프로그램에서 재사용할 수 있게 해줍니다. 모듈을 사용함으로써 코드의 재사용성을 높이고, 프로그램의 구조를 개선하며, 코드의 가독성과 유지보수성을 향상시킬 수 있습니다. 특히, 크고 복잡한 애플리케이션을 개발할 때 모듈을 사용하여 관련된 기능들을 그룹화하여 따로 보관함으로써 애플리케이션의 구조를 명확하게 할 수 있습니다. 특히, 모듈은 자체적인 네임스페이스를 제공하기 때문에, 모듈 내에서 정의된 이름들은 다른 모듈의 이름들과 충돌하지 않습니다. 이를 통하여 변수나 함수 이름의 충돌을 방지합니다.

모듈은 파이썬 클래스, 함수, 변수 등을 포함할 수 있는 .py 파이썬 파일이라고 말씀드렸습니다. 아래 예시 코드에서 간단한 두 개의 함수 greet, square 함수를 가지는 파이썬 파일을 만들고, 해당 파일의 이름을 my_module.py로 저장해 보도록 하겠습니다. greet 함수는 인자를 받아서 해당 인자를 포함하는 문자열을 출력하는 함수이며, square 함수는 받아온 인자의 제곱을 반환하는 함수입니다.

모듈 생성 (my_module.py)

```python
def greet(name):
    return f'Hello, {name}!'

def square(x):
    return x**2
```

생성한 모듈을 다른 파이썬 파일에서 가져와 사용하기 위해서 새로운 .py 파이썬 파일을 생성합니다. 새로운 파이썬 파일에서 my_module.py를 사용하기 위해서는 import를 사용합니다. 아래처럼 my_module을 임포트하고, 해당 모듈에 저장된 두 개의 함수를 사용해 보도록 하겠습니다. 이 때 my_module의 greet 함수를 사용하기 위해서는 my_module.greet처럼 모듈명을 명시합니다. 동일한 방법으로 my_module의 square 함수도 사용해 보았습니다. 아래 예시 코드와 그 실행 결과를 확인해 보시기 바랍니다.

모듈 생성 및 활용 (함수, 클래스, 모듈.py)

```python
import my_module
result = my_module.greet("Alice")
print(result)
value = my_module.square(4)
print(value)
```

```
Hello, Alice!
16
```

위에서 실습한 것과 같이 직접 사용자 정의 모듈을 제작하고 임포트하여 사용할 수도 있지만, 파이썬은 다양한 표준 라이브러리 모듈을 제공합니다. 예를 들어 수학과 관련된 다양한 기능을 제공하는 math, 운영체제와 상호 작용하기 위한 다양한 기능을 제공하는 os, 날짜와 시간에 관련된 다양한 기능을 제공하는 datetime 모듈 등이 있습니다. 아래 예시 코드를 통해 이 모듈들의 간단한 사용 예시를 확인해 보도록 하겠습니다. 첫 번째 예시 코드는 math 모듈에서 제곱근을 계산할 수 있는 sqrt 함수를 사용한 예시입니다. 해당 모듈을 임포트하고 sqrt 함수에 25를 전달하여 그 결과를 출력합니다. 다음으로는 os 모듈의 listdir 함수를 이용하여 현재 디렉토리의 파일과 하위 디렉토리 목록을 가져올 수 있습니다. 마지막으로 datetime 모듈을 통해 현재 날짜와 시간을 가져옵니다. 지금까지 소개한 3가지 모듈들은 이외에도 여러 가지 다양한 기능들을 제공합니다. 해당 모듈에 대해 자세히 소개하기에는 이 책의 범위를 벗어나기 때문에 이번 절은 여기에서 마치도록 하겠습니다.

파이썬 표준 라이브러리 모듈 (함수, 클래스, 모듈.py)

```python
import math
result = math.sqrt(25)
print(result)

import os
files_in_directory = os.listdir()
print(files_in_directory)

from datetime import datetime
current_time = datetime.now()
print(current_time)
```

```
5.0
['Chapter 2', 'Chapter 3', 'Chapter 4', 'Chapter5', 'Chapter6', 'test.py']
2024-03-01 11:13:38.369123
```

CHAPTER

03

챗GPT로 주식 매매 전략을 구현하고 백테스팅하기

이번 장에서는 주식 자동매매를 위해 사용할 수 있는 몇 가지 전략들에 대해서 간략히 살펴보도록 하겠습니다. 챗GPT를 이용하여 기본적인 변동성 돌파 전략을 파이썬으로 구현해 볼 예정이며, 인공지능의 한 분야인 머신러닝을 이용하여 특정 종목의 미래 주가를 예측해 보도록 하겠습니다. 앞서 서론에서도 언급한 바 있지만, 여기서 소개하는 전략들은 알고리즘 트레이딩에 사용할 수 있는 파이썬 코드를 챗GPT를 통해 생성할 수 있다는 것을 보여 주는 것을 목표로 하기 때문에 여기서 소개하는 예시 코드들을 추가적인 튜닝 및 최적화와 충분한 백테스팅을 거치지 않고 그대로 실전에 사용하는 것은 위험합니다.

매매 전략: 변동성 돌파 전략

변동성 돌파 전략은 시장의 변동성을 기반으로 특정 기간 동안의 주식 가격 변동폭을 계산하고, 이를 통해 미래 가격 움직임을 예측하는 단기적 트레이딩에 인기 있는 전략입니다. 변동성 돌파 전략은 일반적으로 직전 거래일의 고가에서 저가를 뺀 가격 변동 폭을 임의의 실수 값 K로 곱한 가격(직전 거래일 변동성에 K를 곱한 값)을 전일 종가나 당일 시가에 더했을 때의 값을 매수목표가격으로 하여 매수하고, 당일의 종가나 익일 시가에 모두 매도합니다. 이는 변동성 돌파 전략의 일반적인 경우로, 다양하게 변형 및 활용할 수 있습니다.

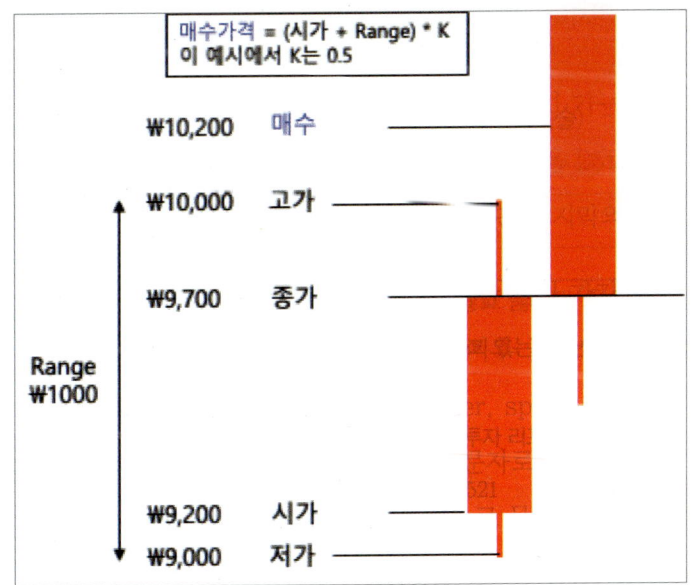

▲ 그림 9 차트에서 변동성 돌파 전략을 표현한 예시. 전 거래일의 고가에서 저가의 차이를 range로 했을 때, range에 임의의 K 값을 곱한 값에서 전일 종가나 당일의 시가를 더한 값을 매수목표가격으로 하여 매수한다. 매도는 보통 당일 종가 혹은 다음 거래일의 시가에 이루어진다.

변동성 돌파 전략에 대해 챗GPT 프롬프트를 작성하기 전에 pykrx 라이브러리에 대해 설명 드리도록 하겠습니다. pykrx는 한국 거래소에서 제공하는 주식, 채권 등의 시장 데이터를 파이썬에서 쉽게 불러올 수 있도록 하는 파이썬 라이브러리입니다. 이번 절에서는 pykrx 라이브러리를 통해 변동성 돌파 전략을 테스트할 주식 데이터(시가, 고가, 저가, 종가 등)를 가져오고, 다음 장부터는 증권사 API를 통하여 가져온 실시간 데이터도 함께 사용하도록 하겠습니다.

이제 아래처럼 챗GPT 프롬프트를 작성해 보도록 하겠습니다. 파이썬을 통해 변동성 돌파 전략을 구현하고, 전략을 테스트할 데이터는 삼성전자의 2023년 1월부터 2023년 12월까지의 데이터를 pykrx 모듈을 통해 불러와 달라고 입력하도록 하겠습니다.

파이썬을 통해 변동성 돌파 전략을 구현하고 백테스팅을 해보려고 해. 아래 요구사항에 맞게끔 예시 코드를 작성해 줘.
1. 변동성 돌파 전략에 대해 백테스팅을 진행할 때 사용할 데이터로는 2023년 1월부터 2023년 12월까지의 삼성전자 주식에 대한 데이터를 pykrx 모듈로 불러와서 사용해 줘

파이썬을 이용해 변동성 돌파 전략에 대한 백테스팅을 구현하기 위해 pykrx 모듈을 사용하여 2023년 삼성전자 주식 데이터를 불러오고, 해당 전략을 적용하는 예시 코드를 작성하겠습니다. 먼저, pykrx 모듈을 설치해야 합니다. 이를 위해 파이썬 환경에서 pip install pykrx 명령을 실행합니다.

변동성 돌파 전략은 전일 고가와 저가의 차이(변동성)를 계산하여, 오늘 시장이 그 변동성을 상회할 때 매수하고 당일 종가에 매도하는 전략입니다.

아래는 pykrx 모듈을 사용하여 삼성전자의 2023년 데이터를 불러오고, 변동성 돌파 전략을 적용한 백테스팅 예시 코드입니다.

```python
# 필요 모듈 임포트 ❶
import numpy as np
import pandas as pd
from pykrx import stock
import matplotlib.pyplot as plt

# 삼성전자 주식 데이터 불러오기 (2022년 1월부터 12월까지) ❷
df = stock.get_market_ohlcv_by_date(fromdate="20230101", todate="20231231", ticker="005930")

# 변동성 돌파 전략을 위한 대상 계산 (전일 고가 - 전일 저가) * K ❸
K = 0.5   # K 값은 전략에 따라 조정 가능
df['Target'] = (df['고가'].shift(1) - df['저가'].shift(1)) * K
```

```python
# 매수 조건 및 매도 조건 설정 ❹
df['Buy'] = df['시가'] + df['Target']
df['Sell'] = np.where(df['고가'] > df['Buy'], df['종가'], np.nan)

# 백테스팅 수익률 계산 ❺
df['Return'] = np.where(df['고가'] > df['Buy'], df['Sell'] / df['Buy'], 1)

# 누적 수익률 계산 ❻
df['Cumulative Return'] = df['Return'].cumprod()

# 결과 시각화 ❼
plt.figure(figsize=(12, 6))
plt.plot(df['Cumulative Return'], label='Cumulative Return')
plt.xlabel('Date')
plt.ylabel('Cumulative Return')
plt.title('Samsung Electronics - Volatility Breakout Strategy')
plt.legend()
plt.show()
```

이 코드는 2023년 한 해 동안의 삼성전자 주식 데이터를 사용하여 매일의 변동성을 계산하고, 이를 기반으로 매수 및 매도 시점을 결정합니다. 그리고 매수 신호가 발생했을 때의 수익률과 누적 수익률을 계산하여 결과를 출력합니다.

주의사항
- 이 코드는 백테스팅의 예시일 뿐이며, 실제 투자에서의 수익을 보장하지 않습니다.
- 백테스팅은 과거 데이터를 기반으로 하므로 미래 시장의 변화를 완벽히 예측할 수 없습니다.
- 실제 거래 시 수수료, 슬리피지, 세금 등의 추가 비용을 고려해야 합니다.
- 투자 전략을 실제 거래에 적용하기 전에 충분한 검증과 위험 관리가 필요합니다.
- 실제 투자 결정에 앞서 충분한 검증과 위험 관리가 필요합니다.

> ★ **코드 설명** (변동성 돌파 전략.py)

❶ 맨 처음으로 필요한 모듈을 임포트합니다. Numpy는 효율적인 배열 처리와 수치 계산 기능을 제공하는 라이브러리로, 이번 코드에서는 결측치를 처리하기 위하여 사용합니다. Pandas는 엑셀 스프레드시트와 유사하게 정형화된 데이터 구조를 다루는 데 특화된 라이브러리로 데이터 분석에 널리 쓰이고 있습니다. 앞서 설명한 pykrx 라이브러리를 불러와 stock이라는 이름으로 사용하며, 마지막으로 임포트한 matplotlib는 높은 자유도를 보장하는 시각화 라이브러리입니다. 이 책을 집필하는 2024년을 기준으로 챗GPT에 일반적인 파이썬 시각화를 요청할 경우 높은 확률로 matplotlib를 사용합니다.

❷ 에서는 pykrx 라이브러리의 get_marget_ohlcv_by_date 함수를 이용하여 삼성전자의 2023년 1월 1일부터 2023년 12월 31일까지의 주식 데이터를 가져옵니다. 이 때 함수의 인자로는 가져올 데이터의 시작 날짜, 끝 날짜, 종목코드가 전달됩니다. 이 함수의 반환값은 시가, 고가, 저가, 종가, 거래량과 같은 주식 데이터입니다.

❸ 에서는 변동성 돌파 전략의 매수를 위한 타겟 상승률을 계산합니다. shift 메서드는 데이터를 한 칸씩 내리는 역할을 하는데, 가져온 데이터는 날짜별로 행이 구분되어 있으므로 shift 메서드를 통하여 전 날의 고가와 저가 데이터를 가져와 이들의 차를 구하고, 여기에 K 값을 곱한 값을 target으로 저장합니다. 이 때 K 값은 전략에 따라 조절 가능하며, 여기서는 챗GPT가 생성해 준 0.5를 그대로 사용했습니다.

❹ 에서는 매수 조건을 각 거래일의 시가에서 앞서 설정한 target만큼 상승한 값으로 설정하여 buy에 저장합니다. 다음으로 numpy의 where 함수를 이용하여 매도가를 매 거래일의 종가로 설정합니다. 이 때 numpy의 where 함수는 3개의 인자가 전달되는데, 각각 Ture 혹은 False로 값이 표현되는 조건식, 조건식이 True일 때의 값, False일 때의 값입니다. 각 거래일의 고가가 매수 조건보다 큰 경우 즉, 가격이 매수한 가격보다 높은 경우 종가에 매도하고, 그렇지 않은 경우 np.nan이라는 결측치로 설정합니다.

❺ 에서는 numpy의 where 함수를 이용하여 수익률을 계산합니다. 고가가 구매 가격보다 높은 경우 매도 가격을 구매 가격으로 나눈 값을. 그렇지 않은 경우 1로 설정합니다.

❻ 에서는 cumprod 메서드를 이용하여 수익률의 누적곱을 구합니다.

❼ 에서 이렇게 구한 누적곱을 matplotlib 라이브러리를 이용하여 날짜에 따라 차트로 그려줍니다.

챗GPT가 생성한 코드를 VS code로 가져오기 전에 우선 필요한 라이브러리를 설치해 줍니다. VS code의 파이썬 인터프리터가 적절한 가상환경으로 설정된 상태에서 터미널을 열고 (단축키 Ctrl + `) pip install [필요한 라이브러리] 형식으로 설치에 필요한 명령어를 입력합니다. 아래 그림은 pykrx를 설치한 예시인데, 필요에 따라 설치되지 않은 다른 라이브러리도 모두 설치해 주시기 바랍니다.

```
pip install pykrx
```

```
PROBLEMS   OUTPUT   DEBUG CONSOLE   TERMINAL   PORTS

PS C:\Users\                                          > pip install pykrx
Collecting pykrx
  Downloading pykrx-1.0.45-py3-none-any.whl.metadata (62 kB)
                                         62.4/62.4 kB 478.1 kB/s eta 0:00:00
Collecting requests (from pykrx)
  Downloading requests-2.31.0-py3-none-any.whl.metadata (4.6 kB)
Collecting pandas (from pykrx)
  Downloading pandas-2.2.0-cp312-cp312-win_amd64.whl.metadata (19 kB)
Collecting datetime (from pykrx)
  Downloading DateTime-5.4-py3-none-any.whl.metadata (33 kB)
Collecting numpy (from pykrx)
  Downloading numpy-1.26.3-cp312-cp312-win_amd64.whl.metadata (61 kB)
                                         61.2/61.2 kB ? eta 0:00:00
Collecting xlrd (from pykrx)
  Downloading xlrd-2.0.1-py2.py3-none-any.whl (96 kB)
                                         96.5/96.5 kB ? eta 0:00:00
Collecting deprecated (from pykrx)
  Downloading Deprecated-1.2.14-py2.py3-none-any.whl.metadata (5.4 kB)
Collecting multipledispatch (from pykrx)
  Downloading multipledispatch-1.0.0-py3-none-any.whl.metadata (3.8 kB)
```

▲ 그림 10 터미널에서 필요한 라이브러리를 설치하는 명령어 실행

이후 챗GPT가 생성한 코드를 VS code로 옮겨와 실행합니다. 그 결과 아래 그림 11과 같이 x축을 날짜로 하고 y축을 누적수익률로 한 차트가 생성되었습니다. 누적수익률이 1 이상일 때 원금 이상으로 이익을 본 것인데, 대부분의 기간에서 그래프가 1 이상에 위치하는 것을 확인할 수 있습니다. 챗GPT가 생성한 변동성 돌파 전략의 알고리즘은 이미 위 ★코드 설명에서 자세히 설명한 바 있기 때문에, 간단히 요약하자면 해당 코드는 전 거래일의 고가에서 저가의 차이를 변동성(range)로 했을 때, 당일 거래일의 주식 가격이 시가에서 전 거래일의 변동성에 K 값을 곱한 값을 더했을 때보다 상승할 경우 매수하고, 이를 전부 종가에 매도했을 때의 수익률을 집계하여 2023년 1월 1일부터 2023년 12월 31일 까지의 수익률의 누적곱을 계산합니다. 실제로는 수익률을 계산할 때 거래 수수료와 세금과 같은 부가비용을 고려해야 한다는 점을 주의하시기 바랍니다.

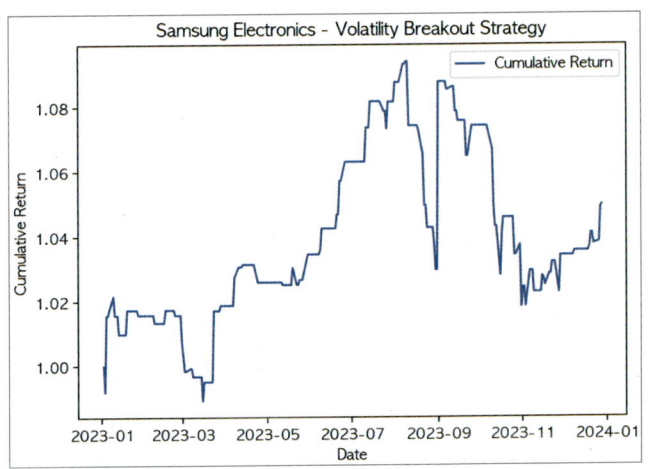

▲ 그림 11 챗GPT로 생성한 변동성 돌파 전략의 날짜에 따른 수익률의 누적곱 그래프

앞의 예시에서 챗GPT에 변동성 돌파 전략의 백테스팅을 요청하며 시각화 할 평가 지표를 따로 명시하지 않았는데, 그 결과 수익률을 백테스팅을 시작한 날부터 해당 날짜까지의 수익률의 누적곱으로 계산했습니다. 이 때 수익률의 누적곱이 아니라 개별 날짜의 수익률을 차트로 확인하고자 한다면 어떻게 해야 할까요? 아래처럼 간단히 프롬프트를 작성하여 수익률 누적곱 대신 일별 수익률을 시각화 하는 것으로 코드를 수정해 달라고 요청할 수 있습니다. 이 때 일별 수익률은 선 그래프가 아니라 막대 그래프로 생성하도록 프롬프트를 작성하겠습니다. 아래 프롬프트는 앞서 생성된 챗GPT의 답변이 있는 챗에 이어서 작성합니다.

위에서 생성해 준 코드는 수익률을 시각화 하는 부분에서 누적 수익률을 사용하였는데, 누적 수익률 대신 일별 수익률을 막대 그래프로 그리도록 코드를 수정해 줘.

 누적 수익률 대신 일별 수익률을 막대 그래프로 시각화하는 부분으로 코드를 수정하기 위해, 백테스팅 수익률 계산 부분에서 이미 df['Return']을 계산했으므로, 이를 기반으로 일별 수익률을 막대 그래프로 그립니다. 일별 수익률을 계산할 때, 매매가 이루어지지 않는 날은 수익률이 1(즉, 0% 변동)이므로 이를 0% 변동으로 보여주기 위해 수익률에서 1을 빼줍니다 (df['Return'] – 1). 이렇게 하면 매매가 이루어지지 않은 날은 0으로, 매매가 이루어진 날은 실제 수익률 변동을 %로 보여줄 수 있습니다. 코드의 결과 시각화 부분을 다음과 같이 수정합니다:

```python
# 필요 모듈 임포트
import numpy as np
import pandas as pd
from pykrx import stock
import matplotlib.pyplot as plt

# 삼성전자 주식 데이터 불러오기 (2023년 1월부터 12월까지)
df = stock.get_market_ohlcv_by_date(fromdate="20230101", todate="20231231", ticker="005930")

# 변동성 돌파 전략을 위한 대상 계산 (전일 고가 - 전일 저가) * K
K = 0.5  # K 값은 전략에 따라 조정 가능
df['Target'] = (df['고가'].shift(1) - df['저가'].shift(1)) * K

# 매수 조건 및 매도 조건 설정
df['Buy'] = df['시가'] + df['Target']
df['Sell'] = np.where(df['고가'] > df['Buy'], df['종가'], np.nan)

# 백테스팅 수익률 계산
df['Return'] = np.where(df['고가'] > df['Buy'], df['Sell'] / df['Buy'], 1)

# 일별 수익률 변동으로 시각화 하는 부분 수정 ❶
df['Daily Return'] = df['Return'] - 1

# 결과 시각화
plt.figure(figsize=(12, 6))
plt.bar(df.index, df['Daily Return'] * 100)  # 일별 수익률을 퍼센트로 변환하여 그래프 그리기 ❷
plt.xlabel('Date')
plt.ylabel('Daily Return (%)')
plt.title('Samsung Electronics - Daily Return of Volatility Breakout Strategy')
plt.show()
```

이 코드는 먼저 일별 수익률을 계산하여 df['Daily Return']에 저장한 후, 이를 기반으로 막대 그래프를 그려 일별 수익률 변동을 시각화합니다. 그래프에서는 날짜별로 수익률의 변동을 % 단위로 쉽게 확인할 수 있습니다.

> ★ 코드 설명 (변동성 돌파 전략_일별수익률.py)
>
> 앞서 생성해 준 스크립트의 누적 수익률을 계산하는 부분에서
> ❶ 부분이 수정되었는데, 누적 수익률 대신 일 별 수익률을 계산합니다. 기존 누적 수익률을 계산해서 df 데이터프레임의 Cumulative Return 컬럼에 저장하였다면, 일 별 수익률은 Daily Return 컬럼에 Return 변수에서 1을 뺀 값으로 저장합니다.
> ❷ 에서는 matplotlib 라이브러리의 bar 함수를 이용하여 막대차트를 그립니다. 이 때 막대의 y축에 해당하는 변수로 Daily Return을 퍼센트로 전환하여 (100을 곱하여) 전달합니다.

챗GPT를 통해 누적 수익률을 구하고 시각화 하는 코드를 일별 수익률로 변경하였고, 전체 코드를 VS code로 불러와 실행하면 아래 그림 12와 같은 차트를 그릴 수 있습니다. 변동성 돌파 전략에서는 K값에 따라 현재가가 매수목표가격에 도달하지 못하여 매수가 이루어지지 않은 거래일도 존재할 수 있기 때문에 차트 중간중간에 막대가 그려지지 않은 빈 영역이 존재하는 것을 확인할 수 있습니다. 이처럼 일별 수익률 차트를 통하여 좀 전의 누적 수익률 차트와는 다른 관점으로도 변동성 돌파 전략의 백테스팅 실적을 확인할 수 있습니다.

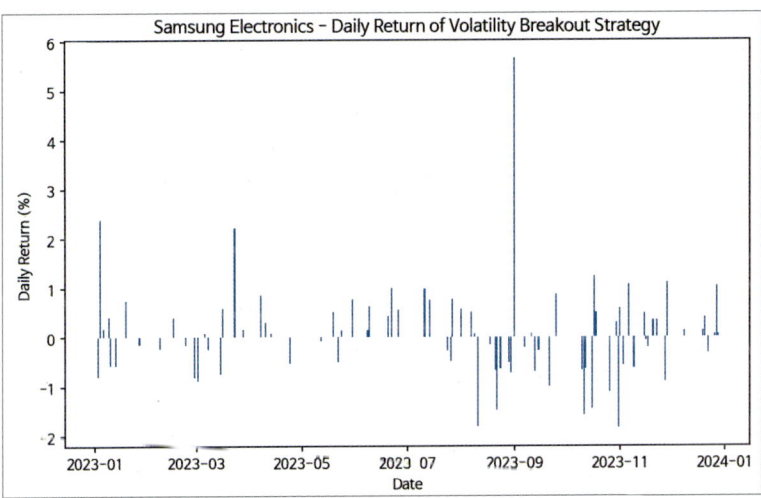

▲ 그림 12 챗GPT로 생성한 변동성 돌파 전략의 날짜에 따른 일별 수익률 그래프

매매 전략: 머신러닝 기반 전략

시장의 과거 데이터와 여러가지 지표들로 이루어진 빅데이터를 기반으로 인공지능을 활용한 트레이딩 방식도 큰 주목을 끌고 있습니다. 앞서 설명한 변동성 돌파 전략은 알고리즘이 비교적 간단하면서 명확하여 자동매매 시스템에 구현하기에 용이하지만, 고정된 규칙에 따라 작동하기 때문에 시장의 변화에 유연하게 대응하기는 어렵습니다. 반면 인공지능 기반 전략은 모델을 개발하고 최적화하는 과정에 전문 지식과 많은 시간이 소요되지만, 다양한 시장 조건과 패턴을 학습할 수 있고 복잡한 패턴을 포착하여, 복잡한 시장 환경에 더 유연하면서도 높은 정확도로 대응할 수 있습니다.

이번 절에서는 여러가지 인공지능 모델 중 랜덤 포레스트 모델을 기반으로 주가 예측을 해보도록 하겠습니다. 랜덤 포레스트 모델은 머신러닝에서 사용되는 인기 있는 모델들 중 하나로 학습 데이터 중 일부를 무작위로 선택하여 수십~수천개의 작은 모델들을 학습시키고 학습된 작은 모델들의 결과를 종합하여 회귀나 분류 예측 결과값을 도출합니다. 랜덤 포레스트 모델 외에도 딥러닝의 LSTM (Long Shrot-Term Memory) 등 여러가지 단일 혹은 복합 모델이 인공지능 트레이딩에 사용될 수 있습니다.

머신러닝 기반 모델은 모델을 학습시킬 데이터가 필요합니다. 학습 데이터로 도출된 모델을 문제 해결에 사용합니다. 여기서는 삼성전자의 주가를 예측하는 머신러닝 기반 모델을 제작하기 위하여 학습 데이터로 2023년 1월 1일부터 2024년 1월 15일까지 삼성전자의 주식 데이터를 활용하여 모델을 학습시키고, 학습된 모델을 이용하여 2024년 1월 16일부터 2024년 1월 31일까지의 삼성전자 주식의 종가를 예측해 보도록 하겠습니다. 머신러닝 모델을 학습시킬 때 여러 종류와 형태의 데이터를 사용할 수 있는데, 어떤 데이터를 사용하여 모델을 학습시키는지에 따라 모델의 예측 성능이 크게 달라질 수 있습니다. 여기서는 삼성전자 주식에 대한 정보(시가, 종가, 저가, 고가, 거래량 등)를 사용해 달라고 챗GPT에게 전달하도록 하겠습니다. 모델을 사용하여 주가를 예측하고 이를 시각화하여 차트로 나타내 달라고 주문하도록 하겠습니다. 이를 종합하여 챗GPT에 전달할 프롬프트는 아래와 같습니다.

머신 러닝 랜덤 포레스트 모델을 이용하여 주식 가격 예측 애플리케이션을 제작하려고 해. 아래 세부사항을 참고해서 파이썬 코드를 생성해 줘.

1. 삼성전자 주식에 대한 정보를(시가, 종가, 저가, 고가, 거래량 등) pykrx 모듈로 불러와서 예측 모델을 학습시켜 줘. 이 때 전날까지의 주식 데이터로 다음날의 고가를 예측할 수 있도록 해 줘.
2. 2023년 1월부터 2024년 1월 15일까지의 데이터로 모델을 학습시키고, 2024년 1월 16일부터 2024년 1월 31일까지의 데이터로 테스트를 진행해 줘.
3. 2023년 1월부터 최근까지의 삼성전자 주식 가격 (고가) 데이터를 시각화 해 줘. 이 때 2024년 1월 16일부터 2024년 1월 31일까지 머신러닝으로 예측한 주식 가격(고가)도 그래프에 함께 나타내 줘.

 여기서 설명한 작업을 수행하기 위해, 먼저 pykrx 모듈을 사용해 삼성전자의 주식 정보를 불러오고, 이를 바탕으로 랜덤 포레스트 모델을 학습시킨 후, 예측 결과를 시각화하는 파이썬 코드를 작성하겠습니다. 이 과정에서 pykrx로 데이터를 가져오고, scikit-learn의 랜덤 포레스트 모델을 사용하여 고가를 예측합니다. 마지막으로 matplotlib를 이용해 결과를 시각화합니다.

먼저 필요한 라이브러리를 설치해야 합니다. 파이썬 환경에서 pip install pykrx scikit-learn matplotlib 명령을 실행하여 pykrx, scikit-learn, matplotlib를 설치합니다.

이후 아래와 같이 코드를 작성할 수 있습니다:

```python
import numpy as np
import pandas as pd
from pykrx import stock
from sklearn.ensemble import RandomForestRegressor
from sklearn.model_selection import train_test_split
import matplotlib.pyplot as plt

# 삼성전자 주식 데이터 불러오기 ❶
df = stock.get_market_ohlcv_by_date("20230101", "20240131", "005930")

# 특성과 타겟 설정 (전날까지의 데이터로 다음 날의 고가 예측) ❷
X = df[['시가', '저가', '종가', '거래량']].shift(1).iloc[1:]
y = df['고가'].iloc[1:]

# 학습 및 테스트 데이터 분할 ❸
X_train, X_test = X[:'20240115'], X['20240116':'20240131']
y_train, y_test = y[:'20240115'], y['20240116':'20240131']

# 랜덤 포레스트 모델 학습 ❹
model = RandomForestRegressor(n_estimators=100, random_state=42)
model.fit(X_train, y_train)

# 예측 ❺
predictions = model.predict(X_test)

# 결과 시각화 ❻
plt.figure(figsize=(14, 7))
```

```
plt.plot(df.index, df['고가'], label='Actual High Price', color='blue')
plt.plot(X_test.index, predictions, label='Predicted High Price', color='red', line-
style='--')
plt.title('Samsung Electronics Stock Price Prediction')
plt.xlabel('Date')
plt.ylabel('High Price')
plt.legend()
plt.show()
```

이 코드는 2023년 1월부터 2024년 1월 15일까지의 삼성전자 주식 데이터를 사용하여 랜덤 포레스트 모델을 학습시키고, 2024년 1월 16일부터 2024년 1월 31일까지의 데이터로 고가를 예측합니다. 그 후, 전체 기간의 실제 고가와 예측 고가를 시각화하여 비교합니다.

주의사항
- 이 코드는 단순화된 예제로, 실제 주식 시장 예측에는 더 많은 데이터 전처리, 특성 공학, 모델 파라미터 조정이 필요할 수 있습니다.
- 과거 데이터를 기반으로 한 예측은 미래를 보장하지 않으며, 시장의 변동성과 불확실성을 완벽히 반영하지 못할 수 있습니다.
- 실제 투자 결정에 앞서 충분한 검증과 위험 관리가 필요합니다.

★ 코드 설명 (머신러닝 기반 예측 모델.py)

❶에서 pykrx 패키지의 get_market_ohlcv_by_date 함수를 이용하여 삼성전자의 2023년 1월 1일부터 2024년 1월 31일까지의 주식 데이터를 가져옵니다. 이 때 함수의 인자로는 가져올 데이터의 시작 날짜, 끝 날짜, 종목코드가 전달됩니다. 이 함수의 반환값은 시가, 고가, 저가, 종가, 거래량과 같은 주식 데이터입니다. .

❷에서는 예측에 사용할 데이터들(특성 (feature)과 예측의 결과(타깃 (target))를 나눕니다. 여기서는 시가, 저가, 종가, 거래량 데이터를 특성으로 사용하고, 전 거래일 기준 데이터로 다음 거래일의 고가를 예측하기 위해 1 거래일만큼 shift하여 사용합니다. 이 때 마지막의 iloc[1:]은 데이터를 두 번째 행부터 끝까지 사용하겠다는 뜻인데, shift 메서드를 이용하여 데이터를 한 칸씩 아래로 내리게 되면 첫 번째 행은 이전 데이터가 없으므로 결측치가 되기 때문입니다. 다음으로, 예측의 결과가 되는 타깃값은 고가를 사용합니다.

❸에서는 전체 데이터를 학습 데이터와 테스트 데이터로 나눕니다. 학습 데이터로는 처음(2023년 1월 1일)부터 2024년 1월 15일 까지의 데이터를 사용하며, 머신러닝 모델을 학습시키는 데 사용됩니다. 테스트 데이터는 2024년 1월 16일부터 31일까지의 데이터를 사용하며, 학습된 모델의 예측 성능을 평가하는 데 사용됩니다.

❹에서는 랜덤 포레스트 회귀 모델을 초기화하고 학습합니다. n_estimate는 랜덤 포레스트를 이루는 작은 모델들의 개수를 뜻하는데, 여기서는 100으로 설정하여 100개의 작은 모델의 결과를 종합하여 최종 회귀값을 선정하게 됩니다. random_state 인자는 재현성을 보장하기 위해 사용됩니다. 랜덤 포레스트 모델의 특성상 무작위적인 샘플 추출이 포함되기 때문에 매번 예측 결과가 조금씩 다를 수 있습니다. 때문에 해당 인자를 특정 숫자로 고정해 두면 다음 번에 동일 코드를 실행했을 때도 같은 결과를 얻을 수 있습니다.

❺에서는 학습된 모델로 테스트 데이터의 예측을 진행합니다. predict 메서드에는 고가를 제외한 특성 데이터만 전달하고, 그 결과로 predictions 변수에는 예측된 고가 값이 저장됩니다. ❻에서는 matplotlib 라이브러리를 이용하여 날짜별 삼성전자 주식 가격(고가)의 시계열 그래프를 그립니다. 이 때 pyrkx 라이브러리를 통해 가져온 실제 주식 데이터는 파란색으로, 학습된 모델을 통해 예측한 데이터는 빨간색 점선으로 표시합니다.

위 코드를 VS code로 가져와서 실행하여 정상적으로 결과를 확인하기 위해서는 sklearn 패키지가 필요합니다. 다만, 우리는 키움증권 API를 사용하기 위하여 32bit 파이썬 가상환경을 설치했는데 sklearn 패키지는 32bit 파이썬 환경에 설치할 때 호환성 관련하여 에러가 발생할 수 있습니다. 이 책에서 자동매매 애플리케이션에 sklearn 패키지를 활용한 머신러닝 기법은 사용하지 않으므로 이번 절을 머신러닝의 자동매매 시스템에 대한 활용 가능성 확인 측면에서 눈으로만 함께 따라와 주셔도 충분하지만, 직접 해당 코드를 실행하고 싶으신 분들께서는 잠시 chapter 5의 앞부분에서 소개하는 64bit 파이썬 설치하기를 따라하신 후 다시 돌아와 64bit 가상환경에서 필요 패키지를 설치한 후 이번 코드를 실행해 보시기 바랍니다.

위 코드를 실행하면 아래와 같은 그래프가 나타납니다. 파란색 선은 삼성전자의 실제 주식 가격(고가)을 나타내며 2023년 1월 1일부터 그래프가 시작합니다. 그래프의 오른쪽의 2024년 1월 중순부터는 빨간색 선이 파란색 선과 겹쳐서 함께 나타나게 되는데, 여기서 빨간 선은 랜덤 포레스트 모델을 통해 예측한 가격을 뜻합니다. 해당 기간의 빨간 선과 파란 선을 살펴보면 두 가지 선이 정확히 겹치지는 않지만 주식 가격의 대략적인 추세를 높은 정확도로 예측한 것을 확인할 수 있습니다. 여기서 생성한 머신러닝 모델은 학습 데이터의 전처리나 모델의 최적화를 거치지 않았음에도 불구하고 비교적 우수한 예측 정확도를 보이다니 놀라운 결과입니다. 이처럼 머신러닝을 활용하여 현 주식 가격이 예측한 고가에 거의 근접했을 때 매도하고, 저가를 예측하는 모델에서 예측한 저가에 거의 근접했을 때 매수하는 전략을 사용할 수 있습니다.

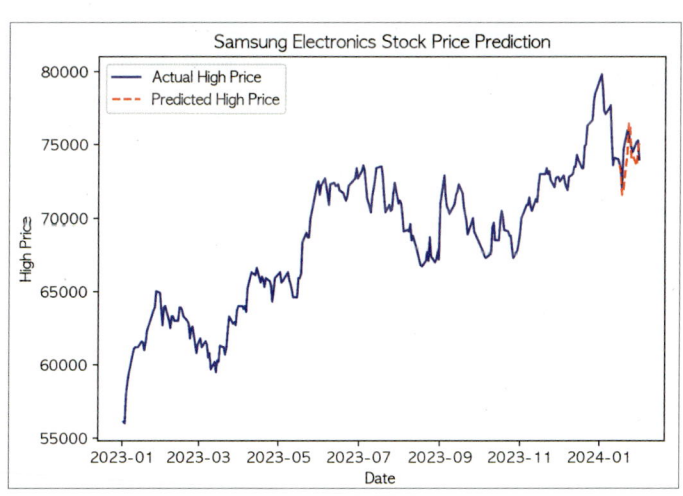

▲ 그림 13 머신 러닝 랜덤 포레스트 모델을 이용하여 삼성전자의 전날까지의 데이터로 당일 고가를 예측한 그래프

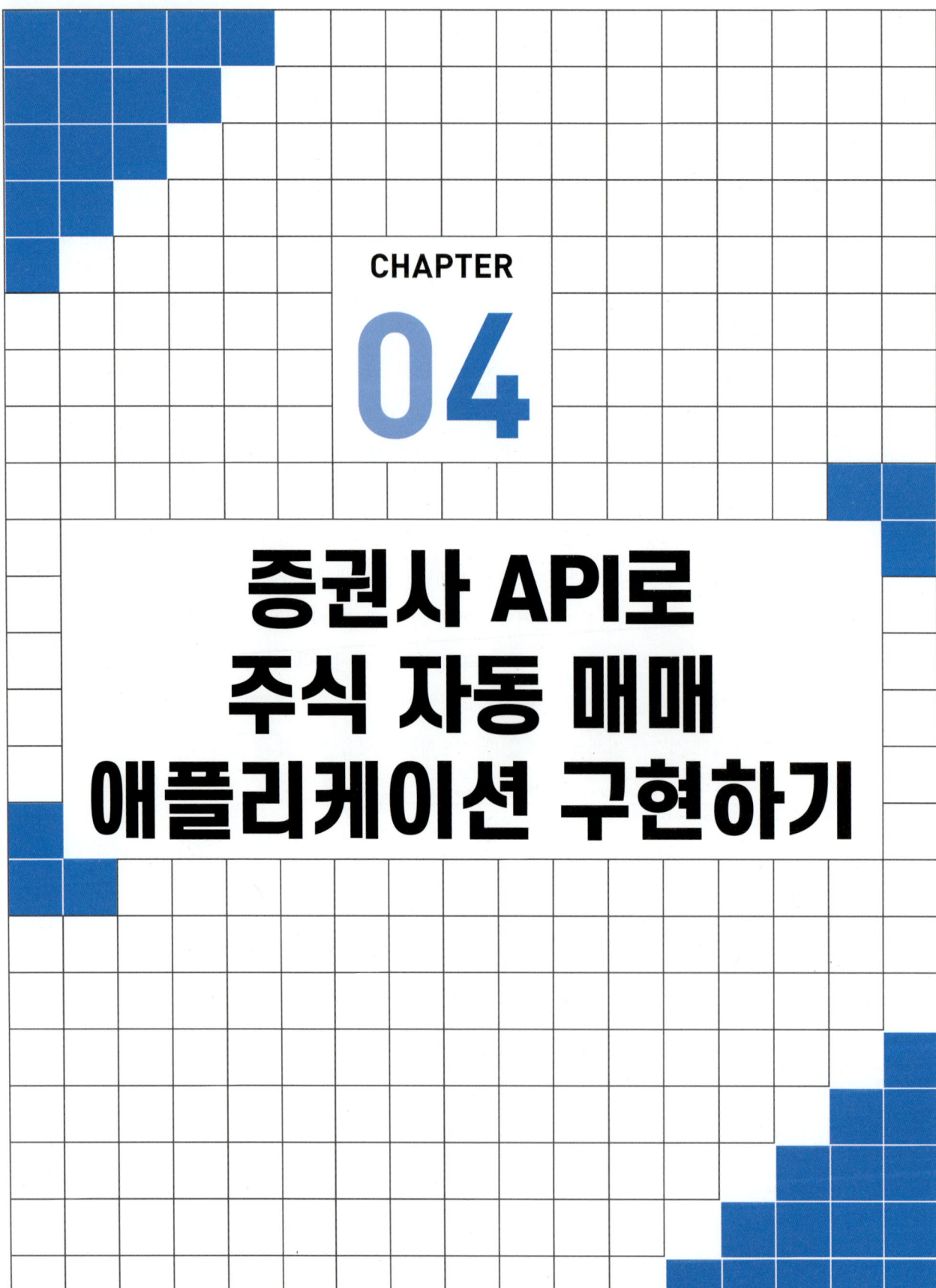

CHAPTER
04

증권사 API로
주식 자동 매매
애플리케이션 구현하기

키움증권 API 개요, 신청 방법 및 접근 방법

이번 장에서는 키움증권의 API를 사용하여 증권사의 거래 시스템에 접속하고 실시간으로 트레이딩 관련 데이터를 불러오는 연습을 하고, 자동 매매 애플리케이션을 제작하여 직접 모의투자를 해보도록 하겠습니다. 키움증권에서는 투자자가 직접 프로그래밍한 투자전략을 증권사에서 제공하는 모듈에 연결하여, 시세조회, 잔고조회, 주문 등을 할 수 있도록 제공하는 Open API+라는 서비스를 제공하고 있습니다. 해당 서비스를 신청하면 파이썬을 통해 키움증권의 트레이딩 시스템에 접속하여 각종 데이터를 실시간으로 불러오고 매매주문을 내릴 수 있습니다. 우선 해당 서비스를 신청하는 절차를 소개하도록 하겠습니다. 아래에서 소개하는 키움증권 Open API+ 서비스 사용 등록 절차는 키움증권의 계좌가 있다는 가정 하에 진행됩니다. 키움증권에 계좌를 가지고 있지 않은 독자 분들께서는 우선 계좌 개설을[4] 완료한 후 아래 내용을 따라와 주시기 바랍니다.

우선, 키움증권 홈페이지에[5] 접속하여 아래 그림 14와 같이 전체메뉴 -> 고객서비스 -> 다운로드 -> 키움 Open API+ 메뉴로 이동합니다.

▲ 그림 14 키움증권 홈페이지의 Open API+ 메뉴 찾아가기

키움 Open API+ 메뉴를 선택 시 Open API+ 사용 신청 메뉴가 나타납니다. 아래 그림 15와 같이 사용 신청하기 버튼을 클릭하여 사용 신청 화면으로 넘어갑니다. 몇 가지 약관을 살펴본 후 모두 동의 항목에 체크 후 신청 버튼을 누르면 아래 그림 16과 같이 사용 등록일과 ID 및 고객 성함이 나타나게 됩니다. 해당 화면까지 확인 후 Open API+ 모듈 다운로드로 넘어갑니다.

[4] https://www1.kiwoom.com/h/customer/acctopen/VAcctOpenInfoView?dummyVal=0 에서 계좌 개설을 진행할 수 있습니다.
[5] https://www1.kiwoom.com/h/main

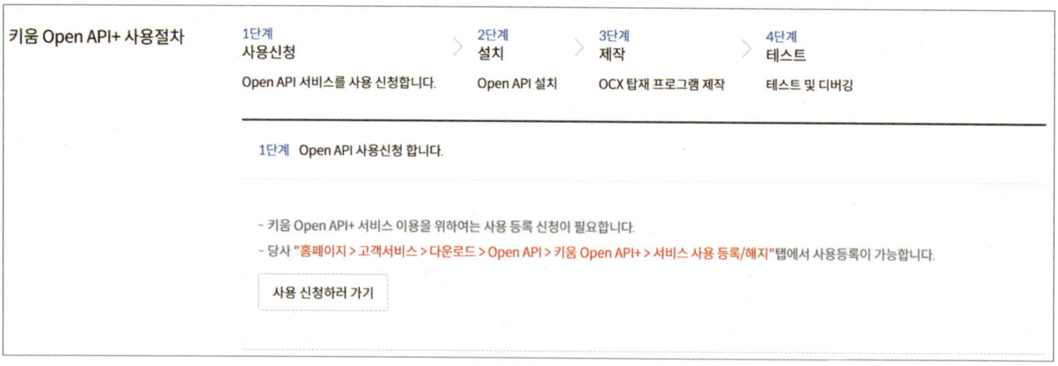

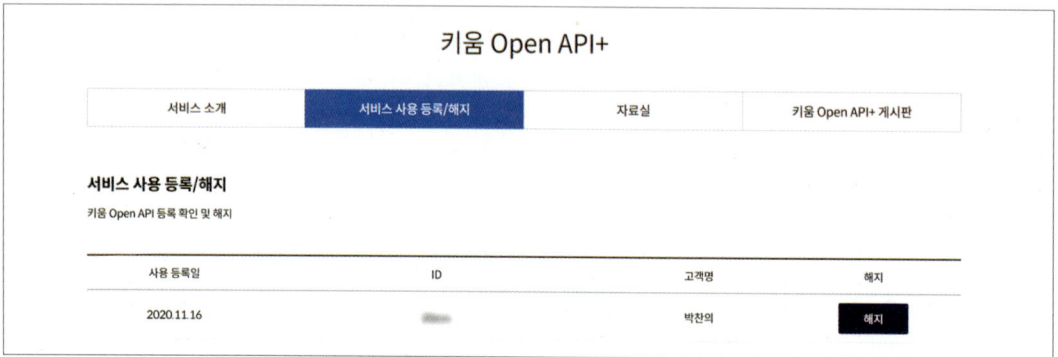

▲ 그림 15 키움증권 홈페이지의 Open API+ 메뉴에서 API 사용 신청하기

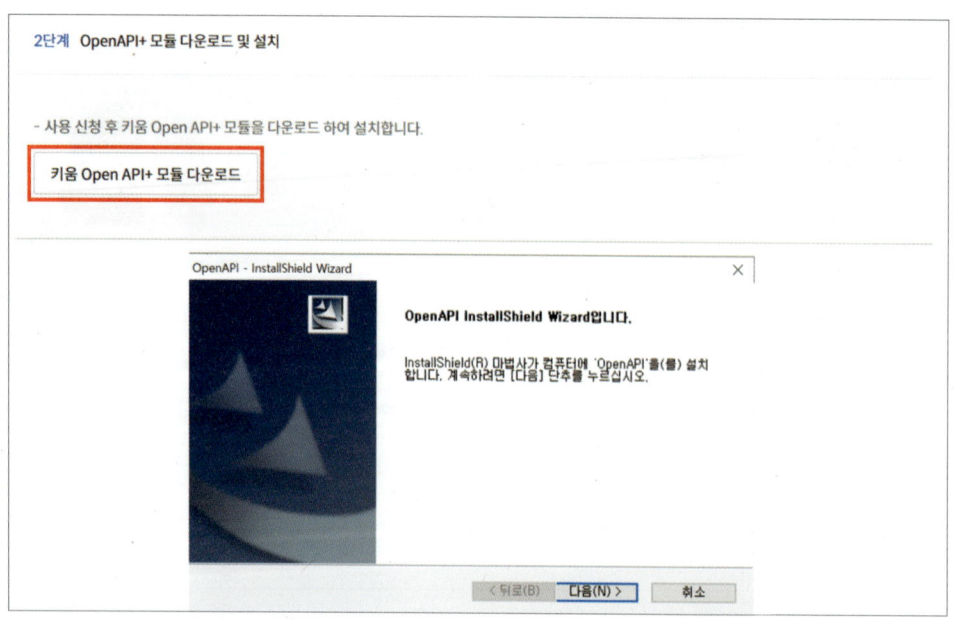

▲ 그림 16 Open API+ 사용 신청이 완료된 화면

    Open API+ 사용 신청을 완료한 후 스크롤을 내려 보면 아래 그림 17과 같이 Open API+ 모듈 다운로드 버튼을 눌러 설치 파일을 다운받은 후 API 모듈을 설치합니다.

▲ 그림 17 Open API+ 모듈 다운로드하기

Open API+ 모듈 설치를 완료한 후 다시 키움 홈페이지로 돌아가서 스크롤을 더 내려 보면 그림 18과 같이 3단계 Open API+ 개발 가이드 바로가기 및 KOA Studio 다운로드 버튼이 있습니다. 개발 가이드는 키움 Open API+를 이용하여 알고리즘 트레이딩을 위한 다양한 함수 등을 설명하는 가이드인데, 이번 책에서는 살펴보지 않겠지만 고급 기능과 알고리즘을 구현하는 데 필요한 정보들이 담겨있으므로 관심 있는 독자 분들께서는 참고하시기 바랍니다. KOA Studio 는 Open API+가 제공하는 여러 종류의 함수 및 이벤트에 대한 사용법을 그래픽 유저 인터페이스 환경에서 확인할 수 있는 프로그램입니다 (그림 19의 아래쪽). 해당 프로그램을 다운받은 후 Open API+ 모듈과 동일한 위치에 압축 파일을 풀어주시기 바랍니다 (그림 19의 위쪽).

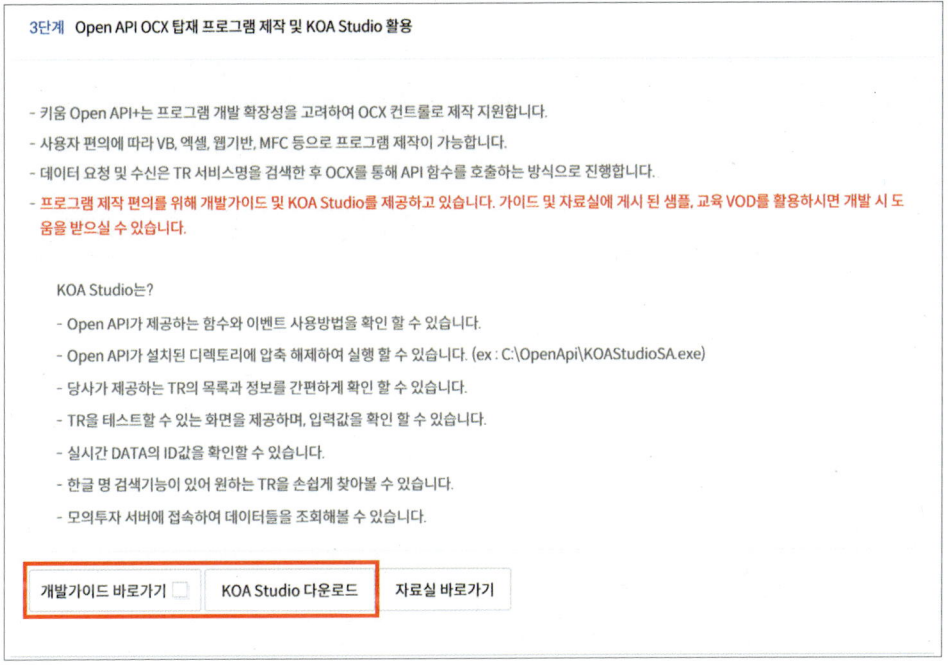

▲ 그림 18 Open API+ 개발 가이드 및 KOA Studio 다운로드 화면

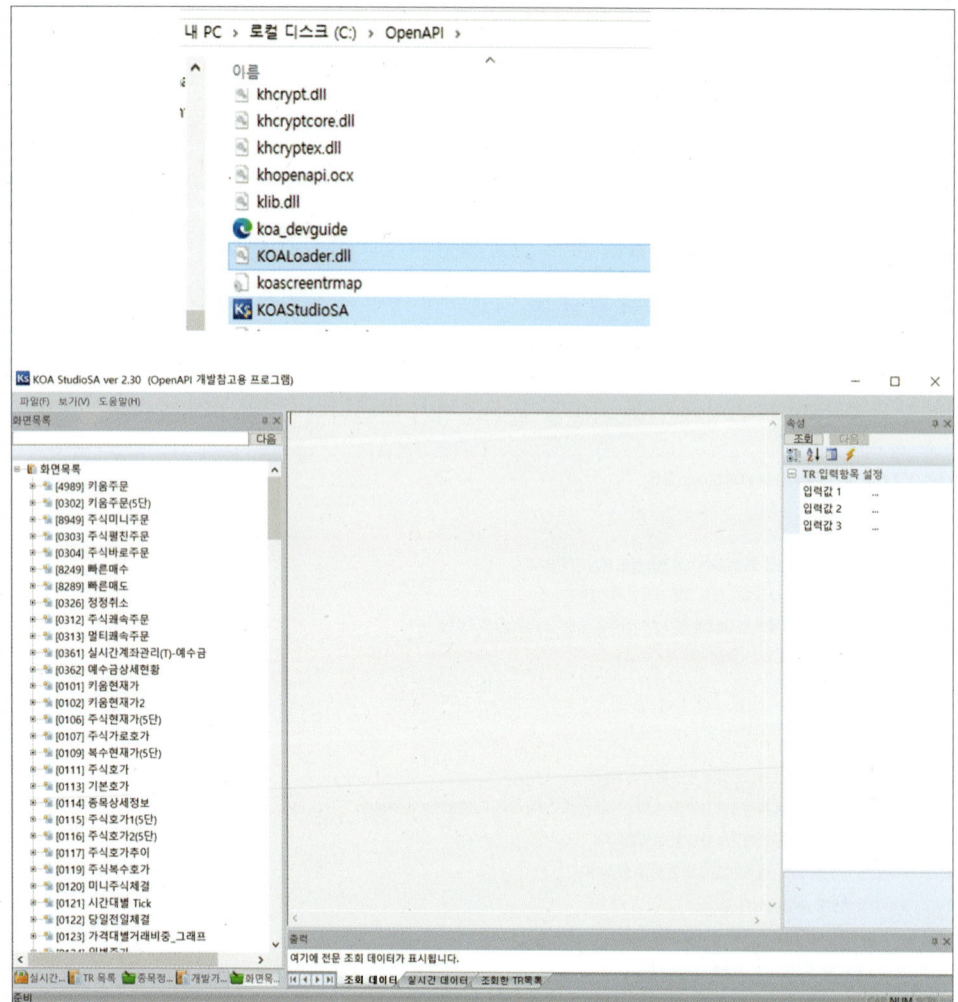

▲ 그림 19 KOA Studio 파일을 Open API+ 모듈과 동일 폴더에 다운받은 그림 (위) 및 KOA Studio를 실행한 화면 (아래)

이제 자동 매매 애플리케이션을 테스트할 모의 투자 환경을 신청하도록 하겠습니다. 키움 홈페이지의 KOA studio 다운로드 버튼 아래쪽으로 스크롤을 내려보면 아래 그림 20와 같이 키움증권 모의투자 신청하러 가기 버튼이 있습니다. 해당 버튼을 클릭하여 모의투자 신청 화면으로 진입한 후 상시모의투자 참가신청 버튼을 클릭합니다.

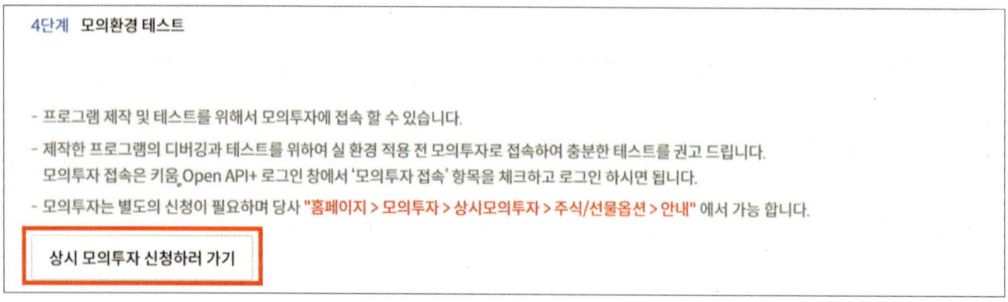

▲ 그림 20 키움증권 모의투자 신청하러 가기

상시모의투자 참가신청 버튼을 클릭하게 되면 아래 그림 21과 같이 모의투자 참가신청서를 작성할 수 있습니다. 필명을 입력한 후, 투자부문에 국내주식 체크박스를 체크합니다. 옆의 예수금과 투자 기간을 설정한 후 신청 버튼을 클릭합니다. 여기서는 3000만원, 3개월로 설정하였습니다. 마지막으로 다시 키움증권 메인 홈페이지로 돌아와 키움증권의 home trading system (HTS) 영웅문4를 다운받고 설치합니다 (그림 22). 영웅문4는 이 책에서 진행하는 자동매매 애플리케이션을 제작하는 데 직접적으로 필요하지는 않지만, 제작한 애플리케이션을 통한 자동매매 진행 상황을 테스트하는 데 사용되니 설치해 두시는 것을 추천합니다.

▲ 그림 21 키움증권 상시모의투자 참가신청서 작성

▲ 그림 22 키움증권 HTS 영웅문4 다운로드 및 설치하기

이제 거의 준비가 끝났습니다. 좀 전에 다운받은 키움증권 Open API+의 버전을 업데이트 해야 합니다. 앞서 다운 및 설치한 Open API+는 설치 경로를 따로 변경하지 않았다면 윈도우 기준으로 C드라이브의 OpenAPI 폴더에 설치되는데, 해당 경로로 들어가 opversionup.exe 파일을 실행합니다. 해당 파일을 실행하면 자동으로 Open API+ 모듈을 구동하는 데 필요한 파일들을 설치하고 버전을 업데이트합니다. 별 다른 에러메시지 없이 아래 그림 23처럼 버전 업그레이드가 완료되었다는 알람 창이 뜬다면 성공적으로 준비를 마친 것입니다. 만약 "버전처리를 받으시려면 현재 실행 중인 OpenAPI OCX를 탑재한 프로그램을 종료하신 후 확인버튼을 눌러주시기 바랍니다." 와 같은 에러 메시지가 뜬다면 OpenAPI 관련 프로그램이 현재 실행 중이라는 의미로, KOA Studio 등 관련 프로그램을 모두 종료한 후 다시 시도해 보시기 바랍니다.

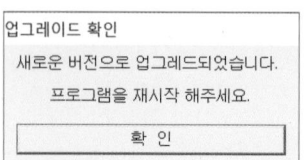

▲ 그림 23 OpenAPI+ 모듈 버전 업데이트 완료 확인 문구

이제 챗GPT와 Open API+ 모듈을 이용하여 예수금을 확인하는 파이썬 코드를 생성해 보도록 할텐데, 그 전에 잠시 pykiwoom 모듈에 대해 간략히 설명하고 넘어가도록 하겠습니다. 앞서 다운받은 KOA Studio는 키움증권에서 제공하는 Open API+의 공식 개발 도구로, 사용자가 직접 KOA Studio를 통해 API 함수를 확인하고 프로그래밍 언어로 직접 호출하는 등의 트레이딩 관련 작업을 수행하여야 합니다. 이렇게 직접 KOA Studio를 사용하여 트레이딩 시스템을 개발하는 작업은 벽돌을 하나하나 쌓아서 직접 집을 짓는 것과 같이 개발자가 제어할 수 있는 부분이 많고 높은 수준의 유연성을 가지지만 프로그래밍 언어에 대해 비교적 높은 수준의 지식을 요구하며 개발 시간이 오래 걸립니다. pykiwoom 모듈은 키움증권에서 제공하는 복잡한 Open API+ 함수를 직접 사용하지 않고도 관련 API를 파이썬에서 쉽게 활용할 수 있도록 하는 써드파티 라이브러리입니다. 해당 라이브러리를 사용하면 파이썬의 장점 중 하나인 간결한 문법과 시너지를 일으켜 보다 편리하게 금융 데이터를 분석하고 자동 거래 시스템을 개발할 수 있습니다. 비록 유연성과 제어성은 KOA Studio를 통한 직접적인 개발 대비 떨어지지만 pykiwoom 라이브러리를 통하여 복잡한 API 호출 과정 없이 간단한 파이썬 함수 호출을 통해 여러 작업을 수행할 수 있습니다. 이러한 장점을 활용하여 이 책에서는 챗GPT와 pykiwoom 모듈을 통하여 자동 거래 시스템을 제작해 보도록 하겠습니다. 우선 아나콘다 프롬프트나 VS code의 터미널에서 아래 명령어를 사용하여 pykiwoom 모듈을 설치합니다.

```
pip install pykiwoom
```

다음, 챗GPT에게 아래와 같이 프롬프트를 전달하여 pykiwoom 모듈을 이용하여 계좌의 예수금을 확인하는 파이썬 코드를 생성해 달라고 요청하겠습니다.

 파이썬의 pykiwoom 모듈을 이용하여 계좌의 예수금을 불러오는 코드를 생성해 줘.

 pykiwoom은 한국의 주식 시장에서 사용되는 Kiwoom증권의 Open API를 파이썬에서 쉽게 사용할 수 있도록 해주는 라이브러리입니다. 계좌의 예수금을 조회하는 기능은 Kiwoom Open API의 TR(Transaction) 요청 기능 중 하나를 사용하여 구현할 수 있습니다. 아래는 pykiwoom 모듈을 사용하여 계좌의 예수금을 불러오는 코드 예시입니다.

1. pykiwoom 라이브러리를 설치합니다.

```
pip install pykiwoom
```

2. 예수금을 조회하는 코드를 작성합니다.

```python
from pykiwoom.kiwoom import *

# Kiwoom 객체 생성 ❶
kiwoom = Kiwoom()
kiwoom.CommConnect(block=True)  # 로그인 창을 띄우고, 로그인이 완료될 때까지 대기

# 로그인 성공 여부 확인 ❷
if kiwoom.GetConnectState() == 1:
    print("로그인 성공")
else:
    print("로그인 실패")

# 사용자 계좌번호 가져오기 ❸
accounts = kiwoom.GetLoginInfo("ACCNO")
my_account = accounts[0]
print(f"계좌번호: {my_account}")

# 예수금 상세 현황 요청 ❹
# opw00001: 예수금 상세현황 요청 코드
# "00": 조회구분값, 2자리의 문자열, "00"은 일반조회, "01"은 예수금상세현황
data = kiwoom.block_request("opw00001",
                            계좌번호=my_account,
                            비밀번호="",
                            비밀번호입력매체구분="00",
```

```
                조회구분="2",
                output="예수금상세현황",
                next=0)

# 예수금 출력 ❺
deposit = data['예수금'][0]
print(f"예수금: {deposit}원")
```

이 코드는 기본적으로 Kiwoom Open API에 로그인한 후, 첫 번째 계좌의 예수금 상세 현황을 조회합니다. 사용자의 환경과 요구에 따라 계좌번호, 비밀번호, 조회구분 등의 파라미터를 적절히 조정해야 할 수 있습니다. 또한, 이 코드를 실행하기 전에 Kiwoom 증권의 Open API를 사용하기 위해 Kiwoom 증권의 트레이딩 터미널이 설치되어 있고, API 사용 신청이 완료되어 있어야 합니다.

★ 코드 설명 (pykiwoom_예수금조회.py)

❶에서 kiwoom 변수에 Kiwoom 클래스의 인스턴스를 생성합니다. CommConnect(block=True)는 키움증권 Open API에 로그인하는 역할을 하며, 메서드에 전달한 block=True 인자는 로그인이 될 때까지 (로그인 창이 닫힐 때까지) 코드 실행을 잠시 중단하게 합니다.

❷에서 로그인 상태를 확인하며, GetConnectState 메서드는 성공적으로 로그인이 되었을 경우 1을 반환하고, 그렇지 않은 경우 0을 반환합니다. 로그인이 성공했을 경우 print 함수를 통해 "로그인 성공" 메시지를 출력합니다.

❸에서 사용자의 계좌 정보를 GetLoginInfo 메서드에 "ACCNO" 인자를 전달하여 불러옵니다. 계좌가 두개 이상일 수 있는데, 이번 예제에서는 [0]으로 인덱싱한 값을 my_account에 저장하여 첫 번째 계좌의 정보를 불러와 사용합니다.

❹에서는 block_request 메서드를 이용하여 예수금을 조회합니다. 이 때 메서드에 전달한 첫 번째 인자는 opw0001로 예수금을 조회할 수 있는 transaction (TR) code입니다. 키움증권 Open API+ 모듈은 수많은 데이터들을 호출할 수 있으며, 각각의 데이터테이블은 고유의 TR code로 조회할 수 있습니다. 이러한 정보는 KOA Studio에서 확인할 수 있는데, 아래 그림 24와 같이 예수금을 확인하는 코드는 챗GPT가 생성해 준 것과 같이 opw00001인 것을 확인할 수 있습니다. KOA Studio에서 해당 TR code를 클릭해 보면 우측에 관련 설명이 나옵니다. 이 때 block_request 메서드에 전달된 계좌번호, 비밀번호, 비밀번호입력매체구분, 조회구분과 같은 인자들의 설명과 전달 값 예시를 확인할 수 있습니다. output 인자와 next 인자로 전달된 "예수금상세현황"과 0은 각각 반환 받을 데이터와 단일 조회(데이터의 양이 적어서 한 번의 요청으로 데이터 조회가 끝나는 경우)를 뜻합니다. 마지막으로

❺에서는 가져온 예수금 정보를 print 함수를 통해 출력합니다.

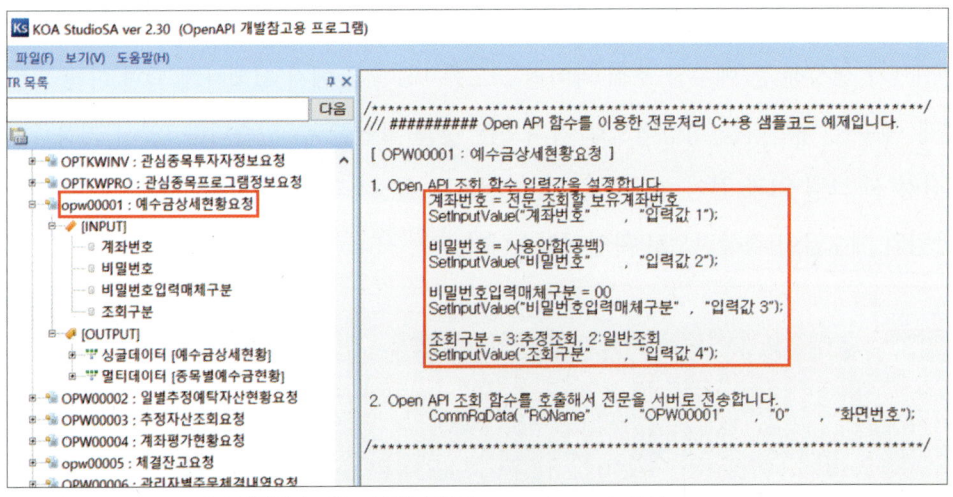

▲ 그림 24 KOA Studio에서 확인할 수 있는 다양한 종류의 transaction code 예시

챗GPT가 생성해 준 코드를 VS code로 불러와 실행해 보겠습니다. 코드가 정상적으로 실행된다면 아래 그림 25와 같은 로그인 창을 확인할 수 있습니다. 만약 커넥션 에러 등이 발생한다면 본인의 파이썬 환경이 chapter 2에서 가상환경을 생성했던 것과 동일한 절차로 32bit 파이썬 환경이 맞는지 다시 한번 점검해 보시기 바랍니다. 이번 예시와 같이 파이썬을 통해 Open API+를 사용하려면 매번 Open API+ 모듈에 로그인 하는 절차를 거쳐야 하는데, 이는 너무 번거롭습니다. 공용 PC가 아닌 개인 PC에서는 자동 로그인 설정을 해 두는 것이 편할 수 있는데, 이를 위하여 파이썬 코드를 통해 Open API+ 모듈을 실행한 상태에서 작업 표시줄의 우측 하단에 표시된 Open API 아이콘을 우클릭 하여 "계좌비밀번호 저장" 메뉴를 선택합니다. 이 때 아래 그림 26과 같은 창을 확인할 수 있는데, 비밀번호를 입력한 후 등록 버튼을 누르고, 자동 로그인 체크박스를 체크한 후 닫기 버튼을 누르면 다음부터 파이썬 코드를 통해 Open API+ 모듈을 사용할 때 아이디와 비밀번호를 입력하지 않아도 자동 로그인됩니다.

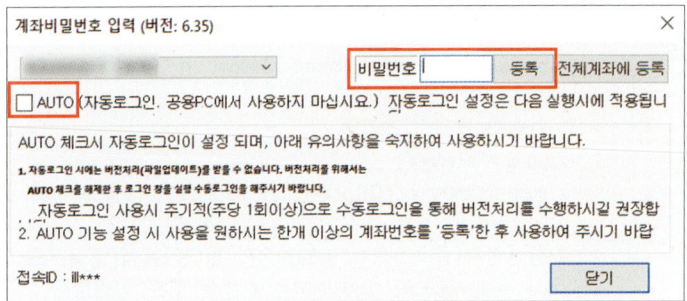

▲ 그림 25 키움증권 Open API+ 로그인 창   ▲ 그림 26 키움증권 Open API 모듈 계좌비밀번호 저장 메뉴

앞서 챗GPT가 생성해 준 예수금 조회 파이썬 코드를 VS code에서 실행하게 되면 아래 그림 27처럼 현재 예수금 데이터를 정상적으로 가져오는 것을 확인할 수 있습니다. 앞서 키움증권 모의투자 신청 시 그림 21과 같이 예수금을 3천만원으로 설정하였는데, 신청한 것과 동일한 금액인 3천만원의 예수금이 정상적으로 확인되었습니다.

▲ 그림 27 파이썬 코드와 Open API+를 통해 계좌의 예수금을 조회한 결과

다음 절로 넘어가기 전에 특정 주식 종목의 현재가를 확인할 수 있는 코드도 추가로 챗GPT를 통해 작성해 보도록 하겠습니다. 앞서 예수금을 작성했던 것과 유사한 방식으로 코드를 생성하기 위해 아래처럼 챗GPT에 pykiwoom 모듈과 block_request 메서드를 사용하여 삼성전자와 현대자동차의 현재가를 요청하는 프롬프트를 작성해 보겠습니다.

파이썬 pykiwoom 모듈의 block_request 메서드를 통하여 삼성전자와 현대자동차의 현재가를 확인할 수 있는 코드를 생성해 줘.

pykiwoom 모듈은 한국의 주식 시장 데이터를 Kiwoom증권의 Open API를 사용하여 파이썬을 통해 접근할 수 있게 해주는 라이브러리입니다. 삼성전자와 현대자동차의 현재가를 확인하기 위해 block_request 메서드를 사용하는 코드 예시는 다음과 같습니다.

먼저, pykiwoom 모듈을 설치해야 합니다. 이는 보통 pip를 사용하여 설치할 수 있습니다.

```
pip install pykiwoom

from pykiwoom.kiwoom import Kiwoom

# Kiwoom 클래스 초기화
kiwoom = Kiwoom()
kiwoom.CommConnect(block=True)    # 로그인 창을 띄워서 로그인

# 삼성전자(종목코드: "005930")와 현대자동차(종목코드: "005380")의 현재가 요청 ❶
codes = ["005930", "005380"]    # 종목 코드 리스트
```

```
fields = ["현재가"]  # 요청할 필드
# ❷
for code in codes:
    data = kiwoom.block_request("opt10001",
                                종목코드=code,
                                output="주식기본정보",
                                next=0)

    # 현재가 출력 ❸
    price = data['현재가'][0]
    print(f"{code} 현재가: {price}")
```

이 코드는 Kiwoom API를 통해 특정 종목의 현재가 정보를 요청하고 출력합니다. block_request 메서드는 요청한 데이터를 동기적으로 수신하는 데 사용되며, 종목코드, output 이름, 그리고 요청 시 next 값을 0으로 설정하여 단일 요청으로 처리됩니다.

중요사항:
- 이 코드는 Kiwoom의 Open API를 사용하기 때문에, Kiwoom 증권 계좌가 있어야 하며, 해당 API를 사용하기 위해 Kiwoom 증권의 트레이딩 플랫폼인 '키움증권 Open API+'가 설치되어 있어야 합니다.
- 로그인 과정(CommConnect 메서드 호출)은 사용자가 직접 키움증권 로그인 창에 아이디와 비밀번호를 입력하여 완료해야 합니다.
- API 사용에 대한 자세한 사항은 키움증권 Open API+의 문서를 참조하세요.

★ 코드 설명 (pykiwoom_현재가조회.py)

코드의 앞부분은 키움증권 Open API+에 로그인하는 부분으로, 예수금을 확인하는 코드와 동일하여 설명을 생략합니다. ❶에서는 현재가를 불러올 주식 종목 코드를 리스트 형식으로 codes 변수에 저장합니다. 그 아래 fields 변수에는 요청할 필드인 현재가를 리스트 형식으로 저장했는데, 해당 변수를 실제로 사용하지는 않는 것으로 보입니다.

❷에서는 for 반복문을 통하여 각 종목 코드별로 for 반복문 안쪽을 실행합니다. block_request 메서드에 전달되는 TR 은 opt10001로, 그림 28에서와 같이 KOA Studio에서 관련 정보를 확인할 수 있습니다. 메서드의 인자로는 종목코드를 전달하고, output으로는 "OUTPUT"에 해당하는 "주식기본정보"를 전달합니다. 마지막으로 next 인자에는 단일조회를 뜻하는 0을 전달합니다.

❸에서는 가져온 데이터에서 현재가만 price 변수에 저장합니다. 해당 transaction의 출력값은 아래 그림 28에서 볼 수 있는 것과 같이 종목코드, 종목명, 결산일, 액면가, 자본금 등을 포함하는 주식 기본 정보입니다. 그 중 현재가를 가져와 마지막 print 함수에서 종목코드과 함께 출력합니다.

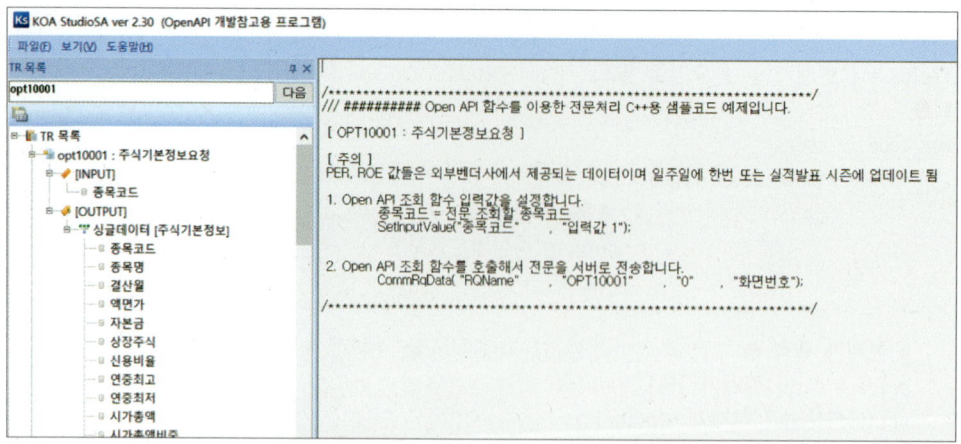

▲ 그림 28 KOA Studio에서 opt10001 transaction의 설명

    챗GPT가 생성해 준 코드를 VS code로 가져와 실행하면 아래 그림 29처럼 TR에 대한 정보와 함께 print 함수를 통해 출력된 삼성전자와 현대자동차의 종목코드와 현재가가 정상적으로 출력된 것을 확인할 수 있습니다. 현재가에는 가격 하락을 표시하기 위해 종종 마이너스로 가격을 표시하는 경우가 있는데, 여기서는 따로 조치를 하지 않았지만 뒤에서 자동매매 애플리케이션을 구현할 때에는 현재가를 절대값으로 설정할 필요가 있습니다.

```
{'trcode': 'opt10001', 'input': [{'주식기본정보요청': ['종목코드']}], 'output': [{'주식기본정보': ['종목코드', '종목명', '결산월', '액면가', '자본금', '상장주식', '신용비율', '연중최고', '연중최저', '시가총액', '시가총액비중', '외인소진률', '대용가', 'PER', 'EPS', 'ROE', 'PBR', 'EV', 'BPS', '매출액', '영업이익', '당기순이익', '250최고', '250최저', '시가', '고가', '저가', '상한가', '하한가', '기준가', '예상체결가', '예상체결수량', '250최고가일', '250최고가대비율', '250최저가일', '250최저가대비율', '현재가', '대비기호', '전일대비', '등락율', '거래량', '거래대비', '액면가단위', '유통주식', '유통비율']}]}
005930 현재가: 74400
{'trcode': 'opt10001', 'input': [{'주식기본정보요청': ['종목코드']}], 'output': [{'주식기본정보': ['종목코드', '종목명', '결산월', '액면가', '자본금', '상장주식', '신용비율', '연중최고', '연중최저', '시가총액', '시가총액비중', '외인소진률', '대용가', 'PER', 'EPS', 'ROE', 'PBR', 'EV', 'BPS', '매출액', '영업이익', '당기순이익', '250최고', '250최저', '시가', '고가', '저가', '상한가', '하한가', '기준가', '예상체결가', '예상체결수량', '250최고가일', '250최고가대비율', '250최저가일', '250최저가대비율', '현재가', '대비기호', '전일대비', '등락율', '거래량', '거래대비', '액면가단위', '유통주식', '유통비율']}]}
005380 현재가: 235500
```

▲ 그림 29 Open API+를 통해 현재가를 조회하는 코드의 결과

자동 매매 시스템 설계도 소개

이번 절에서는 변동성 돌파 전략 기반의 주식 자동 매매 애플리케이션을 어떻게 구성할지에 대한 일종의 설계도를 그림 30과 같이 소개합니다. 우선 키움증권 Open API에 접속합니다. 다음으로, 변동성 돌파 전략을 기반으로 매매를 진행하기 위해 사용자로부터 매매할 종목의 종목번호와 매수목표가격을 설정하기 위한 K값을 받아옵니다. 여기서는 전체 종목에 대해 일괄적으로 동일한 K값을 설정합니다. 매매할 종목코드와 K값을 입력 받은 후 각 종목별로 현재가를 일정 시간마다 불러옵니다. 일정 시간 간격으로 불러온 현재가는 다음 절에서 구현할 GUI 환경에 로깅되도록 설정하겠습니다. 종목별로 현재가를 불러올 때 마다 현재가가 각 종목별 매수목표가격보다 높은지를 확인하여 매수여부를 판단합니다. 만약 매수목표가격보다 현재가가 높은 경우 해당 종목을 매수할 수 있게끔 주문을 넣습니다. 매도 주문의 진행 여부는 현재 시간을 기반으로 판단합니다. 현재 시간이 특정 시간 이후일 경우 (이 책에서는 15시) 매도주문을 진행합니다. 이 때 가지고 있는 모든 주식을 매도하도록 합니다. 매수 및 매도 내역은 GUI 환경에 로깅합니다. 매도 조건을 만족하는 조건(15시 이후)에서는 더 이상 매수주문이 이루어지지 않도록 하기 위하여 매도주문과 함께 매수주문을 위한 알고리즘도 중단하여야 합니다. 즉, 해당 애플리케이션은 15시라는 시간을 기준으로 매도와 함께 매수 알고리즘을 중단하므로, 자동매매를 진행하기 위하여 사용자가 매 거래일마다 한 번씩 애플리케이션을 실행시켜야 합니다.

지금까지 그림 30과 함께 자동매매 애플리케이션의 알고리즘을 큰 틀에서 알아보았습니다. 이외에 애플리케이션을 구현하는데 필요한 세부 사항들은 (매수 수량, 하루에 몇 번 매수주문을 진행할지 등) 이후 직접 챗GPT를 통해 프로그래밍을 진행하면서 세부적으로 설정 및 확인하도록 하겠습니다.

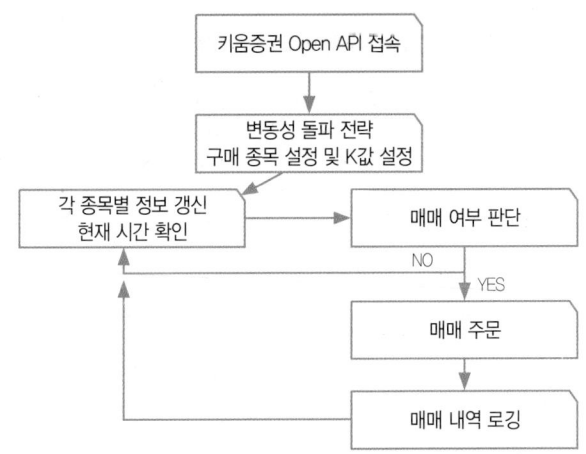

▲ 그림 30 변동성 돌파 전략 기반 주식 자동 매매 애플리케이션 알고리즘

PyQt5로 자동매매 애플리케이션 GUI 구현하기

자동 매매 애플리케이션을 본격적으로 제작하기에 앞서 자동 매매를 위한 간단한 설정과 데이터 로그를 확인할 수 있는 그래픽 유저 인터페이스 (GUI)를 구축하도록 하겠습니다. 이 책에서는 파이썬 GUI 프로그래밍을 위해 PyQt5 모듈을 이용하고자 합니다. PyQt5는 파이썬에서 GUI 프로그래밍을 위한 강력하고 다양한 기능을 제공하는 툴킷으로, QtDesigner 등과 함께 활용하여 상대적으로 적은 노력으로 높은 완성도의 GUI 애플리케이션을 제작할 수 있습니다. PyQt5를 사용하여 간단한 GUI 윈도우를 제작하는 예시 코드의 일부는 아래와 같습니다. 아래 코드는 직접 따라하지 않으셔도 되며, 눈으로 보면서 PyQt5를 이용한 파이썬 GUI 프로그래밍이 어떻게 진행되는지 간단한 예시 코드를 통해 살펴보시기 바랍니다.

PyQt5_프로그래밍_예시.py

```python
import sys
from PyQt5.QtWidgets import QApplication, QWidget, QPushButton, QVBoxLayout, QLabel, QLineEdit, QHBoxLayout

def main():
    app = QApplication(sys.argv)

    window = QWidget()
    window.setWindowTitle('PyQt5 Widgets Example')
    window.setGeometry(100, 100, 300, 200)

    label = QLabel('Hello, PyQt5!')

    lineEdit = QLineEdit()

    button = QPushButton('Click Me')
    button.clicked.connect(lambda: label.setText(lineEdit.text()))

    hbox = QHBoxLayout()
    hbox.addWidget(lineEdit)
    hbox.addWidget(button)

    vbox = QVBoxLayout(window)
    vbox.addWidget(label)
    vbox.addLayout(hbox)

    window.setLayout(vbox)
    window.show()

    sys.exit(app.exec_())

if __name__ == '__main__':
    main()
```

앞의 코드는 PyQt5 라이브러리를 이용하여 GUI 윈도우를 생성하고, 창의 제목, 크기를 설명하며 간단한 텍스트 레이블과 사용자로부터 텍스트 입력을 받을 수 있는 위젯과 사용자의 클릭을 입력받을 수 있는 버튼 위젯을 구현합니다. 코드를 훑어보시면 윈도우의 크기, 레이아웃 등 모든 구성 요소들을 한 줄 한 줄 코드로 작성하여 각각의 GUI 위젯들을 구성한 것을 확인할 수 있는데, 보다 복잡한 GUI 프로그래밍에서는 코드가 이보다 더욱 복잡해질 수밖에 없습니다. QtDesigner 어플리케이션을 이용하면 PyQt5를 이용한 GUI 프로그래밍에서 제작하고자 하는 GUI 어플리케이션을 GUI 환경에서 직접 구성할 수 있습니다. 이번 장에서 배워볼 주식 자동 매매 애플리케이션의 전반적인 GUI 환경 구성을 QtDesigner로 진행하도록 하겠습니다. VS code의 터미널 환경에서 아래 커맨드를 사용하여 QtDesigner를 설치합니다.

```
pip install PyQt5Designer
```

위 커맨드를 사용하여 QtDesigner를 설치하였다면 이제 QtDesigner를 실행해 보겠습니다. 실행을 위해 터미널에서 designer를 입력합니다.

```
designer
```

QtDesigner를 실행하면 아래 그림 31과 같은 화면을 볼 수 있습니다. 화면 구성을 함께 살펴보도록 하겠습니다. ❶은 다양한 위젯들의 모음입니다. GUI 윈도우의 레이아웃을 설정하고, 사용자와 상호작용을 하기 위한 버튼, 아이템들을 화면에 표시하기 위한 아이템 위젯, 텍스트나 시간, 숫자 등을 입력할 수 있는 위젯들 등 GUI 프로그램을 구성하기 위한 전반적인 요소들을 표시합니다. ❷는 메인 화면입니다. 제작하고 있는 GUI 애플리케이션의 모습을 확인할 수 있으며, 드래그 앤 드롭을 이용하여 각 위젯들의 위치와 크기 등을 설정할 수 있습니다. ❸은 object inspector로, 다양한 위젯들의 종속 관계를 실징힐 수 있습니다. ❹는 property editor로, 위젯들의 다양한 속성을 설정하고 확인할 수 있는 화면입니다. 해당 화면에서 각 위젯들의 이름, 크기 등 위젯의 전반적인 속성을 설정합니다. 이제 가운데 New Form 대화상자를 통해 빈 윈도우를 만들어 보도록 하겠습니다.

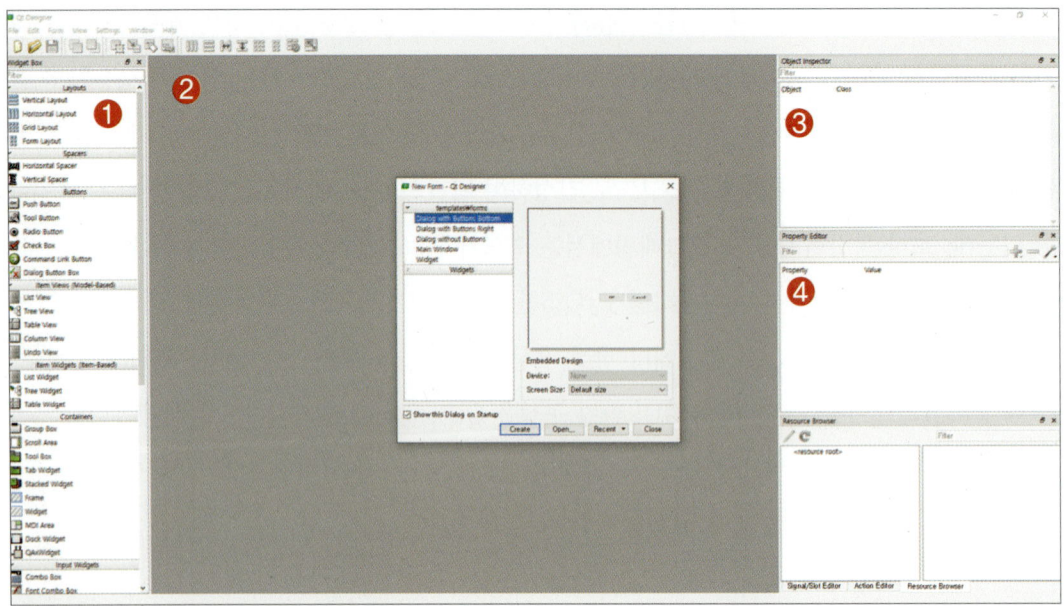

▲ 그림 31 QtDesigner를 실행하고 난 직후 화면

아래 그림 32의 왼쪽과 같이 New Form 대화상자에서 "Main Window"를 선택한 후 Create 버튼을 클릭하면 그림 32의 오른쪽과 같은 빈 윈도우가 생성됩니다. 여기에 그림 31의 ❶에 위치한 위젯 박스의 다양한 위젯들을 가져와 메인 윈도우를 구성할 수 있습니다.

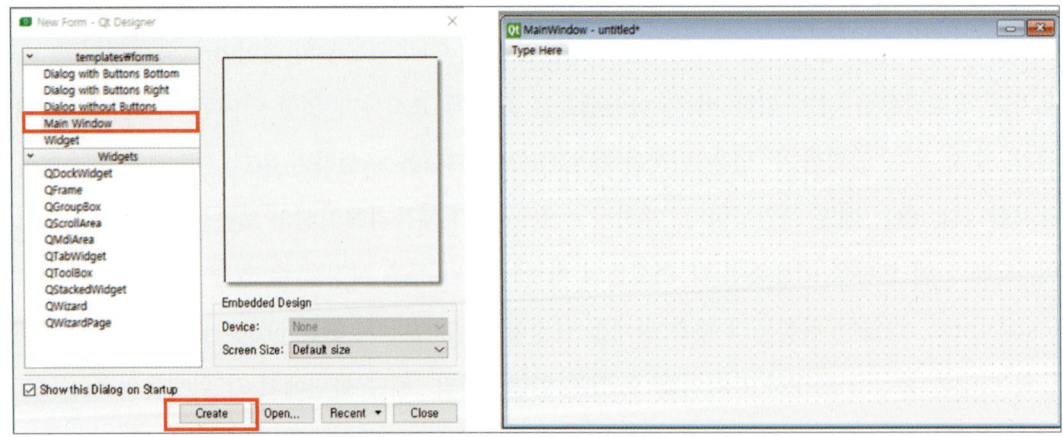

▲ 그림 32 QtDesigner 실행 시 보이는 New Form 대화상자를 통해 빈 윈도우 만들기 (왼쪽), New Form 대화상자에서 Maing Window를 선택한 후 Create 버튼을 누르면 나타나는 빈 윈도우 (오른쪽)

생성한 윈도우에 위젯을 추가해 보겠습니다. 아래 그림 33의 왼쪽에서는 두 개의 line edit 위젯을 빈 윈도우에 가져왔습니다. 위젯 박스의 line edit 위젯을 드래그-앤-드롭으로 빈 윈도우에 놓고, 생성된 line edit 위젯의 위치나 크기를 드래그하여 조절할 수 있습니다. 이 때, 첫

번째 line edit 위젯을 클릭하면 그림 33의 오른쪽과 같이 property editor 창에 해당 위젯의 정보가 나타납니다. 여기서 objectName은 해당 위젯의 이름을 나타냅니다. 아래 그림에서는 "lineEdit"으로 설정된 것을 확인할 수 있으며, 해당 속성을 클릭하여 다른 이름으로 수정할 수도 있습니다. 각 위젯의 이름은 해당 위젯을 이용하여 GUI 환경에서 다양한 이벤트나 상호작용을 하는 데 사용할 수 있습니다. geometry는 [(해당 위젯의 위치 좌표), 크기]를 나타냅니다. 이외에도 다양한 정보와 위젯의 속성을 확인하고 설정할 수 있습니다.

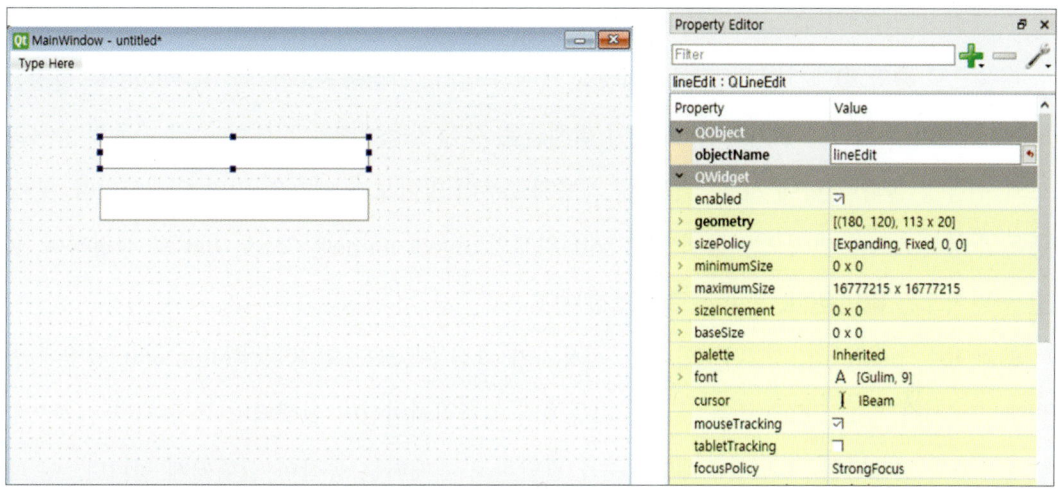

▲ 그림 33 QtDesigner의 빈 윈도우에 두 개의 line edit 위젯을 불러온 화면 (왼쪽), 첫 번째 line edit 위젯을 클릭한 후 오른쪽 property editor에서 확인할 수 있는 위젯 속성을 표시한 화면 (오른쪽)

QtDesigner에 대해 간단히 살펴보았으니, 이제 자동 매매 애플리케이션에 사용할 GUI 환경을 제작해 보도록 하겠습니다. 위에서 했던 것과 동일한 절차로 QtDesigner에서 빈 윈도우를 생성하고, 아래 그림 34처럼 위젯을 불러와 윈도우를 꾸며보도록 하겠습니다.

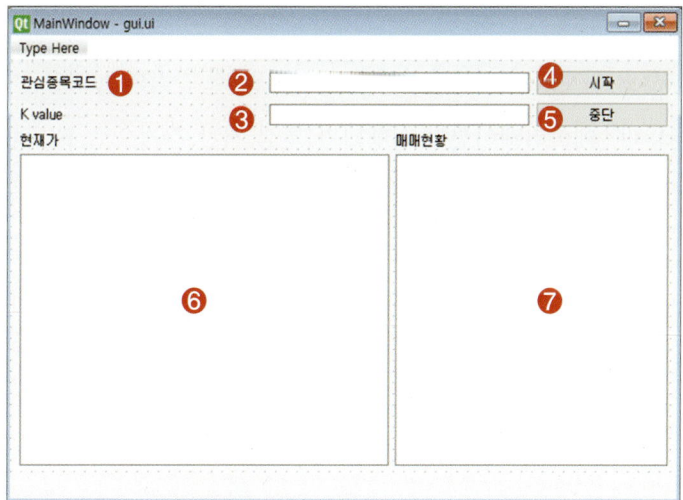

▲ 그림 34 QtDesigner를 통해 주식 자동매매 애플리케이션에 활용할 GUI 환경 구성

앞서 배운 변동성 돌파 전략을 자동 매매로 구현하기 위한 간단한 GUI 환경을 구성해 보겠습니다. 사용자로부터 관심 종목의 종목코드와 변동성 돌파 전략에 사용할 K값, 그리고 애플리케이션을 시작하고 중단할 수 있는 버튼들, 마지막으로 애플리케이션이 구동되는 동안의 로그를 기록할 위젯들을 구성하였습니다. ❶에서는 4개의 label 위젯을 가져와 각각 "관심종목코드", "K value", "현재가", "매매현황"으로 설정합니다. 처음 label 위젯을 가져오면 "TextLabel"로 표시되는데, 해당 위젯을 더블클릭 하면 위젯의 텍스트를 수정할 수 있습니다. 해당 label 위젯들은 그림 34와 같이 텍스트 입력 및 로그 출력 위젯들의 레이블로 사용됩니다.

다음으로 ❷와 ❸에서는 line edit 위젯을 가져와 각각 "관심종목코드"와 "K value"로 설정된 label 위젯의 오른쪽에 위치시킵니다. 이 위젯들은 각각 자동매매를 진행할 주식 종목의 종목코드와 변동성 돌파 전략에 사용할 K값을 사용자로부터 받아오는 텍스트 입력 위젯입니다. 관심종목의 종목코드를 받아오는 ❷번 line edit 위젯의 object name은 "code_list"로 설정하며, K 값을 받아오는 ❸번은 "k_value"로 설정합니다.

❹와 ❺는 push button 위젯입니다. 사용자가 관심종목코드 및 K 값을 line edit 위젯에 입력한 후 "시작" push button을 누르면 자동매매 애플리케이션이 실행되며 특정 시간 간격으로 관심종목의 현재가를 조회하며 매매기준을 판단하고 매매하는 동작이 실행되게 됩니다. 이 때 ❹의 object name은 "button_start"로 설정합니다. 반면 "중단" push button을 누르게 되면 실행되고 있는 애플리케이션이 중단되게 설정할 예정입니다. 특정 시간 간격으로 현재가를 조회하고 매매기준을 판단하는 동작과 조건 만족 시 매매 주문을 넣는 일련의 동작을 중단하도록 설정합니다. 이 때 ❺의 object name은 "button_stop"으로 설정합니다. 이러한 push botton 위젯도 사용자로부터 클릭 동작을 받아와 이벤트를 수행하기 때문에 input 위젯이라고 볼 수 있습니다.

마지막으로 ❻과 ❼은 text browser 위젯으로 애플리케이션이 실행될 때 각각의 동작을 기록하는 로그를 출력하는 데 사용합니다. 애플리케이션이 실행되면 특정 시간 간격으로 관심종목의 현재가를 받아오게 되는데, ❻에서 해당 시간마다 조회되는 관심종목들의 현재가를 출력합니다. 이 때 ❻의 object name은 "textboard"로 설정합니다. 매매조건이 성립되는 경우 매수 혹은 매도 주문을 내리게 되는데, 이 때 주문 내역을 ❼에 출력되게끔 설정할 예정입니다. 이 때 ❼의 object name은 "buysell_log"로 설정합니다.

위 그림 34와 같이 여러 가지 위젯들을 하나의 윈도우에 배치하기 위하여 아래 그림 35처럼 QtDesigner에서 메인 윈도우를 우클릭하여 Lay out -> Lay Out in a Grid를 선택하도록 하겠습니다. Grid는 격자 모양으로 여러 위젯들을 배치하는데, GUI 환경에서 창 크기를 변화시킴에 따라 배치된 위젯들이 크기가 변하도록 설정하기 위함입니다.

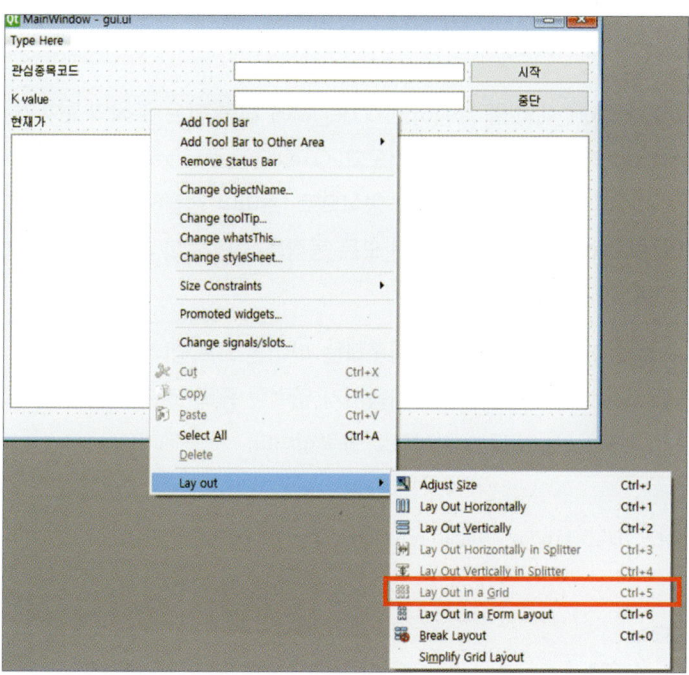

▲ 그림 35 QtDesigner의 lay out in a grid 메뉴의 사용

그림 34와 같이 위젯 배치와 object name 설정이 모두 끝났다면 File -> Save as를 통해 작업물을 저장합니다. QtDesigner를 통해 생성한 파일은 ui라는 확장자로 저장할 수 있는데, 파일을 저장하는 위치는 독자 분들께서 편한 위치로 설정하시면 됩니다. 다만, ui 파일의 저장 위치(경로)는 기억해 두셔야 합니다. 이 책에서는 VS code를 통해 작성한 파이썬 스크립트 파일들(.py)과 동일한 경로에 저장하였습니다.

본격적인 자동매매 애플리케이션을 개발하기에 앞서 QtDesigner로 생성한 ui 파일을 테스트해 보기 위하여 pykiwoom 모듈을 이용하여 특정 주식 종목의 현재가를 불러오는 테스트 애플리케이션을 챗GPT를 통하여 개발해 보도록 하겠습니다. 그림 34의 ❷에 사용자가 관심 종목의 종목코드를 입력한 후 ❹를 눌러 애플리케이션을 작동시키면 해당 주식의 현재가를 ❻에 특정 시간마다 출력하고, ❺를 클릭 시 현재가를 받아와서 표시하는 동작을 중단하게끔 설정합니다. 앞서 QtDesigner에서 위젯들을 생성 및 배치할 때 각 위젯마다 object name을 설정한 것을 기억하실 겁니다. 챗GTP에 애플리케이션의 알고리즘을 설명할 때 해당 위젯들의 object name을 해당 위젯의 기능과 함께 아래 프롬프트와 같이 전달하도록 하겠습니다.

 파이썬의 pykiwoom 모듈과 PyQt5 모듈을 통해 아래 사항들을 만족하는 파이썬 코드를 생성해 줘.
1. QtDesigner를 이용하여 gui.ui 파일을 생성해 놓은 상태야.
2. gui.ui의 텍스트 입력 부분(code_list)에는 사용자가 하나 이상의 종목 코드를 콤마를 기준으로 구분하여 입력하게 될거야.
3. gui.ui에서 사용자가 시작 버튼(button_start)를 클릭하면 code_list에 입력 받은 주식의 현재가를 pykiwoom 모듈의 block_request 메서드를 통해서 불러오고, QTextBrowser (textboard)에 [현재 시간:분:초] [종목코드] [종목명] [현재가] 형식으로 로그 형식으로 1초마다 갱신하여 출력해줘.
4. gui.ui에서 사용자가 중단 버튼(button_stop)을 클릭하면 모든 동작을 중단하고, 3번 항목의 시작 버튼을 누르기 전의 상태로 돌아가게끔 해줘.

 아래는 PyQt5와 PyKiwoom 모듈을 이용해 요구사항을 충족하는 파이썬 코드입니다. 이 코드는 QtDesigner로 생성한 gui.ui 파일을 로드하여 사용하며, 사용자가 입력한 종목 코드에 대한 현재가 정보를 1초마다 갱신하여 QTextBrowser에 로그 형식으로 출력합니다.

```python
import sys
from PyQt5.QtWidgets import QMainWindow, QApplication, QTextBrowser, QPushButton, QLineEdit
from PyQt5 import uic
from PyQt5.QtCore import QTimer
from pykiwoom.kiwoom import Kiwoom
import datetime

class StockApp(QMainWindow):
    def __init__(self): # ❶
        super().__init__()
        uic.loadUi(r'gui.ui', self) # QtDesigner로 생성한 gui.ui 파일 로드. .ui 파일 저장 경로 입력 필요.

        # Ui에서 요소 찾기
        self.textboard = self.findChild(QTextBrowser, 'textboard')
        self.button_start = self.findChild(QPushButton, 'button_start')
        self.button_stop = self.findChild(QPushButton, 'button_stop')
        self.code_list = self.findChild(QLineEdit, 'code_list')

        # Kiwoom 로그인
        self.kiwoom = Kiwoom()
        self.kiwoom.CommConnect(block=True)

        # 타이머 설정 # ❷
        self.timer = QTimer(self)
        self.timer.timeout.connect(self.update_stock_price)
```

```python
        # 버튼 이벤트 연결 # ❸
        self.button_start.clicked.connect(self.start_update)
        self.button_stop.clicked.connect(self.stop_update)

    def start_update(self):
        self.timer.start(1000)  # 1초마다 update_stock_price 호출

    def stop_update(self):
        self.timer.stop()  # 타이머 중지
        self.textboard.clear()  # QTextBrowser 내용 삭제

    def update_stock_price(self):  # ❹
        codes = self.code_list.text().split(',')  # 사용자 입력 종목 코드 분리
        for code in codes:
            if code.strip():  # 종목 코드가 비어있지 않은 경우
                # 현재가 정보 요청
                data = self.kiwoom.block_request("opt10001",
                                                 종목코드=code.strip(),
                                                 output="주식기본정보",
                                                 next=0)

                now = datetime.datetime.now().strftime("%H:%M:%S")  # 현재 시간
                name = data['종목명'][0]  # 종목명
                price = data['현재가'][0]  # 현재가
                log = f"[{now}] [{code}] [{name}] [{price}]"
                self.textboard.append(log)  # 로그 출력

if __name__ == "__main__":
    app = QApplication(sys.argv)
    window = StockApp()
    window.show()
    sys.exit(app.exec_())
```

이 코드는 다음과 같은 작업을 수행합니다:

1. gui.ui 파일을 로드하여 GUI를 설정합니다.
2. 사용자가 입력한 종목 코드를 받아, 시작 버튼 클릭 시 해당 종목의 현재가를 1초마다 갱신하여 QTextBrowser에 로그 형식으로 출력합니다.
3. 중단 버튼 클릭 시, 현재가 정보 갱신을 중지하고 QTextBrowser의 내용을 초기화합니다.

PyKiwoom 모듈을 사용하기 전에 Kiwoom Open API+가 설치되어 있어야 하며, 해당 API를 사용할 수 있는 환경이 구성되어 있어야 합니다. PyKiwoom 모듈을 사용하여 Kiwoom Open API+에 로그인하는 과정에서는 사용자 인터페이스를 통한 로그인이 필요할 수 있습니다.

> ★ 코드 설명 (system 구축1 – 현재가 불러오기.py)
>
> 코드의 맨 위에서 필요한 모듈을 임포트합니다. PyQt5 모듈의 각종 위젯들을 사용하기 위한 QtWidgets와 Qtdesigner를 통해 생성했던 ui 파일을 읽어오기 위한 uic, 특정 시간마다 (위 코드에서는 매초) 특정 동작을 하기 위한 타이머 역할을 하는 QTimer 등이 임포트되었습니다. ❶ StockApp이라는 이름을 가진 클래스를 생성한 후 __init__ 생성자 내에서 GUI 애플리케이션 및 키움증권 Open API+를 사용하기 위한 각종 초기화를 진행합니다. 여기서는 PyQt5 위젯들의 object name을 변수들과 연결하고 Open API+에 로그인합니다.
>
> ❷ 에서는 타이머를 설정합니다. 앞서 프롬프트에서 1초 간격으로 현재가를 갱신하는 것으로 챗GPT에 알고리즘을 요청했는데, 이를 위해 QTimer를 이용하여 타이머를 설정하고, 타이머가 설정한 시간에 도달할 때 마다 connet 메서드를 이용하여 update_stock_price 메서드가 실행되게끔 설정합니다. ❸에서는 버튼 위젯을 사용자 정의 메서드와 연결합니다. object name을 button_start로 설정한 버튼이 클릭되었을 때는 start_update 메서드를, button_stop으로 설정한 버튼이 클릭되었을 때에는 stop_update 메서드가 실행되게끔 연결합니다. 여기서 start_update 메서드는 앞서 생성한 타이머를 동작시키며, 이 때 타이머는 1000 ms(= 1 s) 간격으로 설정됩니다. stop_update 메서드는 타이머를 중지시키며, textboard 위젯을 초기화하는 기능을 합니다. ❹의 update_stock_price 메서드는 사용자가 입력한 종목코드를 받아와 키움증권 Open API+를 이용하여 해당 종목의 현재가를 받아오고, 이를 textboard 위젯에 [현재시간] [종목코드] [종목명] [현재가] 형식으로 출력합니다.

챗GPT가 생성한 코드를 VS code로 가져와 실행합니다. 이 때 FileNotFoundError: [Errno 2] No such file or directory: 'gui.ui'와 같은 FileNotFOundError가 발생하시는 분들은 앞서 QtDesigner를 통해 저장했던 ui 파일의 경로를 확인해 주시기 바랍니다. 해당 파일의 경로를 아래 예시코드와 같이 수정하여 uic의 loadUi 인자 내에 잘 전달되었는지 확인 후 스크립트를 재시작 해주시기 바랍니다.

```
uic.loadUi(r'C:\Users\illbtm\gui.ui', self)
```

스크립트가 정상적으로 실행된다면 키움증권 Open API+에 접속되고 그림 34에서 보는것과 동일한 창이 나타날 것입니다. 이 때 독자분들께서 현재가 조회를 원하시는 종목코드를 입력한 후 시작버튼을 눌러 보시기 바랍니다. 앞서 챗GPT에 전달하는 프롬프트에 종목코드는 하나 이상 입력할 수 있으며 이 때 각 종목코드는 콤마를 기준으로 구분하도록 요청하였습니다. 이번 예시에서는 삼성전자와 현대차의 종목코드인 005930과 005380을 콤마로 연결하여 005930,005380과 같이 입력한 후 시작버튼을 눌러보도록 하겠습니다.

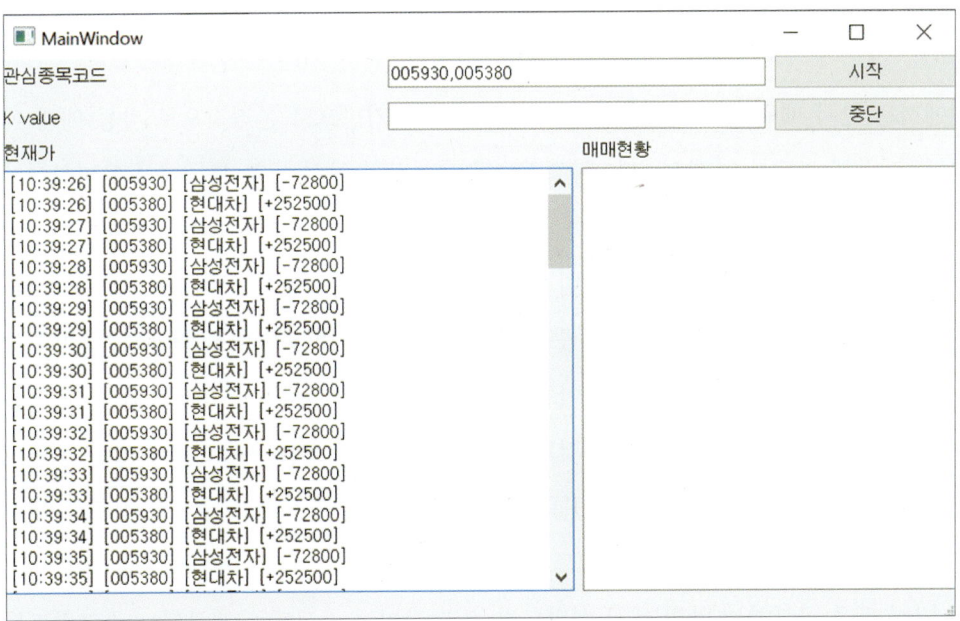

▲ 그림 36 QtDesigner를 통해 제작한 ui 파일을 챗GPT를 통해 생성한 코드를 통하여 테스트 하는 화면. 삼성전자와 현대차의 종목코드를 전달하여 두 종목의 현재가를 1초마다 로그 형식으로 표시할 수 있도록 알고리즘 구성.

　종목코드를 입력 후 시작버튼을 누르게 되면 위 그림 36과 같이 좌측 하단의 텍스트보드에서 입력한 두 가지 종목의 현재가가 요청했던 형식으로 1초마다 로그 형식으로 표현되는 것을 확인할 수 있습니다. 실행한 애플리케이션을 실행하는 도중 "조회횟수 제한"과 같은 에러가 나타날 수 있습니다. Open API+에서는 짧은 시간에 과도한 API 요청을 할 경우 서버 과부하를 방지하기 위해 요청을 차단하기도 하는데,[6] 해당 에러가 발생한 경우 현재가를 불러오는 관심종목코드의 개수를 줄이거나, 현재가를 갱신하는 시간 간격을 늘림으로써 문제를 해결할 수 있습니다. 만약 갱신 시간 간격을 늘리고자 한다면 챗GPT에 전달된 프롬프트를 수정하여 1초 간격이 아니라 다른 시간 간격으로 조회하게끔 요청하거나, 챗GPT를 거치지 않고 보다 간편한 방법으로는 이미 생성된 스크립트에서 아래와 같이 start_update 메서드 내 타이머 간격을 1000ms 보다 큰 값으로 전달해도 됩니다. 아래 예시 코드는 타이머의 간격을 10초로 설정한 것입니다. start에 전달된 1000이라는 값은 단위가 밀리초 (ms) 이므로 1000 * 10은 10초를 의미합니다.

```
self.timer.start(1000 * 10)
```

[6] https://bbn.kiwoom.com/m/bbs/VBbsNoticeBWOAZDetailView

자동매매 로직 구현

　이번 절에서는 앞서 배워보았던 변동성 돌파 매매전략을 기반으로 본격적으로 자동 매매 애플리케이션을 제작해 보도록 하겠습니다. 본격적으로 들어가기 앞서 독자 분들께서 유념하여야 할 사항이 있습니다. 이번 절에서 구현할 변동성 돌파 전략을 자동 매매 애플리케이션으로 구현하는 것은 지금까지 해왔던 내용들 대비 비교적 복잡합니다. 복잡한 알고리즘을 가지는 코드를 챗GPT를 통해서 생성할 때에는 고급 프롬프트 엔지니어링 기법을 최대한 활용하는 것이 좋겠지만, 이 책은 난이도를 입문자들의 눈높이에 맞추는 것이 목표이므로 어려운 기법들은 사용하지 않고자 합니다. 또한, 앞서 설명 드린 것과 같이 챗GPT는 동일한 프롬프트에 항상 동일한 답변을 하지 않기 때문에 이 책과 동일한 프롬프트를 작성하며 학습한다고 하여도 항상 동일한 답변을 얻을 수는 없습니다. 다른 형태의 코드가 무조건적으로 틀린 것은 아니며, 이 부분에 대해서는 앞서 [이 책을 공부하는 방법]에서 설명드린 것과 같이 소스코드로 제공되는 스크립트를 프롬프트에 첨부하며 "첨부한 코드를 바탕으로 ~를 해 줘"식으로 프롬프트를 작성해 나간다면 책에서 소개하는 것과 최대한 유사한 답변을 얻을 수 있습니다.

　또한, 이번 절에서 구현할 애플리케이션과 같이 비교적 복잡한 알고리즘을 가지면서 챗GPT가 학습하기에 충분하지 않은 주제인 경우 (kiwoom 모듈 및 키움증권 Open API+) 한 번의 질문만에 사용자가 의도하는 코드를 얻기 쉽지 않으며, 여러 차례의 디버깅 과정이 필요합니다. 따라서, 이번 절의 학습 목표는 코드의 "세부 내용"을 파악하기 보다는, 파이썬 애플리케이션을 챗GPT를 통해 개발하기 위하여 문제를 디버깅하며 챗GPT와 소통하는 "흐름 및 과정"을 파악하는 것으로 삼으시기 바랍니다.

　이제 본격적으로 변동성 돌파 전략을 기반으로 하는 자동매매 애플리케이션을 개발하기 위하여 챗GPT와 소통해 보도록 하겠습니다. 변동성 돌파 전략 기반의 자동 매매 애플리케이션을 제작하기 위하여 사용자로부터 입력 받을 데이터는 종목코드와 K값입니다. 입력 받은 종목코드를 기반으로 pykrx 모듈을 통해 직전 거래일의 range를(고가 - 저가) 계산하고, 그 값에 사용자가 입력한 K 값을 곱한 후 그 값을 종가에 더하여 매수목표가격을 얻습니다. range에 K값을 곱한 값을 직전거래일의 종가가 아닌 당 거래일의 시가에 더하는 것으로 설정하여도 무방합니다. 여기서는 직전 거래일의 종가에 더하는 것으로 진행하겠습니다. 당 거래일의 종목 현재가가 이렇게 계산된 매수목표가격을 상회할 때 해당 종목을 매수하도록 설정합니다. 이 때 매수 수량은 1주로 합니다. 1주만 매수하는 것은 매매 알고리즘의 테스트를 위함이며, 필요에 따라 다른 값을 사용할 수 있습니다. 당 거래일에서 15시가 지나면 가지고 있는 모든 종목을 매도하도록 설정합니다. 특정 종목을 매수하거나 매도할 경우 [종목코드] [종목명] [매매가격] [매매수량]의 로그 형태로 매매 내역을 GUI 윈도우에 출력하게끔 합니다. 이 내용을 종합하여 아래와 같이 프롬프트를 작성했습니다. 앞의 절에서 특정 주식 종목의 현재가를 1초 간격으로 갱신해서 로그 형태로 출력하는 코드를 챗GPT를 통하여 생성했는데, 해당 chat에 이어서 아래 프롬프트를 전달하는 것으로 하겠습니다. 만약 이전에 사용했던 chat이 초기화되었을 경우 소스코드로 제공되는 [system 구축1 – 현재가 불러오기.py] 스크립트를 프롬프트에 붙여넣고, "해당 코드를 바탕으로~"와 같이 프롬프트를 구성해 나가시면 됩니다.

 위에서 생성한 코드를 바탕으로 아래 사항들을 만족하는 변동성 돌파 전략을 수행하는 코드를 생성해 줘.
1. 변동성 돌파 전략에서 사용할 K 값은 gui.ui에서 사용자가 QLineEdit을 통해 입력한 값(k_value)을 사용해 줘.
2. 변동성 돌파 전략을 바탕으로 직전 거래일의 저가와 고가를 pykrx 모듈을 통해 불러와서 range를 계산해줘.
3. pykiwoom 모듈을 통해 가져온 종목별 현재가가 range와 K 값을 곱한 값에서 pykrx 모듈을 통해 불러온 종목별 직전 거래일의 종가를 더한 값보다 클 때 해당 종목을 매수하도록 코드를 생성해 줘.
3. 각 종목별로 한 번에 매수하는 주식의 수량은 1로 해줘.
4. 당일에 매수한 모든 주식은 당일 15시가 되면 현재가를 기준으로 모두 매도해 줘.
5. 매수 혹은 매도할 때 마다 [종목코드] [종목명] [매매가격] [매매수량] 형식의 로그를 gui.ui의 QTextBrowser(buysell_log)에 표시해줘.

 변동성 돌파 전략을 수행하는 코드를 구현하기 위해 먼저 pykrx 모듈을 설치해야 합니다. pykrx 모듈은 한국 주식 시장의 데이터를 가져오는 데 사용됩니다. 이 모듈을 설치하기 위해서는 다음 명령어를 실행합니다.

```
pip install pykrx
```

```python
import sys
from PyQt5 import uic
from PyQt5.QtWidgets import QApplication, QMainWindow
from PyQt5.QtCore import QTimer, QTime
from pykiwoom.kiwoom import Kiwoom
from pykrx import stock
import datetime
```

```python
# Qt Designer로 생성한 gui 파일 로드
form_class = uic.loadUiType("gui.ui")[0]

class MyWindow(QMainWindow, form_class):
    def __init__(self):
        super().__init__()
        self.setupUi(self)

        # Kiwoom 로그인
        self.kiwoom = Kiwoom()
        self.kiwoom.CommConnect(block=True)

        # 버튼 연결
        self.button_start.clicked.connect(self.start_trading)
        self.button_stop.clicked.connect(self.stop_trading)

        # 타이머 설정 ❶
        self.timer = QTimer(self)
        self.timer.timeout.connect(self.check_market_time)
        self.trade_timer = QTimer(self)
        self.trade_timer.timeout.connect(self.trade_stocks)

    def start_trading(self):
        self.timer.start(1000)   # 1초마다 check_market_time 호출 ❷
        self.trade_timer.start(1000 * 60)  # 1분마다 trade_stocks 호출

    def stop_trading(self):
        self.timer.stop()   # 타이머 중지
        self.trade_timer.stop()

    def check_market_time(self):
        now = QTime.currentTime()
        if now.toString("HHmm") >= "1500":   # 15시가 되면 매도 ❸
            self.timer.stop()   # 타이머 중지
            self.sell_all_stocks()

    def trade_stocks(self):
        codes = self.code_list.text().split(',')   # 종목 코드 분리 ❹
        k_value = float(self.k_value.text())   # K 값 입력 받기

        for code in codes:
            if code.strip():   # 종목 코드가 비어 있지 않은 경우에만 처리 ❺
                current_price = int(self.kiwoom.block_request("opt10001",
                                                              종목코드=code.strip(),
                                                              output="주식기본정보",
```

```
                                                        next=0)['현재가'][0].
replace(",", ""))
                    yesterday_data = stock.get_market_ohlcv_by_date(datetime.datetime.
now().strftime('%Y%m%d'), datetime.datetime.now().strftime('%Y%m%d'), code.strip())
                    if not yesterday_data.empty:
                        high = yesterday_data['고가'][0]
                        low = yesterday_data['저가'][0]
                        close = yesterday_data['종가'][0]
                        target_price = close + (high - low) * k_value  # ❻

                    if current_price > target_price:  # 변동성 돌파 전략에 따라 매수 ❼
                        self.buy_stock(code.strip(), current_price, 1)

    def buy_stock(self, code, price, quantity):
        # 매수 로직 구현 (여기서는 로그만 출력) ❽
        name = self.kiwoom.block_request("opt10001",
                                        종목코드=code,
                                        output="주식기본정보",
                                        next=0)['종목명'][0]
        self.buysell_log.append(f"[매수] [{code}] [{name}] [가격: {price}] [수량: 
{quantity}]")

    def sell_all_stocks(self):
        # 매도 로직 구현 (여기서는 로그만 출력) ❽
        self.buysell_log.append("15시가 되어 모든 주식을 매도합니다.")

if __name__ == "__main__":
    app = QApplication(sys.argv)
    myWindow = MyWindow()
    myWindow.show()
    sys.exit(app.exec_())
```

이 코드는 다음과 같이 작동합니다:

사용자가 시작 버튼을 누르면 매분마다 trade_stocks 함수가 호출되어 각 종목에 대한 매수 조건을 확인합니다.

변동성 돌파 전략에 따라 계산된 목표 가격보다 현재가가 높을 경우 해당 종목을 매수합니다. 여기서는 실제 매수 명령을 내리는 대신 로그에 매수 정보를 출력합니다.

오후 3시에 모든 주식을 매도합니다. 실제 매도 명령 대신 로그에 매도 정보를 출력합니다.

이 코드는 실제 주식 매수 및 매도 기능을 구현하지 않고, 대신 로그를 출력하는 방식으로 설계되었습니다. 실제 거래를 위해서는 buy_stock 및 sell_all_stocks 함수 내에서 Kiwoom API를 사용하여 매수 및 매도 명령을 내릴 수 있는 로직을 추가해야 합니다.

> ★ 코드 설명 (system 구축2 – 자동매매 로직 구현.py)
>
> 챗GPT가 생성한 코드 처음의 ui 파일 로드, Open API+ 로그인 및 위젯 연결 부분은 앞서 소개한 GUI 현재가 조회 코드와 흡사하므로 설명을 생략합니다.
>
> ❶에서는 두 개의 타이머 timer와 trade_timer를 설정합니다.
>
> ❷ timer는 매초 check_market_time 메서드를 실행시켜
>
> ❸ 현재 시간 15시가 되면 모든 주식을 매도하고 타이머를 중단합니다. trade_timer는 1분마다 trace_stock 메서드를 실행하며 변동성 돌파 전략의 매수 타이밍을 판단합니다. 현재 시간이 15시가 넘으면 sell_all_stocks 함수를 호출하여 주식을 매도하며, timer를 중지시킵니다.
>
> ❹에서는 사용자가 입력한 주식의 종목코드와 K값을 불러옵니다. 종목코드는 하나 이상을 받아올 수 있도록 설정하였는데, split 메서드를 이용하여 콤마를 기준으로 각 종목코드를 분리합니다.
>
> ❺에서는 for 반복문을 통하여 사용자가 입력한 각 종목의 현재가를 pykiwoom의 block_request를 이용하여 불러와 current_price에 저장합니다. 또한, pykrx의 get_market_ohlcv_by_date 함수를 이용하여 해당 종목의 과거 가격을 불러옵니다. 이 때 검색 기간을 datetime의 now를 사용하여 불러오는데, 이는 현재 날짜와 시간을 뜻합니다. 변동성 돌파 전략을 이용하여 직전 거래일의 고가와 저가를 가져와서 range를 계산하여야 하는데, 오늘 가격을 가져오는 것은 잘못되었습니다. 이 부분은 뒤에서 수정이 필요할 것으로 보입니다.
>
> ❻에서는 pyrkx를 통해 가져온 특정 종목의 정보에서 고가, 저가, 종가를 불러오고 K값과 함께 매수 가격을 계산합니다. 이 가격을 target_price에 저장합니다.
>
> ❼에서는 pykiwoom 모듈을 통해 가져온 주식의 현재가가 target_price보다 높을 때 buy_stock 메서드를 실행하여 매수주문을 넣습니다. 이 때 전달되는 인자로는 매수할 가격 (현재가), 종목코드, 매수 수량입니다.
>
> ❽은 매수와 매도주문을 실행하는 buy_stock과 sell_all_stocks 메서드입니다. 주석 및 챗GPT의 답변에 나와 있는 것과 같이 실제로 매수와 매도주문을 실행하는 코드를 생성해 주지는 않았습니다. 이번 코드에서는 해당 메서드가 실행되었을 때 buysell_log 창에 매수 및 매도주문이 전달되었다는 로그를 생성하는 코드만 나타나 있습니다. 이 부분은 챗GPT에 요청하여 실제 매매 주문이 진행되도록 코드를 수정해야 할 것으로 보입니다.

챗GPT가 생성해 준 코드를 VS code로 가져와 실행해 보도록 하겠습니다. ui 파일 관련 FileNotFoundError가 발생하는 분들은 앞에서 설명한 것과 같이 ui파일이 저장된 경로를 확인해 주시기 바랍니다. Open API+ 로그인이 끝난 후 GUI 윈도우가 나타나게 되면 관심있는 주식 종목코드와 적절한 K값을 입력한 후 시작 버튼을 눌러보도록 하겠습니다. 여기서는 삼성전자와 현대차의 종목코드인 005930과 005380을 콤마로 연결하여 입력하고, K값으로는 0.5를 입력했습니다. 시작 버튼을 누르면 현재가를 매초 조회한 결과가 좌하단에 나타나지 않는 것을 알 수 있습니다. 챗GPT가 생성해 준 코드의 알고리즘이 의도된 대로 생성되지 않은 것 같습니다. 만약 파이썬에 대한 기본 지식이 있다면 생성된 코드를 리뷰하며 잘못된 부분을 찾아 수정하면 되겠지만, 파이썬에 대한 지식이 없는 독자분들께서는 어디서부터 문제를 해결해야 할지 난감하실 것입니다. 이럴 때에는 챗GPT에게 생성해 준 코드의 알고리즘을 설명해 달라고 아래처럼 주문하여 본 의도와는 다른 부분을 수정해 달라고 요청하면 됩니다.

직전에 생성해 준 코드의 알고리즘을 설명해 줘.

 이 코드는 PyQt와 Kiwoom API, pykrx 라이브러리를 사용하여 주식 자동 매매 프로그램을 구현한 예입니다. 주요 알고리즘 및 기능은 다음과 같습니다:

GUI 로드 및 초기화: Qt Designer를 통해 생성된 GUI 파일(gui.ui)을 로드하여 사용자 인터페이스를 설정합니다. 이 과정에서 메인 윈도우가 초기화되며, Kiwoom API를 사용하여 로그인하고, 필요한 버튼(button_start, button_stop)에 기능을 연결합니다.

매매 시작 및 정지 기능: 사용자가 '시작' 버튼을 클릭하면 start_trading 함수가 호출되어 주식 매매를 시작합니다. 이때, 두 개의 타이머가 설정됩니다. 하나는 시장 시간을 확인하기 위한 타이머(timer)로, 매 1초마다 check_market_time 함수를 호출합니다. 다른 하나는 실제 주식 매매를 위한 타이머(trade_timer)로, 매 1분마다 trade_stocks 함수를 호출합니다. '정지' 버튼을 클릭하면 매매를 중단하고 타이머를 정지합니다.

시장 시간 확인: check_market_time 함수는 현재 시간을 확인하여 오후 3시(15:00)가 되면 sell_all_stocks 함수를 호출하여 모든 주식을 매도하고 타이머를 정지합니다.

주식 매매 로직: trade_stocks 함수는 사용자가 입력한 종목 코드를 기반으로 각 종목의 현재 가격과 전일 데이터(고가, 저가, 종가)를 조회합니다. 이를 바탕으로 변동성 돌파 전략에 따라 목표 가격을 계산하고, 현재 가격이 목표 가격을 초과할 경우 해당 종목을 매수합니다. 매수 로직은 buy_stock 함수에서 구현되며, 여기서는 주로 로그를 출력하는 방식으로 간략하게 처리됩니다.

매수 및 매도 로직: buy_stock 함수와 sell_all_stocks 함수는 각각 매수 및 매도 로직을 담당합니다. 실제 매수 및 매도 로직은 Kiwoom API를 통해 구현될 수 있으나, 이 코드에서는 로그 출력을 통해 간략히 표현하고 있습니다. 매수 시에는 종목 코드, 이름, 가격, 수량을 로그로 기록하고, 매도 시에는 모든 주식을 매도한다는 메시지를 로그로 기록합니다.

이 프로그램은 PyQt를 사용한 GUI 인터페이스, Kiwoom API를 통한 로그인 및 주식 정보 조회, pykrx 라이브러리를 활용한 KRX 주식 데이터 조회 기능을 결합하여 주식 자동 매매 기능을 구현하고 있습니다. 변동성 돌파 전략을 적용하여 특정 조건에서 자동으로 주식을 매수하고, 시장 종료 시간에 모든 주식을 매도하는 로직을 포함하고 있습니다.

챗GPT의 답변 중 매매 시작 및 정지 기능 부분을 살펴보면 시장 시간을 확인하기 위한 타이머(timer)는 check_market_time을 1초 간격으로 호출하고, 실제 주식 매매를 위한 타이머(trade_timer)는 1분 간격으로 실행된다고 나와있습니다. 이전 절에서 GUI를 이용한 현재가 조회 애플리케이션을 제작할 때 현재가를 조회하는 시간 간격을 1초로 요청한 바 있으나 여기서는 해당 기능을 포함하고 있어야 할 trade_timer가 1분 간격으로 설정되어 있다고 하니, 현재가 조회 시간 간격을 뒤에서 수정 요청하도록 하겠습니다.

추가로, 스크립트를 실행하여 종목코드와 K값을 입력했을 때 종목별 현재가 현황이 로그 형식으로 나타나지 않았었는데, 위 코드 알고리즘 리뷰에서도 해당 부분에 대한 언급이 없는 것을 알 수 있습니다. 챗GPT가 해당 알고리즘 설명을 놓친 것인지, 생성해 준 스크립트에서 해당 부분이 누락된 것인지를 확인하기 위하여 아래처럼 프롬프트를 작성해 보도록 하겠습니다.

 주식의 현재가를 조회하는 trade_stocks 함수에서 조회된 현재가를 textboard 위젯에 로그 형식으로 특정 시간마다 출력해 주는 코드가 포함되어 있어?

 제시된 코드에는 trade_stocks 함수 내에서 주식의 현재가를 조회하고, 이를 textboard 위젯에 로그 형식으로 특정 시간마다 출력하는 직접적인 코드가 포함되어 있지 않습니다. trade_stocks 함수는 주어진 종목 코드들에 대해 현재 가격과 목표 가격을 계산하고, 현재 가격이 목표 가격을 초과할 경우 매수하는 로직을 수행합니다. 현재 가격 정보를 로그로 출력하는 부분은 buy_stock 함수 내에서 [매수] 로그를 출력하는 부분에 국한되어 있으며, 이는 매수 실행 시에만 동작합니다.

만약 trade_stocks 함수 내에서 조회된 현재가를 textboard 위젯(또는 이와 유사한 목적으로 사용되는 다른 위젯)에 로그 형식으로 특정 시간마다 출력하고자 한다면, 다음과 같은 코드 조각을 추가할 수 있습니다:

```
def trade_stocks(self):
    codes = self.code_list.text().split(',')  # 종목 코드 분리
    k_value = float(self.k_value.text())  # K 값 입력 받기

    for code in codes:
        if code.strip():  # 종목 코드가 비어 있지 않은 경우에만 처리
            current_price = int(self.kiwoom.block_request("opt10001",
                                                종목코드=code.strip(),
                                                output="주식기본정보",
                                                next=0)['현재가'][0].replace(",", ""))
            # 여기에 현재가 로그 출력 코드 추가
            self.buysell_log.append(f"[현재가 조회] [{code.strip()}] [현재가: {current_price}]")
```

```
                yesterday_data = stock.get_market_ohlcv_by_date(datetime.datetime.now().
    strftime('%Y%m%d'), datetime.datetime.now().strftime('%Y%m%d'), code.strip())
                if not yesterday_data.empty:
                    high = yesterday_data['고가'][0]
                    low = yesterday_data['저가'][0]
                    close = yesterday_data['종가'][0]
                    target_price = close + (high - low) * k_value

                    if current_price > target_price:  # 변동성 돌파 전략에 따라 매수
                        self.buy_stock(code.strip(), current_price, 1)
```

위의 코드 예시에서는 각 종목 코드에 대해 현재 가격을 조회한 후, 이를 buysell_log (또는 대응되는 로그를 출력하는 위젯의 변수명)에 로그로 추가하는 방식으로 구현되어 있습니다. buysell_log는 위젯의 이름이 아닌, 코드 내에서 로그를 추가하기 위해 사용된 변수나 위젯의 이름을 가정한 것입니다. 실제로는 textboard나 다른 로그를 출력하는 위젯의 실제 변수명으로 대체해야 합니다.

답변을 확인해 보니 현재가를 조회하는 함수에서 특정 시간마다 종목의 현재가를 출력하는 로그는 없는 것으로 확인되었습니다. 친절하게도 해당 기능을 추가하기 위해서 코드를 어떻게 수정해야 할 지에 대해서도 설명하고 있습니다. 지금까지 확인된 사항들을 종합하여서 각 종목의 현재가를 확인하는 함수는 1초 간격으로 실행되도록, 현재 시간을 통해 매도 타이밍을 결정하는 함수는 1분 간격으로 실행되도록 수정하도록 하겠습니다. 또한, 현재가가 1초 간격으로 조회될 때 마다 종목별 현재가를 로그 형식으로 출력하는 기능도 추가하겠습니다.

아래 사항들을 반영하여 코드를 수정해줘.

1. check_market_time는 1초가 아니라 1분마다 호출되도록 수정
2. trade_stocks는 1분이 아니라 1초마다 호출되도록 수정
3. 1초마다 조회한 종목별 현재가를 QTextBrowser (textboard)에 [현재 시간:분:초] [종목코드] [종목명] [현재가] 형식으로 로그 형식으로 1초마다 갱신하여 출력되도록 수정

아래의 수정된 코드는 주어진 사항들을 반영합니다. check_market_time 함수는 이제 1분마다 호출되도록 수정되었고, trade_stocks 함수는 1초마다 호출되도록 수정되었습니다. 또한, 종목별 현재가를 textboard에 로그 형식으로 출력하는 기능이 추가되었습니다.

```python
import sys
from PyQt5 import uic
from PyQt5.QtWidgets import QApplication, QMainWindow
from PyQt5.QtCore import QTimer, QTime
from pykiwoom.kiwoom import Kiwoom
from pykrx import stock
import datetime

# Qt Designer로 생성한 gui 파일 로드
form_class = uic.loadUiType(r'gui.ui')[0]

class MyWindow(QMainWindow, form_class):
    def __init__(self):
        super().__init__()
        self.setupUi(self)

        # Kiwoom 로그인
        self.kiwoom = Kiwoom()
        self.kiwoom.CommConnect(block=True)

        # 버튼 연결
        self.button_start.clicked.connect(self.start_trading)
        self.button_stop.clicked.connect(self.stop_trading)

        # 타이머 설정
        self.market_timer = QTimer(self)
        self.market_timer.timeout.connect(self.check_market_time)
        self.trade_timer = QTimer(self)
        self.trade_timer.timeout.connect(self.trade_stocks)

    def start_trading(self):
        self.market_timer.start(1000 * 60)  # 1분마다 check_market_time 호출 ❶
        self.trade_timer.start(1000)  # 1초마다 trade_stocks 호출 ❶

    def stop_trading(self):
        self.market_timer.stop()  # 타이머 중지
        self.trade_timer.stop()

    def check_market_time(self):
        now = QTime.currentTime()
        if now.toString("HHmm") >= "1500":  # 15시가 되면 매도
            self.stop_trading()  # 모든 타이머 중지
            self.sell_all_stocks()
```

```python
    def trade_stocks(self):
        codes = self.code_list.text().split(',')  # 종목 코드 분리
        k_value = float(self.k_value.text())  # K 값 입력 받기

        for code in codes:
            if code.strip():  # 종목 코드가 비어 있지 않은 경우에만 처리
                # 현재가 조회 및 로그 출력
                current_price = int(self.kiwoom.block_request("opt10001",
                                                    종목코드=code.strip(),
                                                    output="주식기본정보",
                                                    next=0)['현재가'][0].replace(",", ""))
                now = datetime.datetime.now().strftime('%H:%M:%S')
                name = self.kiwoom.block_request("opt10001",
                                                    종목코드=code.strip(),
                                                    output="주식기본정보",
                                                    next=0)['종목명'][0]
                self.textboard.append(f"[{now}] [{code.strip()}] [{name}] [현재가: {current_price}]")  # ❷

                # 변동성 돌파 전략 계산 및 매수 조건 확인
                yesterday_data = stock.get_market_ohlcv_by_date(datetime.datetime.now().strftime('%Y%m%d'), datetime.datetime.now().strftime('%Y%m%d'), code.strip())
                if not yesterday_data.empty:
                    high = yesterday_data['고가'][0]
                    low = yesterday_data['저가'][0]
                    close = yesterday_data['종가'][0]
                    target_price = close + (high - low) * k_value

                    if current_price > target_price:  # 변동성 돌파 전략에 따라 매수
                        self.buy_stock(code.strip(), current_price, 1)

    def buy_stock(self, code, price, quantity):
        # 매수 로직 구현 (여기서는 로그만 출력)
        name = self.kiwoom.block_request("opt10001",
                                    종목코드=code,
                                    output="주식기본정보",
                                    next=0)['종목명'][0]
        self.buysell_log.append(f"[매수] [{code}] [{name}] [가격: {price}] [수량: {quantity}]")

    def sell_all_stocks(self):
        # 매도 로직 구현 (여기서는 로그만 출력)
        self.buysell_log.append("15시가 되어 모든 주식을 매도합니다.")
```

```
if __name__ == "__main__":
    app = QApplication(sys.argv)
    myWindow = MyWindow()
    myWindow.show()
    sys.exit(app.exec_())
```

이 코드는 trade_stocks 함수에서 종목별 현재가를 조회하고, 이 정보를 textboard에 로그 형식으로 출력합니다. 이 과정은 1초마다 반복되어 사용자가 실시간으로 주식 가격 변화를 확인할 수 있습니다. 또한, 오후 3시에 모든 주식을 매도하는 로직이 check_market_time 함수에서 실행됩니다. 이 함수는 이제 1분마다 호출되어 시장 종료 시간을 체크합니다.

> ★ **코드 설명** (system 구축3 – 자동매매 로직 구현.py)
>
> ❶에서 두 개의 타이머 설정 시간이 변경된 것을 확인할 수 있습니다. 현재 시간을 확인하여 매도 타이밍을 결정하는 데 관여하는 market_timer는 1초에서 1분 간격으로, trade_timer는 1분에서 1초 간격으로 정상적으로 수정되었습니다.
>
> ❷에서는 조회한 종목별 현재가를 textboard 위젯에 추가하는 부분이 정상적으로 추가된 것을 확인할 수 있습니다. 프롬프트에 명시한 대로 [시간] [종목코드] [종목명] [현재가] 형식으로 표시되도록 합니다. 코드의 나머지 부분은 앞서 설명한 것과 동일하므로 생략합니다.

    수정된 스크립트를 VS code로 가져와 실행해 보도록 하겠습니다. 아래 그림 37과 같이 관심 종목코드에 005930,005380과 (삼성전자와 현대차), K값으로 0.5를 입력한 후 시작 버튼을 누르자 textboard에 입력한 두 종목의 현재가가 1초 간격으로 표시되는 것을 확인할 수 있습니다. 첫 60초가 지나면 market_timer 함수가 호출되어 현재 시간이 15시를 넘었는지 확인합니다. 15시를 넘었다면 매도를 위한 sell_all_stock 함수가 실행되며, 이후 stop_trading 함수가 실행되어 모든 타이머가 중단되어 더 이상 현재가 체크 및 매수, 매도를 위한 조건을 확인하지 않습니다. 만약 매 1초마다 현재가 로깅이 아무 이유 없이 중단되거나 조회횟수 제한 에러가 나타난다면 코드의 ❶ 부분 trade_timer의 인자를 1000 * 10과 같이 더 큰 값으로 전달해 보시기 바랍니다. 후술하겠지만, 키움증권 API는 서버의 상황에 따라 API 호출 횟수를 적절히 조절할 필요가 있습니다.

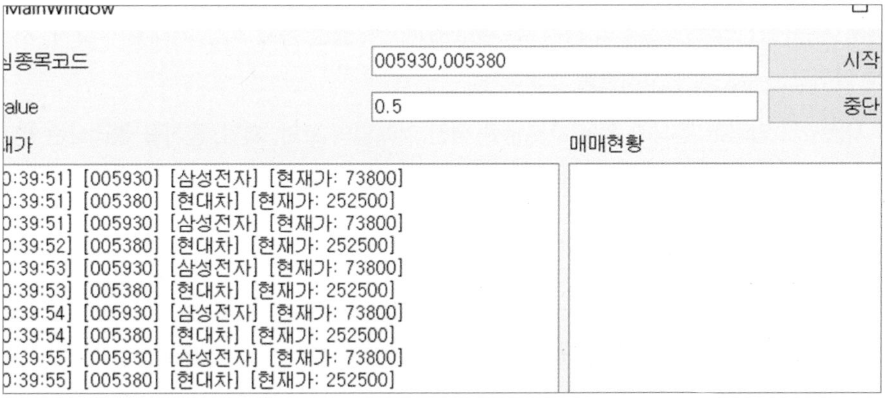
MainWindow
심종목코드
005930,005380
시작
value
0.5
중단
재가
매매현황
0:39:51] [005930] [삼성전자] [현재가: 73800]
0:39:51] [005380] [현대차] [현재가: 252500]
0:39:51] [005930] [삼성전자] [현재가: 73800]
0:39:52] [005380] [현대차] [현재가: 252500]
0:39:53] [005930] [삼성전자] [현재가: 73800]
0:39:53] [005380] [현대차] [현재가: 252500]
0:39:54] [005930] [삼성전자] [현재가: 73800]
0:39:54] [005380] [현대차] [현재가: 252500]
0:39:55] [005930] [삼성전자] [현재가: 73800]
0:39:55] [005380] [현대차] [현재가: 252500]

▲ 그림 37 챗GPT를 통해 timer 간격과 현재가 로그가 표시되게끔 코드를 수정한 후 애플리케이션을 실행한 결과

이번에는 변동성 돌파 전략 알고리즘을 점검해 보도록 하겠습니다. 앞서 프롬프트에 변동성 돌파 전략을 구현하기 위해 사용자로부터 입력 받은 종목의 직전 거래일 고가와 저가의 차를 구하여 range로 하고, 이 값을 사용자가 입력한 K값과 곱한 후 종가에 더하여 매수 기준 가격으로 삼도록 요청했습니다 (아래 프롬프트 참고).

> (생략)
> 2. 변동성 돌파 전략을 바탕으로 직전 거래일의 저가와 고가를 pykrx 모듈을 통해 불러와서 range를 계산해 줘.
> 3. pykiwoom 모듈을 통해 가져온 종목별 현재가가 range와 K 값을 곱한 값에서 pykrx 모듈을 통해 불러온 종목별 직전 거래일의 종가를 더한 값보다 클 때 해당 종목을 매수하도록 코드를 생성해 줘.
> (생략)

요청한 프롬프트에서 pykrx 모듈을 통해 종목별 직전 거래일의 데이터를 불러와 range와 매수목표 가격을 계산하는 부분의 알고리즘이 파이썬 코드로 잘 구현되었는지 확인해 보도록 하겠습니다. 앞서 ★코드 설명에서 직전 거래일이 아니라 당 거래일 데이터를 불러오는 오류가 있어 수정이 필요하다고 설명 드린 바 있지만, 여기서는 챗GPT를 통해 문제를 파악해 보고자 아래처럼 프롬프트를 작성하여 챗GPT에게 질문해 보았습니다.

위 코드에서 사용자가 입력한 주식의 종목코드별로 pykrx 모듈을 통해 직전 거래일의 고가, 저가, 종가를 불러오는 부분의 알고리즘을 설명해 줘.

 코드에서 사용자가 입력한 주식의 종목 코드별로 직전 거래일의 고가, 저가, 종가를 불러오는 부분은 trade_stocks 메서드 내에서 처리됩니다. 이 과정은 다음 단계로 이루어져 있습니다:

종목 코드 분리: 사용자가 입력한 종목 코드들을 , 기준으로 분리하여 리스트로 만듭니다. 이렇게 분리된 종목 코드들은 반복문을 통해 하나씩 처리됩니다.

K 값 입력 받기: 사용자가 입력한 K 값(변동성 돌파 전략에서 사용되는 계수)을 가져와서 실수형(float)으로 변환합니다.

반복문 실행: 분리된 종목 코드 리스트를 순회하면서 각 종목 코드에 대해 다음 작업을 수행합니다.

직전 거래일 데이터 조회: stock.get_market_ohlcv_by_date 함수를 사용하여 각 종목 코드에 대한 직전 거래일의 시장 데이터를 조회합니다. 이 함수는 세 개의 인자를 받습니다:

start_date: 조회할 데이터의 시작 날짜입니다. 여기서는 datetime.datetime.now().strftime('%Y%m%d')를 사용하여 현재 날짜를 문자열 형식으로 변환하고, 그것을 시작 날짜로 지정합니다. 이는 현재 날짜를 기준으로 직전 거래일의 데이터를 조회하기 위함입니다.

end_date: 조회할 데이터의 끝 날짜입니다. 시작 날짜와 동일하게 설정함으로써 특정 날짜(혹은 직전 거래일)의 데이터만을 조회하게 됩니다.

ticker: 조회할 종목의 코드입니다. 반복문을 통해 현재 처리 중인 종목 코드를 지정합니다.

고가, 저가, 종가 추출: 조회된 데이터에서 고가('고가'), 저가('저가'), 종가('종가')를 추출합니다. 이 값들은 변동성 돌파 전략에서 매수 목표가를 계산하는 데 사용됩니다.

매수 목표가 계산: 직전 거래일의 고가와 저가의 차이(high - low)에 K 값을 곱한 후, 그 결과를 종가에 더하여 매수 목표가를 계산합니다.

이 알고리즘은 사용자가 입력한 각 종목 코드에 대해 직전 거래일의 시장 데이터를 기반으로 변동성 돌파 전략에 따른 매수 목표가를 계산하는 과정을 구현합니다. 현재 가격이 계산된 목표가를 초과할 경우, 변동성 돌파 전략에 따라 해당 종목을 매수하는 조건으로 간주합니다.

위 프롬프트는 앞서 timer를 수정했던 대화에 이어서 작성하였습니다. 새로운 대화 창에 입력을 원할 때에는 지금까지 챗GPT가 수정해 준 코드를 입력하여 챗GPT를 학습시킨 후 알고리즘을 설명해 달라고 대화를 이어 나가시면 됩니다. 생성된 답변을 읽어보면 이상한 부분이 있습니다. "직전 거래일 데이터 조회" 부분에서 start_date는 조회할 데이터의 시작 날짜라고 하였으나, 입력하는 값인 datetime.datetime.now().strftime('%Y%m%d')은 현재 날짜를 문자열 형식으로 변환한 값이라고 합니다. end_date 역시 조회할 데이터의 끝 날짜인데 시작 날짜와 동일하게 설정하였다고 하였습니다. 앞서 작성한 프롬프트에는 분명 "직전" 거래일의 고가, 저가, 종가를 기준으로 변동성 돌파 전략을 수행할 range를 계산해 달라고 하였으나, 실제 코드에 현재 날짜 (오늘 날짜)가 들어가는 것은 잘못되었습니다. 앞의 ★코드 설명 (system 구축2 – 자동매매 로직 구현.py)에서 설명한 것과 같이 파이썬 기초 지식이 있다면 해당 부분의 코드를 직접 리뷰하며 잘못된 부분을 찾아 바로잡을 수 있겠지만, 여기서는 최대한 챗GPT를 통하여 잘못된 부분을 파악하고 수정해 나가도록 하겠습니다. 아래와 같이 잘못된 부분을 지적하며 해당 부분을 다시 점검해 달라고 요청합니다.

 datetime.datetime.now().strftime('%Y%m%d') 이 코드는 현재 날짜를 문자열 형식으로 반환하는 코드라고 했는데, 직전 거래일의 고가, 저가, 종가 데이터를 얻으려면 현재 날짜가 아닌 직전 거래일의 날짜를 start_date에 입력해야 할 거 같아. 위 코드가 요구사항에 맞는지 다시 한번 점검해 줘.

 네, 말씀하신 부분을 다시 검토해보겠습니다. 코드에서 사용된 datetime.datetime.now().strftime('%Y%m%d')는 실제로 현재 날짜를 문자열 형태로 반환합니다. 이는 직전 거래일의 데이터를 얻기 위한 적절한 방법이 아닙니다. 주식 시장은 주말과 공휴일에는 거래가 이루어지지 않기 때문에, 현재 날짜가 주말이나 공휴일인 경우 직전 거래일은 현재 날짜와 다를 수 있습니다.

변동성 돌파 전략에서는 직전 거래일의 고가, 저가, 종가 정보를 사용하여 매수 목표가를 계산합니다. 따라서, 코드에서 직전 거래일의 정확한 날짜를 계산하는 로직이 필요합니다. 이를 위해 다음과 같은 접근 방법을 사용할 수 있습니다:

거래일 확인: pykrx 모듈이나 다른 금융 데이터 제공 API를 사용하여 가장 최근의 거래일을 확인합니다. pykrx 모듈에는 거래일을 확인할 수 있는 기능이 있을 수 있습니다.

직전 거래일 계산: 현재 날짜에서 가장 가까운 이전 거래일을 찾아내는 로직을 구현합니다. 이는 주말이나 공휴일을 고려하여 조정해야 합니다.

날짜 조정: 확인된 직전 거래일을 start_date와 end_date에 적용하여 pykrx 모듈의 get_market_ohlcv_by_date 함수를 호출할 때 사용합니다.

이러한 변경을 통해 코드를 요구사항에 맞게 수정하여 직전 거래일의 데이터를 정확히 조회할 수 있도록 해야 합니다. 현재 코드에서는 이 부분이 정확하게 반영되지 않았기 때문에, 실제 투자 전략을 구현하기 전에 이 부분을 수정해야 할 필요가 있습니다. 직전 거래일을 계산하는 구체적인 로직은 pykrx 모듈의 문서나 다른 금융 데이터 API 문서를 참고하여 구현할 수 있습니다.

확인 결과 직전 거래일의 데이터를 불러오는 로직이 잘못된 것을 확인할 수 있습니다. 이처럼 챗GPT를 통해 프로그래밍 코드를 생성할 때에는 사용자가 의도한 대로 코드가 구현되었는지 확인하는 절차가 꼭 필요합니다. 해당 프로그래밍 언어에 대한 기초 지식을 가지고 직접 리뷰하여도 좋고, 이 책의 흐름과 같이 챗GPT를 통해서 검증하는 방법도 있습니다. 로직이 잘못되었다는 것을 알았으니 수정해 달라고 요청합니다.

> 직접 해당 부분의 코드를 수정해 줘.

> 직전 거래일의 데이터를 얻기 위해 코드를 수정하려면, 우선 현재 날짜를 기준으로 가장 가까운 이전 거래일을 찾는 로직이 필요합니다. pykrx 모듈의 stock 모듈을 사용하여 최근 거래일을 얻을 수 있습니다. 아래 코드는 trade_stocks 메서드 내에서 직전 거래일을 찾고, 해당 날짜를 사용하여 고가, 저가, 종가 데이터를 조회하는 방법을 수정한 예시입니다.

```python
import datetime
from pykrx import stock

def trade_stocks(self):
    codes = self.code_list.text().split(',')  # 종목 코드 분리
    k_value = float(self.k_value.text())  # K 값 입력 받기

    # 오늘 날짜와 어제 날짜 계산
    today = datetime.date.today()  # ❶
    yesterday = today - datetime.timedelta(days=1)

    # 가장 최근의 거래일 얻기 ❷
    last_trading_day = stock.get_nearest_business_day_in_a_week(date=yesterday.strftime('%Y%m%d'))

    for code in codes:
        if code.strip():  # 종목 코드가 비어 있지 않은 경우에만 처리
            # 현재가 조회 및 로그 출력
            current_price = int(self.kiwoom.block_request("opt10001",
                                                         종목코드=code.strip(),
                                                         output="주식기본정보",
                                                         next=0)['현재가'][0].replace(",", ""))
            now = datetime.datetime.now().strftime('%H:%M:%S')
            name = self.kiwoom.block_request("opt10001",
                                             종목코드=code.strip(),
                                             output="주식기본정보",
                                             next=0)['종목명'][0]
```

```
            self.textboard.append(f"[{now}] [{code.strip()}] [{name}] [현재가: {cur-
rent_price}]")

        # 변동성 돌파 전략 계산 및 매수 조건 확인
            yesterday_data = stock.get_market_ohlcv_by_date(last_trading_day, last_
trading_day, code.strip())
            if not yesterday_data.empty:
                high = yesterday_data['고가'][0]
                low = yesterday_data['저가'][0]
                close = yesterday_data['종가'][0]
                target_price = close + (high - low) * k_value

                if current_price > target_price:   # 변동성 돌파 전략에 따라 매수
                    self.buy_stock(code.strip(), current_price, 1)
```

이 코드에서 get_nearest_business_day_in_a_week 함수를 사용하여 직전 거래일을 얻습니다. date 파라미터로는 어제 날짜(yesterday)를 문자열 형식('%Y%m%d')으로 변환하여 전달합니다. 이 함수는 입력된 날짜를 기준으로 가장 가까운 과거의 거래일을 반환합니다.

그 다음, 이 날짜를 get_market_ohlcv_by_date 함수의 start_date와 end_date에 사용하여 직전 거래일의 고가, 저가, 종가 데이터를 정확히 조회할 수 있습니다.

이렇게 수정하면, 코드는 사용자가 입력한 종목 코드에 대해 정확히 직전 거래일의 데이터를 기반으로 변동성 돌파 전략을 적용할 수 있게 됩니다.

> ★ 코드 설명 (system 구축4 – 자동매매 로직 구현.py)

❶datetime 모듈의 today를 통해 현재 날짜와 시간 데이터를 datetime 형식으로 today 변수에 가져옵니다. 이 때 datetime의 timedelta를 통해 가져온 현재 날짜 및 시간에서 특정 날짜 혹은 시간에 대해 시간 offset을 구할 수 있습니다. 이 코드에서는 timedelta의 인자로 days=1을 (1일) 전달했고, 이를 현재 날짜에서 뺐기 때문에 1일만큼 이전의 날짜/시간 데이터를 yesterday 변수에 저장하게 됩니다. ❷에서는 pykrx 모듈의 get_nearest_business_day_in_a_week를 통해 해당 일을 포함한 직전 거래일을 불러옵니다. 이 때 인자로는 어제 날짜인 yesterday 변수를 전달합니다. 즉 어제를 기준으로 가장 최근 거래일을 가져오게 됩니다. 이 때 ❶의 yesterday 변수에 strftime 메서드를 이용하여 datetime 형식의 데이터를 문자열로 변경합니다. 여기서 %Y%m%d가 전달되었는데, %Y는 연도를 4자리로, %m는 월, %d는 일을 뜻합니다. 예를 들어 2024년 2월 19일은 20240219와 같은 문자열 형태로 변환됩니다. 이를 통해 얻은 직전 거래일을 last_trading_day 변수에 저장한 후 뒤에서 pyrkx 모듈의 get_market_ohlcv_by_date 함수의 인자로 전달하여 직전 거래 데이터를 받아와 매수목표가격을 계산합니다.

챗GPT를 통해 변동성 돌파 전략을 이용한 자동매매 파이썬 스크립트를 생성한 후, 몇 차례의 수정을 거친 현재까지의 전체 코드는 소스코드로 제공되는 [system 구축4 – 자동매매 로직

구현.py] 파일과 같습니다. 이번 수정에서는 변동성 돌파 전략을 구현하기 위해 pykrx의 get_nearest_business_day_in_a_week 함수를 이용하여 직전 거래일의 데이터를 불러오는 부분이 적절하게 반영되었습니다.

스크립트에서 buy_stock 함수와 sell_all_stocks 함수를 살펴보면, 각 함수에 각각 주석으로 "매수 로직 구현 (여기서는 로그만 출력)", "매도 로직 구현 (여기서는 로그만 출력)"와 같이 나와있는 것을 확인할 수 있습니다. 즉, 챗GPT가 직접 매매 로직을 구현해 주지 않고 생략했으며, 현재까지의 스크립트로는 실제 매매 주문이 이루어지는 알고리즘이 없고 매수 혹은 매도에 대한 로그만 표시될 뿐입니다. 아래처럼 프롬프트를 작성하여 매매 로직을 구현해 달라고 요청하겠습니다. 만약 챗GPT와의 기존 대화 내역이 삭제된 경우 아래 프롬프트를 약간 수정하여 소스코드 [system 구축4 – 자동매매 로직 구현.py]에서 buy_stock, sell_all_stocks에서 매매 로직을 직접 구현해 달라고 요청하면 됩니다.

 위에서 생성해 준 코드의 buy_stock, sell_all_stocks에서 로그만 출력하는 것이 아니라 매수, 매도 로직을 pykiwoom 모듈을 통해서 직접 구현한 코드를 생성해 줘.

 Kiwoom Open API+를 사용하여 실제로 주식을 매수하고 매도하는 코드를 구현하기 위해, buy_stock와 sell_all_stocks 함수 내에 매수 및 매도 로직을 추가합니다. PyKiwoom 모듈을 사용하여 이 작업을 수행할 때는 키움증권 계좌의 비밀번호 설정, 계좌 번호 확인 등 사전 준비가 필요합니다. 이 예제에서는 계좌 번호와 비밀번호 입력이 필요 없는 간단한 형태로 구현됩니다. 실제 사용 시에는 Kiwoom 클래스의 SendOrder 메소드를 사용하여 주문을 전송합니다.

중요: 이 코드는 실제 거래를 수행합니다. 주의해서 사용하시기 바랍니다. 테스트 환경 또는 모의 투자 계좌에서 먼저 실행해 보는 것이 좋습니다.

```python
def buy_stock(self, code, price, quantity):
    # 매수 주문
    account_number = self.kiwoom.GetLoginInfo("ACCNO")[0]  # 첫 번째 계좌 사용 ❶
    order_type = 1  # 신규매수
    trade_type = "00"  # 지정가
    self.kiwoom.SendOrder("SendOrder", "0101", account_number, order_type, code, quantity, price, trade_type, "")  # ❷
    self.buysell_log.append(f"[매수 주문] [{code}] [가격: {price}] [수량: {quantity}]")

def sell_all_stocks(self):
    # 보유 주식 전체 매도
    account_number = self.kiwoom.GetLoginInfo("ACCNO")[0]  # 첫 번째 계좌 사용
    stocks = self.kiwoom.GetHoldings("ALL")  # 보유 주식 목록 조회 ❸
    for code, info in stocks.items():
        order_type = 2  # 신규매도
```

```python
        trade_type = "00"   # 지정가
        quantity = info['보유수량']   # 보유한 전체 수량
        price = self.kiwoom.block_request("opt10001", 종목코드=code, output="주식기본
정보", next=0)['현재가'][0].replace(",", "")   # ❹
        self.kiwoom.SendOrder("SendOrder", "0101", account_number, order_type, code,
quantity, price, trade_type, "")   # ❺
        self.buysell_log.append(f"[매도 주문] [{code}] [수량: {quantity}]")

# 참고: 실제 코드에서는 SendOrder 호출 시 사용되는 '화면번호'와 '주문번호'가 하드코딩
되어 있습니다.
# 이는 예시를 단순화하기 위함입니다. 실제 애플리케이션에서는 관리가 필요합니다.
```

buy_stock 함수는 주어진 종목 코드, 가격, 수량에 따라 신규 매수 주문을 전송합니다. 계좌 번호는 사용자의 첫 번째 계좌를 사용합니다.

sell_all_stocks 함수는 사용자가 보유한 모든 주식을 시장 가격으로 매도합니다. 이 함수는 보유 주식 목록을 조회하고, 각 종목에 대해 전체 수량을 매도합니다.

실제 매수 및 매도 주문을 전송하기 전에, 사용자의 계좌 정보, 키움증권과의 연결 상태, 주문 가능 여부 등을 철저히 확인해야 합니다. 또한, 매수 및 매도 로직을 실제로 구현하기 전에 모의투자 환경에서 충분히 테스트해 보는 것이 중요합니다.

★ 코드 설명 (system 구축5 – 자동매매 로직 구현.py)

❶에서는 키움증권 Open API+를 이용하여 주식 거래 계좌번호를 불러옵니다. 해당 코드는 앞서 예수금을 조회하는 코드에서 사용했던 것과 동일하며, 계좌가 여러 개일 경우 가장 첫 번째 계좌를 사용하게 됩니다 (마지막의 리스트 인덱스를 0이 아닌 다른 값으로 변경하면 다른 계좌를 지정할 수 있습니다).

❷에서는 Open API+를 이용하여 매수 주문을 전달합니다. buy_stock 함수는 종목코드, 매수가격, 수량을 인자로 받는데, 함수 호출 시 전달받은 해당 인자들을 바탕으로 매수 주문을 넣습니다. 이 때 주문을 넣는 SendOrder의 인자는 순서대로 임의의 주문 이름 (예:"삼성전자주문"), 화면번호 (예: "1000"), 계좌번호, 주문유형 (1: 매수, 2: 매도, 3: 매수취소, 4: 매도취소, 5: 매수정정, 6: 매도정정), 종목코드, 주문수량, 주문단가, 거래구분 ("00": 지정가, "03": 시장가), 원주문번호(주문 정정시 사용)입니다. 이후 buysell_log에 관련 매수 주문의 로그를 출력합니다.

❸은 보유한 전체 주식을 매도하는 sell_all_stocks 메서드에서 보유 주식 목록을 조회하기 위하여 GetHoldings라는 이름을 가지는 메서드를 호출하는 부분으로 보입니다. 하지만 실제로 스크립트를 실행하면 이 부분에서 'Kiwoom' object has no attribute 'GetHoldings'라는 에러가 나타납니다. 실제로 이러한 메서드는 존재하지 않으며, 따라서 이 부분은 추가 수정이 필요합니다.

❹에서는 block_request 메서드를 이용해 매도할 주식의 현재가를 받아와 price 변수에 저장합니다. 받아온 현재가를 통하여 ❺에서 매도주문을 넣습니다.

챗GPT가 생성해준 코드를 VS code로 가져와 실행해 보도록 하겠습니다. 관심종목코드에 005930, 005830를 (삼성전자와 현대차), K 값으로 0.1을 입력해 보도록 하겠습니다. K값은 종목과 시황에 따라서 다양한 값을 설정할 수 있는데, 클수록 매수목표가격을 높게 설정하며 낮을

수록 매수목표가격을 낮게 설정합니다. 여기서는 0.1을 입력하여 매수 목표 가격을 낮게 설정함으로써 쉽게 매수가 이루어지게 되게끔 하였는데, 애플리케이션의 매수 기능이 잘 작동하는지 테스트하기 위함입니다.

시작 버튼을 누르면 입력한 종목의 현재가가 1초 간격으로 갱신됩니다. 경우에 따라서 아래 그림 38처럼 조회횟수 제한 에러가 나타날 수 있습니다. 이 경우 현재가를 불러오는 타이머의 시간 간격을 적절히 늘려 조절하시면 됩니다. 저자는 2개의 종목코드를 입력했을 때 17초로 타이머를 설정할 경우 조회횟수 제한 에러가 나타나지 않는 것을 확인하여 timer를 17초 이상의 간격에서 동작하도록 변경했습니다. 해당 시간 간격은 절대적인 것이 아니며, 애플리케이션에 입력하는 종목 코드의 개수와 Open API+ 서버의 상황에 따라 변동될 수 있으므로 적절한 값을 찾으시기 바랍니다. 챗GPT를 통하여 timer의 시간 간격을 조절하는 방법은 앞서 다룬 바 있으므로, 여기서는 챗GPT를 통하지 않고 바로 파이썬 스크립트를 수정하는 방식으로 시간 간격을 17초로 수정하겠습니다. 스크립트의 strat_trading 메서드에서 self.trading_timer.start의 인자를 1000에서 1000 * 17로 변경하면 됩니다.

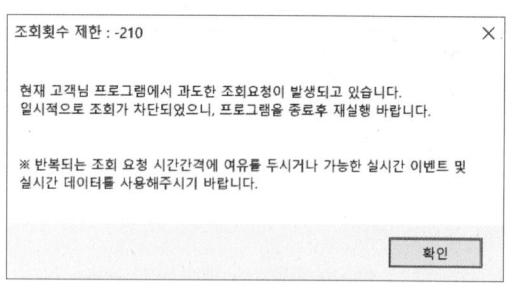

▲ 그림 38 키움증권 Open API 사용 시 발생할 수 있는 조회횟수 제한 에러

다시 수정된 스크립트를 실행하고 동일한 값을 입력한 후 시작버튼을 눌러 애플리케이션을 테스트해보도록 하겠습니다. 저자는 주식 시장 개장 시간인 오전 9시 직후 시작버튼을 눌렀는데, 두 가지 오류를 확인할 수 있었습니다. 첫 번째로 사용자가 입력한 종목코드의 현재가가 음수 값으로 표시되는 경우, 두 번째로 애플리케이션 실행 중 오후 3시가 되면 AttributeError: 'Kiwoom' object has no attribute 'GetHoldings'라는 에러메시지와 함께 애플리케이션이 종료되는 문제를 확인했습니다. 우선 Open API+로 조회한 현재가는 해당 종목의 가격 등락에 따라 현재가 앞에 부호를 표시하는데, 가격이 하락했을 때 음수로 나타납니다. 제작하려는 애플리케이션에서는 현재가 확인 시 가격의 등락까지 고려할 필요가 없으며, 현재가가 음수로 표시될 경우 변동성 돌파 전략 구현을 위해 매수목표가격과 현재가를 비교하는 과정에서 의도한대

로 애플리케이션이 동작하지 않을 우려가 있습니다. 따라서 현재가가 항상 양수의 값을 가지도록 코드를 수정하기 위하여 아래처럼 프롬프트를 작성합니다. 기존 챗에서 프롬프트를 이어 나가도 무방하지만, 이번에는 아래처럼 좌상단의 새로운 채팅 버튼을 클릭하여 새로운 챗에서 프롬프트를 작성하겠습니다.

아래 파이썬 코드는 변동성 돌파 전략을 기반으로 주식 자동매매를 하기 위한 스크립트야. 17초 간격으로 pykiwoom 모듈을 통해 현재가를 조회하고 로그 형식으로 출력하는 부분에서 현재가가 음수 값을 가지는 경우가 있어. 현재가가 음수 값을 가질 경우 변동성 돌파 전략을 실행하는 데 의도하지 않은 오류가 있을 수 있으므로 현재가를 항상 양수 값을 가지도록 코드를 수정해 줘.
[코드 생략, system 구축5 – 자동매매 로직 구현.py의 내용을 이 곳에 전달합니다.]

코드의 현재가 조회 부분에서 현재가가 음수로 나타날 경우 양수로 변환해 주기 위해서 현재가를 조회한 후에 현재가가 음수일 경우 그 절대값을 사용하도록 수정하겠습니다. 이를 위해 abs() 함수를 사용하여 현재가의 절대값을 얻어내는 방법을 적용할 수 있습니다. 아래 코드에서 trade_stocks 메서드 내 현재가 조회 부분에 이 변경사항을 적용해 보겠습니다.

```python
def trade_stocks(self):
    codes = self.code_list.text().split(',')  # 종목 코드 분리
    k_value = float(self.k_value.text())  # K 값 입력 받기

    today = datetime.date.today()
    yesterday = today - datetime.timedelta(days=1)

    # 가장 최근의 거래일 얻기
    last_trading_day = stock.get_nearest_business_day_in_a_week(date=yesterday.strftime('%Y%m%d'))

    for code in codes:
        if code.strip():  # 종목 코드가 비어 있지 않은 경우에만 처리
            # 현재가 조회 및 로그 출력
            current_price = int(self.kiwoom.block_request("opt10001",
                                                         종목코드=code.strip(),
                                                         output="주식기본정보",
                                                         next=0)['현재가'][0].replace(",", ""))
            # 현재가가 음수인 경우 절대값으로 변환 ❶
            current_price = abs(current_price)

            now = datetime.datetime.now().strftime('%H:%M:%S')
            name = self.kiwoom.block_request("opt10001",
                                             종목코드=code.strip(),
                                             output="주식기본정보",
```

```
                                                          next=0)['종목명'][0]
            self.textboard.append(f"[{now}] [{code.strip()}] [{name}] [현재가: {cur-
rent_price}]")

            # 변동성 돌파 전략 계산 및 매수 조건 확인
            yesterday_data = stock.get_market_ohlcv_by_date(last_trading_day, last_
trading_day, code.strip())
            if not yesterday_data.empty:
                high = yesterday_data['고가'][0]
                low = yesterday_data['저가'][0]
                close = yesterday_data['종가'][0]
                target_price = close + (high - low) * k_value

                print(f'{code} target price: {target_price}')

                if current_price > target_price:   # 변동성 돌파 전략에 따라 매수
                    self.buy_stock(code.strip(), current_price, 1)
```

이 변경을 통해 현재가가 음수인 경우에도 양수로 처리되어 변동성 돌파 전략이 의도한 대로 실행될 수 있도록 하였습니다.

★ 코드 설명 (system 구축6 – 자동매매 로직 구현.py)

코드의 수정 결과 ❶부분이 추가되었습니다. 수치형 데이터에 절대값을 적용하는 함수인 abs에 현재가 변수 current_price를 전달하여 음수를 양수로 변환합니다.

    챗GPT가 수정해 준 trade_stocks 함수를 기존 스크립트에 반영한 후, 다음 에러를 수정해 보도록 하겠습니다. 두 번째 에러는 챗GPT가 생성해 준 코드의 sell_all_stocks 함수 내 GetHoldings 때문입니다. 앞서 챗GPT를 통해 파이썬 코드 생성을 요청할 때 오후 3시에 보유 중인 모든 주식을 매도하게끔 알고리즘 설계를 요청하였습니다. 챗GPT는 sell_all_stocks 함수를 통하여 계좌 내 모든 보유 주식을 pykiwoom 모듈을 통해 가져오고 각 주식별로 매도주문을 넣어 모든 주식을 현재가로 매도하는 코드를 생성해 주었지만, 보유 주식을 조회하는 부분에서 에러가 발생한 것입니다. 보유 주식을 조회하기 위하여 GetHoldings를 호출하였지만 pykiwoom은 GetHoldings를 가지지 않기 때문에 해당 에러가 발생하였고, 이 부분을 수정해 보도록 하겠습니다.

    앞서 챗GPT를 통해 예수금을 조회하는 코드를 생성한 것을 기억하실 겁니다. 당시 예수금을 조회하기 위하여 pykiwoom 모듈의 block_request 메서드를 이용하였는데, 에러를 발생시키

는 GetHoldings 메서드 대신 block_request를 사용하여 문제를 해결해 달라고 프롬프트를 작성해 보는 것이 좋을 것 같습니다. 아래 프롬프트는 "위 코드를 실행하니~"로 시작하는데, 만약 챗GPT를 통해 코드를 생성했던 기존 이력이 지워진 경우나 신규 챗을 사용하고자 하는 경우 아래 프롬프트를 수정하여 "아래 코드를 실행하니~"로 변경하고, 기존 스크립트를 프롬프트에 붙여 넣어 전달해 주시면 됩니다.

 위 코드를 실행하니 아래와 같은 오류가 발생했는데, getholdings가 아니라 block_request를 사용하는 방식으로 해당 오류를 해결하는 코드를 생성해 줘
AttributeError: 'Kiwoom' object has no attribute 'GetHoldings'

 GetHoldings 메서드가 PyKiwoom 라이브러리에 존재하지 않는다면, 보유 주식 목록을 조회하기 위해 block_request 메서드를 사용할 수 있습니다. 키움증권 OpenAPI의 "계좌평가잔고내역요청"(OPW00004)을 사용하여 사용자가 보유한 주식의 목록과 각 주식의 보유 수량을 조회할 수 있습니다.

sell_all_stocks 함수를 block_request를 사용하여 수정한 예제 코드는 다음과 같습니다:

```python
def sell_all_stocks(self):
    account_number = self.kiwoom.GetLoginInfo("ACCNO")[0].split(';')[0]  # 첫 번째 계좌 사용
    password = ""  # 비밀번호는 빈 문자열로 설정 (실제 사용 시 필요에 따라 수정)

    # 계좌평가잔고내역요청 ❶
    result = self.kiwoom.block_request("opw00004",
                                        계좌번호=account_number,
                                        비밀번호=password,
                                        비밀번호입력매체구분="00",
                                        조회구분=2,
                                        output="계좌평가현황",
                                        next=0)

    # 보유 종목별로 매도 주문 ❷
    for i in range(len(result['종목번호'])):
        code = result['종목번호'][i].strip()[1:]  # 종목코드 앞의 'A' 제거
        quantity = int(result['보유수량'][i])
        if quantity > 0:
            # 현재가 조회
            current_price_info = self.kiwoom.block_request("opt10001", 종목코드=code, output="주식기본정보", next=0)
            current_price = current_price_info['현재가'][0].replace(",", "")

            # 매도 주문
            self.kiwoom.SendOrder("SendOrderSell", "0101", account_number, 2, code, quantity, current_price, "00", "")
            self.buysell_log.append(f"[매도 주문] [{code}] [가격: {current_price}] [수량: {quantity}]")
```

이 코드는 사용자가 보유한 모든 주식을 현재 시장 가격으로 매도합니다. block_request를 사용하여 "계좌평가잔고내역요청"을 호출하고, 반환된 결과에서 종목 번호와 보유 수량을 추출하여 각 주식을 매도합니다.

매도 주문을 전송할 때, SendOrder 함수의 매개변수로 주문 종류, 계좌 번호, 종목 코드, 매도할 수량, 매도 가격, 주문 유형 등을 지정합니다. 여기서 SendOrder 함수의 '화면번호'와 '주문번호'는 예제를 단순화하기 위해 하드코딩되었으나, 실제 애플리케이션에서는 적절히 관리해야 합니다.

실제 매도 주문을 전송하기 전에 테스트 환경 또는 모의투자 계좌에서 코드를 충분히 테스트하고, 키움증권 OpenAPI의 사용 조건과 제약사항을 숙지하는 것이 중요합니다.

★ 코드 설명 (system 구축7 – 자동매매 로직 구현.py)

챗GPT가 15시에 모든 주식을 매도하기 위하여 스크립트의 sell_all_stocks 함수 내 보유 종목 및 수량을 확인하기 위한 부분을 block_request 메서드로 변경하였습니다.

❶에서 block_request에 전달된 인자들을 살펴보도록 하겠습니다. 첫 번째 인자로 opw00004 TR이 전달되었는데, 해당 TR code를 KOA studio를 통해 살펴보도록 하겠습니다. 아래 그림 39과 같이 opw00004는 계좌평가현황을 요청하며, output 인자로 전달된 "계좌평가현황"을 아래 그림에서 살펴보면 종목코드에 대한 정보는 존재하지 않는 것으로 보입니다.

하지만 ❷에서는 block_request로 반환받은 output에서 "종목번호"를 인덱싱하고 있는데, 이로 인하여 KeyError가 발생할 것으로 예상됩니다. 의도한 알고리즘과 같이 보유한 종목들의 종목코드를 불러올 수 있도록 수정하려면 ❶의 block_request 인자에 전달하는 TR code를 opw00004대신 계좌에 보유한 주식의 종목코드와 보유수량을 조회할 수 있는 적절한 TR code로 변경하여야 합니다.

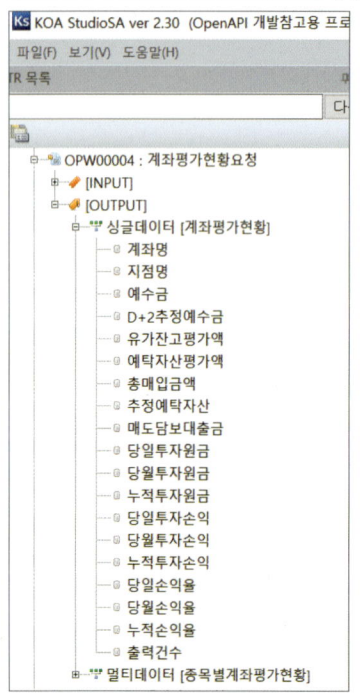

▲ 그림 39 KOA studio를 통해 살펴본 OPW00004 TR 정보

위 프롬프트를 전달한 결과 챗GPT는 문제의 GetHoldings를 block_request로 수정하였습니다. 이 때 인자로 전달되는 TR인 opw00004과 그 output인 "계좌평가현황"의 결과로는 보유한 종목의 종목코드를 가져올 수 없습니다. 그 이유는 반환 데이터인 "계좌평가현황"이 "종목코드"라는 데이터를 가지고 있지 않기 때문입니다 (자세한 내용은 앞의 ★코드 설명을 참고하시기 바랍니다). 이러한 이유로 sell_all_stocks 함수를 그대로 수정해서 스크립트를 실행해 보면 15시가 되어 모든 보유 주식을 매도하는 sell_all_stocks 함수가 호출되었을 때 KeyError: '종목번호'라는 에러메시지가 나타나게 됩니다. 챗GPT가 주식 잔고를 가져오고 매도하는 부분에서 계속하여 잘못된 코드를 생성하는데, 이는 키움증권 Open API가 한국에서만 주로 사용되고 모델의 학습에 필요한 데이터가 부족하여 제대로 학습을 하지 못한 것이 원인인 것으로 추정됩니다. 아래 프롬프트처럼 에러 메시지와 함께 해당 부분을 수정해 달라고 챗GPT에 요청하도록 하겠습니다.

위 전체 코드를 실행했을 때 아래와 같은 에러가 발생했어. 이를 해결할 수 있게끔 코드를 수정해줘
KeyError: '종목번호'

보유 종목번호와 보유수량을 확인하는 데 opw00004 TR이 아닌 다른 TR을 사용해야 하는 상황이군요. 대신 opw00018 TR을 사용하여 계좌평가잔고내역을 조회하는 것으로 코드를 수정할 수 있습니다. opw00018 TR은 계좌에 대한 평가 정보와 함께 보유 종목의 목록과 각 종목의 보유 수량을 포함한 상세 정보를 제공합니다.

아래는 sell_all_stocks 함수를 opw00018 TR을 사용하여 수정한 코드입니다. 이 코드는 보유 종목번호와 보유 수량을 정확히 가져와서 보유한 모든 종목을 매도할 수 있게 합니다.

```python
def sell_all_stocks(self):
    account_number = self.kiwoom.GetLoginInfo("ACCNO")[0].split(';')[0]  # 첫 번째 계좌 사용
    password = ""  # 비밀번호는 빈 문자열로 설정 (실제 사용 시 필요에 따라 수정)

    # 계좌평가잔고내역요청 변경 ❶
    result = self.kiwoom.block_request("opw00018",
                                        계좌번호=account_number,
                                        비밀번호=password,
                                        비밀번호입력매체구분="00",
                                        조회구분=2,
                                        output="계좌평가잔고개별합산",
                                        next=0)
```

```
# 보유 종목별로 매도 주문 변경
if '종목번호' in result:  # KeyError 방지 ❷
    for i in range(len(result['종목번호'])):
        code = result['종목번호'][i].strip()[1:]  # 종목코드 앞의 'A' 제거
        quantity = int(result['보유수량'][i])
        if quantity > 0:
            # 매도 주문 ❸
            self.kiwoom.SendOrder("SendOrderSell", "0101", account_number, 2, code, quantity, 0, "03", "")
            self.buysell_log.append(f"[매도 주문] [{code}] [시장가] [수량: {quantity}]")
```

이 코드는 다음과 같은 변경사항을 포함합니다:

1. opw00018 TR을 사용하여 계좌평가잔고내역을 요청합니다.
2. 계좌평가잔고개별합산을 output으로 지정하여 개별 종목의 평가 및 잔고 정보를 가져옵니다.
3. 매도 주문 시 지정가 주문(trade_type="00") 대신 시장가 주문(trade_type="03")을 사용하여 현재 시장 가격으로 즉시 매도되도록 합니다.
4. 종목번호 키의 존재를 확인하여 KeyError를 방지합니다.

위 코드는 기존의 opw00004 TR 대신 opw00018 TR을 사용하여 보유 종목번호와 수량을 정확히 가져올 수 있게 수정한 것입니다. 매도 주문에서 current_price를 0으로 설정하고, trade_type을 "03"로 설정하여 시장가로 매도하도록 변경했습니다. 이는 매도 주문이 가능한 한 빨리 체결되도록 하는 전략입니다.

★ 코드 설명 (system 구축8 – 자동매매 로직 구현.py)

위 코드는 크게 3 가지의 변경점이 있습니다.

❶의 block_request 메서드에 전달되는 TR code 인자가 opw000004에서 opw00018로 변경되었습니다. opw00018은 output으로 "계좌평가잔고개별합산"을 요청할 경우 아래 그림 40과 같이 종목번호, 보유수량, 평가금액 등의 데이터를 반환합니다. 또한 계좌평가잔고개별합산 output은 멀티데이터로 pandas 라이브러리의 dataframe 형식으로 결과값을 받아올 수 있습니다. sell_all_stocks 함수는 15시가 되면 호출되어 계좌에 보유중인 모든 종목(종목코드)과 종목별 보유수량을 확인하여 보유중인 모든 주식을 매도하는 역할을 하는데, opw00018 TR은 반환값으로 보유 종목별 종목번호와 보유수량 등을 가지므로 sell_all_stocks 함수의 알고리즘을 구현하기에 적절하다고 할 수 있습니다.

❷에서는 block_request를 통해 반환받은 데이터에 "종목번호"가 존재하는지 if 조건문을 통해 확인합니다. 프롬프트에 종목번호에 따른 KeyError가 발생하였다고 명시하여서 그런지 해당 KeyError가 재발하지 않도록 하는 if문이 추가된 것으로 보입니다.

❸에서는 SendOrder 메서드를 이용하여 매도주문을 전달합니다. SendOrder 메서드의 인자에 대해서는 이전에 설명한 바 있습니다. 이전 코드에서는 현재가를 받아와 현재가 기준으로 매도주문을 전달하였으나, 이번 코드에서는 trade_type 인자를 "00"에서 "03"으로 변경함으로써 시장가를 기준으로 매도주문을 전달하는 것으로 코드가 변경되었습니다. 현재가 대신 시장가로 매도하면 주문 체결이 보다 빠르게 될 수는 있으나, 사용자가 의도하지 않은 가격에 매도될 수 있으므로 주의할 필요가 있습니다. 여기서는 현재가와 시장가를 구분하여 매도주문을 전달하는 것이 중요한 사항이 아니므로 이 부분을 그대로 두도록 하겠습니다.

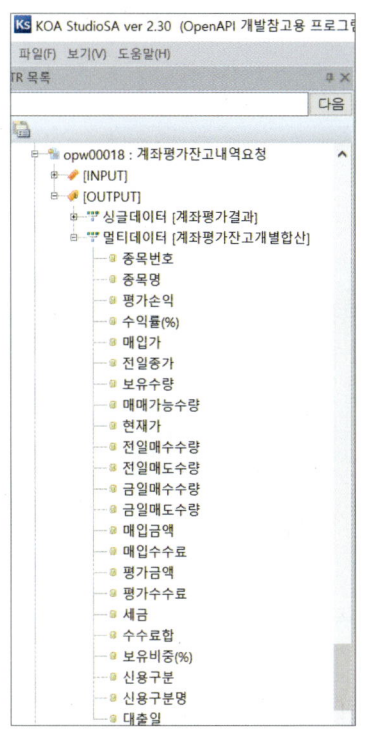
▲ 그림 40 KOA studio에서 확인한 opw00018 TR

이전 스크립트의 실행 시 보유 주식을 모두 매도하는 과정에서 발생한 KeyError를 수정하기 위하여 opw00004 TR 대신 opw00018 TR을 사용하도록 코드가 변경되었습니다. opw00018 TR의 결과로 "계좌평가잔고개별합산"을 요청하면 종목번호와 보유수량을 확인할 수 있어 해당 데이터를 기반으로 보유한 모든 주식을 전량 매도하게끔 코드를 구성할 수 있습니다. 자세한 변경사항은 앞의 ★코드 설명을 참고하시기 바랍니다.

해당 스크립트를 VS code로 옮겨와 실행해 보도록 하겠습니다. 앞서 했던 것과 동일하게 종목코드에 005930,005380를 (삼성전자와 현대차) 입력하고, K값으로는 0.01을 입력했습니다. K값으로 매우 작은 값을 입력하면 보다 낮은 가격에 매수가 이루어지도록 유도하여 매수와 관련된 함수 및 코드의 정상 동작 여부 테스트가 용이합니다. 값들을 입력한 후 시작버튼을 누르면 아래 그림 41와 같이 주기적으로 현재가가 조회되며 로그 형식으로 정상적으로 표시되는 것을 확인할 수 있습니다. (아래 그림 41의 예시에서는 조회 횟수 제한과 관련하여 현재가 조회 간격을 일시적으로 20초로 설정했습니다. 앞서 말씀드린 것과 같이 입력한 종목코드의 개수와 Open API+ 서버의 상황에 따라 조회 횟수 제한 상황이 유동적일 수 있어 직접 현재가를 조회하는 적절한 시간 간격을 찾아야 할 필요가 있습니다.) 시작 버튼을 누른 후 머지않아 현재가가 매수 목표 가격을 넘었고, 매수 주문이 실행되어 GUI 화면 오른쪽의 매매현황 로그창에 005380 (현대차) 종목의 매수주문이 들어간 것을 확인했습니다.

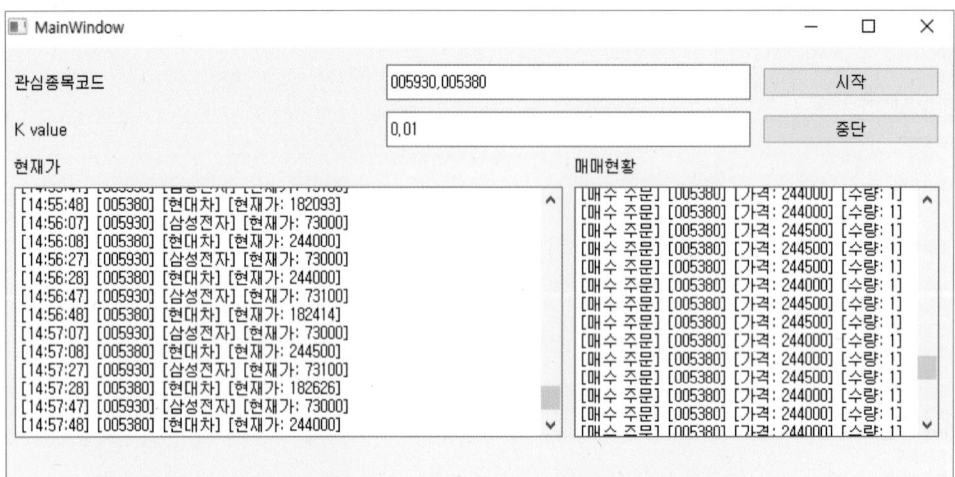

▲ 그림 41 system 구축8 – 자동매매 로직 구현.py 소스코드 자동매매 애플리케이션 테스트 화면

여기서 한 가지 확인해야 할 부분이 있습니다. 지금까지 챗GPT를 통해 구현한 알고리즘은 각 종목의 현재가가 변동성 돌파 전략을 기반으로 설정한 매수 목표 가격을 넘으면 정해진 수량만큼 (여기서는 1주) 매수를 진행합니다. 현재가가 매수 목표 가격보다 높다면 계속해서 매수 주문을 내리게 되는데, 사용자가 의도한 것 보다 초과된 수량을 매수할 수 있어 자칫 위험할 수 있습니다. 따라서, 매수와 관련된 함수에 추가 제약을 걸어서 사용자가 의도한 만큼만 주문이 이루어질 수 있도록 설정해 보도록 하겠습니다. 여기서는 종목별로 하루에 최대 한 번만 매수주문을 내리도록 설정하고자 합니다.

 지금까지의 수정사항들을 반영하여 작성된 스크립트는 아래와 같아. 이 코드는 주식의 현재가가 변동성 돌파 전략을 기반으로 구한 매수 목표 가격보다 높은 상황에서 계속해서 주식을 매수하게 되는데, 이를 수정하여 종목별로 매수 주문은 하루에 최대 1번씩만 내리게 코드를 수정해 줘. [코드 생략, system 구축8 – 자동매매 로직 구현.py의 내용을 이 곳에 전달합니다.]

 종목별로 매수 주문을 하루에 최대 1번만 내리도록 하기 위해서는 매수한 종목을 추적하는 로직을 추가해야 합니다. 이를 위해 다음과 같은 방법을 사용할 수 있습니다:

1. 매수한 종목을 저장하는 자료구조 추가: 매수한 종목의 코드와 매수 일자를 저장할 수 있는 자료구조(예 딕셔너리)를 클래스의 속성으로 추가합니다.
2. 매수 전에 해당 종목이 이미 매수되었는지 확인: 매수하려는 종목이 이미 매수한 종목 목록에 있는지, 그리고 매수한 날짜가 오늘 날짜와 동일한지 확인합니다. 만약 동일한 날짜에 이미 매수한 기록이 있다면 매수 주문을 내리지 않습니다.

3. 매수 후에 매수한 종목 기록 업데이트: 종목을 매수한 후에는 해당 종목과 매수 날짜를 기록에 추가합니다.

아래는 위의 로직을 반영하여 수정한 MyWindow 클래스의 일부입니다:

```python
class MyWindow(QMainWindow, form_class):
    def __init__(self):
        super().__init__()
        self.setupUi(self)

        # 기타 초기화 코드...

        # 매수한 종목 추적을 위한 딕셔너리 추가 ❶
        self.bought_stocks = {}

    def trade_stocks(self):
        codes = self.code_list.text().split(',')
        k_value = float(self.k_value.text())

        today = datetime.date.today().strftime('%Y-%m-%d')   # 오늘 날짜 문자열로 변경

        # 가장 최근의 거래일 얻기
            last_trading_day = stock.get_nearest_business_day_in_a_week(date=(datetime.date.today() - datetime.timedelta(days=1)).strftime('%Y%m%d'))

        for code in codes:
            # 매수한 종목이 아니거나, 오늘 매수하지 않았으면 ❷
            if code.strip() and code.strip() not in self.bought_stocks or self.bought_stocks.get(code.strip()) != today:
                # 현재가 조회 및 로그 출력, 변동성 돌파 전략 계산 코드...

                if current_price > target_price:  # 변동성 돌파 전략에 따라 매수
                    self.buy_stock(code.strip(), current_price, 1)
                    # 매수 후 매수한 송복 기록에 추가 ❸
                    self.bought_stocks[code.strip()] = today

    # 기타 메소드...
```

이 코드는 self.bought_stocks 딕셔너리를 사용하여 매수한 종목과 매수 날짜를 추적합니다. trade_stocks 메소드에서는 매수하려는 종목이 이미 self.bought_stocks에 기록되어 있는지, 그리고 기록된 날짜가 오늘인지 확인하여, 같은 날짜에 여러 번 매수하지 않도록 합니다.

마켓이 열리는 날 마다 자동매매 시스템을 재시작한다면, 이 방법이 효과적으로 작동할 것입니다. 하지만 시스템이 며칠 동안 계속 실행되는 경우, 매일 초기화하는 로직을 추가로 구현해야 할 수도 있습니다. 예를 들어, 시장이 열리기 전에 self.bought_stocks를 초기화하는 방법이 있습니다.

> ★ 코드 설명 (system 구축9 – 자동매매 로직 구현.py)
>
> 코드의 수정 결과 ❶부터 ❸까지 추가 및 수정되었습니다.
>
> ❶은 MyWindow 클래스의 생성자 내부에 추가된 딕셔너리로, 종목별로 매수주문을 내릴 때 마다 키로 종목코드를, 오늘 날짜를 값으로 추가하게 됩니다.
>
> ❷의 if 조건문은 기존에 code.strip()이 공백이 아닌 경우 (종목코드가 빈 값이 아닌 경우) if문을 실행하였으나, 이번 수정을 통하여 if문을 실행시키는 조건이 추가되어 종목코드가 빈 문자열이 아니면서 ❶에서 생성한 bought_stock 딕셔너리에 확인하려는 종목코드 키 값이 없는 경우 (저장되지 않은 경우), 혹은 딕셔너리의 키값에 종목코드가 존재하더라도 해당 키의 값이 오늘 날짜가 아닐 때 if문을 실행시킵니다. if문이 실행되면 기존에 설명한 코드와 동일하게 종목별 현재가와 종목명을 불러와 로그로 출력하고 변동성 돌파 전략을 기반으로 종목별 현재가가 매수 목표 가격과 비교합니다. 만약 현재가가 매수 목표 가격보다 높은 경우 매수주문을 하고, 이번에 추가된 ❸에 의하여 ❶에서 생성한 딕셔너리에 매수주문을 넣은 종목의 종목코드를 키로, 오늘 날짜를 값으로 하여 저장합니다.

위 프롬프트에서 종목별로 하루에 최대 한 번만 매수주문을 내리도록 코드를 수정하였습니다. bought_stocks라는 파이썬 딕셔너리 자료형을 추가하여 매수 주문을 할 때마다 주문한 종목 번호와 날짜를 딕셔너리에 저장하게 되는데, 매 종목 코드의 현재가를 불러올 때 마다 해당 딕셔너리에 조회하고자 하는 종목을 확인하여 오늘 매수하지 않은 경우에 현재가 조회 및 변동성 돌파 전략 기반 매수를 진행하게 됩니다.

만약 오늘 매수한 이력이 있을 경우 (딕셔너리에 종목코드가 존재하고 종목코드 키값에 대응하는 날짜가 오늘인 경우) 다음 종목으로 건너뜁니다. 이번 예시 코드에는 종목별로 한 번에 매수하는 수량을 1로 고정시켰기 때문에 종목별로 하루에 최대 1주씩 매수하는데, 필요에 따라서 매수 수량을 조정할 수 있습니다.

이제 수정된 스크립트를 VS code로 불러와서 실행해 보도록 하겠습니다. 앞에서와 동일하게 종목코드로 005930,005380를 입력하고 (삼성전자와 현대차) K값으로는 0.01을 입력한 후 시작버튼을 눌러보겠습니다. 그 결과 그림 42의 오른쪽과 같이 두 가지 종목에 대해 매수주문이 한 번씩만 수행된 것을 로그를 통하여 알 수 있으며, 해당 주식들은 15시에 sell_all_stocks 함수에 의하여 15시에 시장가로 모두 매도되었습니다.

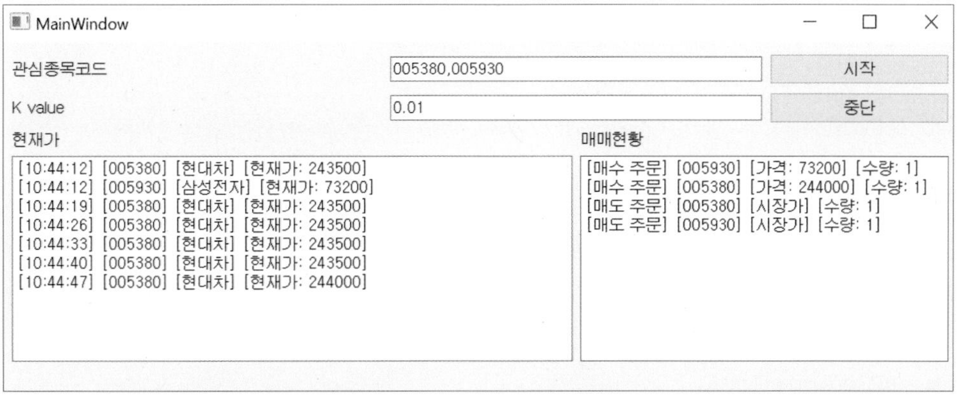

```
MainWindow                                              — □ ×
관심종목코드              005380,005930                    시작
K value                 0.01                            중단
현재가                                    매매현황
[10:44:12] [005380] [현대차] [현재가: 243500]    [매수 주문] [005930] [가격: 73200] [수량: 1]
[10:44:12] [005930] [삼성전자] [현재가: 73200]   [매수 주문] [005380] [가격: 244000] [수량: 1]
[10:44:19] [005380] [현대차] [현재가: 243500]    [매도 주문] [005380] [시장가] [수량: 1]
[10:44:26] [005380] [현대차] [현재가: 243500]    [매도 주문] [005930] [시장가] [수량: 1]
[10:44:33] [005380] [현대차] [현재가: 243500]
[10:44:40] [005380] [현대차] [현재가: 243500]
[10:44:47] [005380] [현대차] [현재가: 244000]
```

▲ 그림 42 각 종목별로 하루에 최대 한 번의 매수주문만 할 수 있도록 제약사항을 추가하여 자동 매매 애플리케이션을 테스트한 결과

    챗GPT를 통해 자동매매 애플리케이션을 제작하고 이를 테스트하는 과정에서 변동성 돌파 전략에 의한 매수를 보다 용이하게 발생시키기 위하여 앞서 설명한 바와 같이 K값을 매우 낮은 값으로 사용하고 있습니다. 실전에서는 시황이나 사용자의 판단에 따라 K값을 높게 설정할 때도 있는데, 이처럼 K값을 높게 설정하면 매수 목표 가격이 높게 설정되어 주식을 매수하지 못하는 경우도 있습니다. 기존에 보유하고 있던 주식 잔고도 없고 당일에 매수한 종목도 없다면, 15시에 모든 주식을 매도하는 알고리즘이 정상적으로 작동할까요? 이를 테스트하기 위하여 기존에 보유한 주식이 없는 상태에서 현재까지의 스크립트를 실행하고, K값을 임의로 높게 설정하여 매수 주문이 이루어지지 않도록 유도한 상태에서 특정 시간이 되어 (여기서는 15시) 매도 주문을 위한 함수 실행 시 애플리케이션이 어떻게 동작하는지 확인해 보았습니다. 그 결과 아래 그림처럼 ValueError 메시지와 함께 애플리케이션이 종료되었습니다. 에러 메시지를 좀 더 자세히 살펴보면, sell_all_stocks의 quantity = int(result['보유수량'][i])에 문제가 있다는 것을 확인할 수 있습니다 (그림 43). 해당 에러의 발생 사유는 아래 스크립트의 일부분과 ★코드 설명을 확인하시기 바랍니다.

```
Traceback (most recent call last):
  File "c:\Users                                    system 구축9 - 자동매매 로직 구현.py", line 45, in check_market_time
    self.sell_al
  File "c:\Users                                    system 구축9 - 자동매매 로직 구현.py", line 115, in sell_all_stocks
    quantity = int(result['보유수량'][i])
ValueError: invalid literal for int() with base 10: ''
```

▲ 그림 43 기존에 보유하거나 당일 신규 매수한 주식이 없는 상태에서 특정 시간에 (15시) 보유한 모든 주식의 매도 알고리즘이 실행될 경우 나타나는 에러 메시지

```python
class MyWindow(QMainWindow, form_class):
    def __init__(self):
        super().__init__()
        self.setupUi(self)

        # 기타 초기화 코드...

        # 매수한 종목 추적을 위한 딕셔너리 추가 ❶
        self.bought_stocks = {}

    def check_market_time(self):
        now = QTime.currentTime()
        if now.toString("HHmm") >= "1500":  # 15시가 되면 매도 ❷
            self.stop_trading()  # 모든 타이머 중지
            self.sell_all_stocks()

    # 기타 메소드...

    def sell_all_stocks(self):
        account_number = self.kiwoom.GetLoginInfo("ACCNO")[0].split(';')[0]  # 첫 번째 계좌 사용
        password = ""  # 비밀번호는 빈 문자열로 설정 (실제 사용 시 필요에 따라 수정)

        # 계좌평가잔고내역요청 ❸
        result = self.kiwoom.block_request("opw00018",
                                          계좌번호=account_number,
                                          비밀번호=password,
                                          비밀번호입력매체구분="00",
                                          조회구분=2,
                                          output="계좌평가잔고개별합산",
                                          next=0)

        # 보유 종목별로 매도 주문
        if '종목번호' in result:  # KeyError 방지
            for i in range(len(result['종목번호'])):
                code = result['종목번호'][i].strip()[1:]  # 종목코드 앞의 'A' 제거
                quantity = int(result['보유수량'][i])  # ❹
                if quantity > 0:
                    # 매도 주문
                    self.kiwoom.SendOrder("SendOrderSell", "0101", account_number, 2, code, quantity, 0, "03", "")
                    self.buysell_log.append(f"[매도 주문] [{code}] [시장가] [수량: {quantity}]")
```

> **★ 코드 설명**
>
> 위 에러 메시지는 ❹의 수행 과정에서 발생합니다. 만약 보유 주식이 없는 경우 ❸의 계좌평가잔고 결과 반환값에서 종목번호, 보유수량 등의 항목이 모두 빈 문자열이 됩니다. 이 때 보유수량에 대한 값을 int 함수를 통해 정수형 데이터로 변환하는 과정에서 빈 문자열 ''를 int 함수에 넣었기 때문에 위처럼 ValueError가 발생하게 됩니다.

해당 에러를 해결하기 위해서 여러 가지 방법을 생각해 볼 수 있습니다. 매도 주문을 하기 위하여 보유 주식을 불러오는 과정에서 반환 값이 빈 문자열인 경우 이후 코드를 실행하지 않는 방법, 당일 매수 주문을 하지 않았다면 매도 주문을 실행하는 함수를 실행하지 않는 방법 등을 떠올릴 수 있는데, 직접 코드를 수정하기 보다는 지금까지 해왔던 것처럼 챗GPT를 통하여 아래처럼 프롬프트를 작성하여 답변을 확인해 보도록 하겠습니다. 아래처럼 보유한 종목이 없을 때 나타나는 ValueError를 명시하여 코드를 수정해 달라고 요청하도록 하겠습니다.

위 코드에서 보유한 종목이 없을 때 sell_all_stocks 함수에서 아래와 같은 에러 메시지가 확인되고 있어. 해당 에러가 발생하지 않도록 코드를 수정해 줘.

quantity = int(result['보유수량'][i])
ValueError: invalid literal for int() with base 10: ''

sell_all_stocks 함수에서 발생하는 ValueError: invalid literal for int() with base 10: '' 오류는 result['보유수량'][i]의 값이 빈 문자열('')인 경우 정수로 변환하려고 시도할 때 발생합니다. 이 문제를 해결하기 위해, 보유 수량을 가져올 때 빈 문자열을 확인하고, 해당 경우에는 보유 수량을 0으로 처리하도록 코드를 수정해야 합니다.

또한, 매도 주문을 내리기 전에 result['종목번호'] 리스트에 실제로 종목이 있는지, 그리고 해당 종목의 보유 수량이 0보다 큰지를 확인해야 합니다.

아래는 수정된 sell_all_stocks 함수의 코드입니다:

```python
def sell_all_stocks(self):
    account_number = self.kiwoom.GetLoginInfo("ACCNO")[0].split(';')[0]  # 첫 번째 계좌 사용
    password = ""  # 비밀번호는 빈 문자열로 설정 (실제 사용 시 필요에 따라 수정)
    
    result = self.kiwoom.block_request("opw00018",
                                       계좌번호=account_number,
                                       비밀번호=password,
                                       비밀번호입력매체구분="00",
                                       조회구분=2,
                                       output="계좌평가잔고개별합산",
                                       next=0)
    
    if '종목번호' in result and len(result['종목번호']) > 0:  # KeyError 방지 및 결과 데이터가 비어 있지 않은지 확인 ❶
        for i in range(len(result['종목번호'])):
            code = result['종목번호'][i].strip()[1:]  # 종목코드 앞의 'A' 제거
            quantity_str = result['보유수량'][i].strip()
```

```
                    quantity_str = result['보유수량'][i].strip()
                    quantity = int(quantity_str) if quantity_str.isdigit() else 0  # 보유수량
이 빈 문자열인 경우 0으로 처리 ❷

                    if quantity > 0:  # 보유 수량이 0보다 클 때만 매도 주문 ❸
                        self.kiwoom.SendOrder("SendOrderSell", "0101", account_number, 2,
code, quantity, 0, "03", "")
                        self.buysell_log.append(f"[매도 주문] [{code}] [시장가] [수량: {quan-
tity}]")
                else:  # ❹
                    print("보유한 주식이 없습니다.")
```

이 코드는 다음을 수행합니다:

result['보유수량'][i]이 빈 문자열일 경우 quantity를 0으로 설정합니다. 이렇게 하여 빈 문자열을 정수로 변환하려고 할 때 발생하는 오류를 방지합니다.

보유한 종목이 실제로 있고, 보유 수량이 0보다 클 때만 매도 주문을 내립니다.

else 절을 추가하여 result['종목번호']에 종목이 없거나 결과 데이터가 비어 있을 경우 "보유한 주식이 없습니다." 메시지를 출력합니다. 이는 보유한 종목이 없을 때의 상황을 더 명확하게 처리합니다.

이러한 수정을 통해 sell_all_stocks 함수의 안정성을 향상시키고, 보유 종목이 없거나 보유 수량 데이터가 부적절한 경우에 발생할 수 있는 문제를 방지할 수 있습니다.

> ★ 코드 설명
>
> 위 코드는 두 가지 사항이 수정되었습니다.
> ❶의 if문에 result['종목번호']의 길이가 0보다 클 때 참을 반환하는 조건식이 추가되었습니다. 엄밀히 말하면 여기서 추가된 조건식은 챗GPT의 설명대로 해당 종목이 실제로 있는지, 보유 수량이 0 이상인지를 구별해 내지 못합니다. 실제로 아무런 주식 잔고가 없는 상황에서도 block_request의 반환값은 각 컬럼의 값이 빈 문자열이면서 길이가 1개인 데이터프레임이기 때문에 잔고가 없더라도 해당 결과값 (len(result['종목번호']))이 1로 0보다 크기 때문입니다. 하지만 우리가 수정하고자 하였던 ValueError는 ❷ 부분이 수정되면서 해결되기 때문에 ❶은 추가 수정 없이 그대로 두도록 하겠습니다.
> ❷에서는 if문과 문자열 메서드 중 하나인 isdigit을 이용하여 보유 수량이 숫자로만 이루어져 있다면 int 함수를 이용하여 문자열 데이터를 정수형 데이터로 변환하고, 만약 빈 문자열이나 숫자 이외의 다른 문자가 포함되어 isdigit 메서드가 False가 된다면 0을 quantity 변수에 할당합니다. 이를 통해 앞서 주식 잔고가 없어 빈 문자열을 가지는 경우에도 quantity 값이 0으로 치환되기 때문에 이전의 ValueError가 발생하지 않습니다. 보유한 주식이 없어 quantity 값이 0이 되면 ❸ if 조건문이 실행되지 않아 매도 주문이 이루어지지 않으며, 대신 else문이 실행되어 보유한 주식이 없다는 메시지를 출력하게 됩니다.

위 수정사항을 코드에 반영하여 전체 스크립트를 VS code로 가져와 테스트해보았습니다. 주식 잔고가 없는 상황에서 15시가 되어 sell_all_stocks 함수가 실행되어도 앞서 주식 잔고가 없을 때 나타난 ValueError가 더 이상 나타나지 않는 것을 확인하였습니다.

여기서 한 가지 염두에 두어야 할 것은 당일에 매수를 진행하지 않았지만, 특정 사유에 의하여 기존에 보유하고 있던 주식이 있는 경우 sell_all_stocks 함수에 의하여 기존에 보유하던 주식이 모두 매도된다는 점입니다. 이 부분은 직전 거래일에 미처 매도하지 못한 주식이 있을 경우 당 거래일에 모두 매도하기 위함입니다. 만약의 경우를 대비하여 해당 애플리케이션을 테스트할 때는 기존 보유중인 주식이 없는 계좌에서 테스트하시기 바랍니다.

위 코드 ❹의 else 구문은 가지고 있는 종목들의 종목코드와 수량 등의 데이터가 잘못되었을 경우 ("종목번호" 컬럼이 데이터에 없거나 그 데이터의 길이가 0일 경우) 실행됩니다. 이 경우 print 함수를 통해 "보유한 주식이 없습니다." 라는 메시지를 출력하는데, 엄밀히 말하면 보유한 주식이 없는 것이 아니라 가져온 데이터가 잘못된 경우에 더 알맞습니다. 보유한 주식이 없는 경우는 오히려 ❸ if quantity >0: 구문의 조건식이 거짓인 경우에 더 알맞으므로 ❸ if 조건문과 묶이는 else 구문을 추가하여 "[매도 주문 실패] 보유한 주식이 없습니다."라는 메시지가 출력되게끔 코드를 수정하고, ❹의 print 함수 인자는 "매도 위해 가져온 종목 데이터 오류"로 수정하겠습니다. 또한, print 함수 대신 GUI 윈도우의 buysell_log에 로그 형식으로 출력되게끔 buysell_log에 append 메서드를 이용합니다. 이번 수정사항은 어려운 부분이 아니니 챗GPT를 거치지 않고 아래처럼 직접 수정하였습니다.

```python
if '종목번호' in result and len(result['종목번호']) > 0:  # KeyError 방지 및 결과 데이터가 비어 있지 않은지 확인
    for i in range(len(result['종목번호'])):
        code = result['종목번호'][i].strip()[1:]  # 종목코드 앞의 'A' 제거
        quantity_str = result['보유수량'][i].strip()
        quantity = int(quantity_str) if quantity_str.isdigit() else 0  # 보유수량이 빈 문자열인 경우 0으로 처리

        if quantity > 0:  # 보유 수량이 0보다 클 때만 매도 주문
            self.kiwoom.SendOrder("SendOrderSell", "0101", account_number, 2, code, quantity, 0, "03", "")
            self.buysell_log.append(f"[매도 주문] [{code}] [시장가] [수량: {quantity}]")
        else:
            self.buysell_log.append("[매도 주문 실패] 보유한 주식이 없습니다.")
else:
    self.buysell_log.append("매도 위해 가져온 종목 데이터 오류")
```

지금까지 챗GPT를 통해 변동성 돌파 전략을 기반으로 한 자동매매 애플리케이션을 구현해 보았습니다. 큰 틀을 프롬프트로 구성하여 챗GPT에 전달하였고, 이후 여러 가지 수정사항을 거쳐서 완성된 마지막 버전의 전체 스크립트는 아래와 같습니다. 해당 스크립트는 [system 구축10 - 자동매매 로직 구현.py] 파일명의 소스코드로 제공됩니다.

파일명 : system 구축10 – 자동매매 로직 구현.py

```python
import sys
from PyQt5 import uic
from PyQt5.QtWidgets import QApplication, QMainWindow
from PyQt5.QtCore import QTimer, QTime
from pykiwoom.kiwoom import Kiwoom
from pykrx import stock
import datetime

# Qt Designer로 생성한 gui 파일 로드
form_class = uic.loadUiType(r'파일 경로 추가')[0]

class MyWindow(QMainWindow, form_class):
    def __init__(self):
        super().__init__()
        self.setupUi(self)

        # Kiwoom 로그인
        self.kiwoom = Kiwoom()
        self.kiwoom.CommConnect(block=True)

        # 버튼 연결
        self.button_start.clicked.connect(self.start_trading)
        self.button_stop.clicked.connect(self.stop_trading)

        # 타이머 설정
        self.market_timer = QTimer(self)
        self.market_timer.timeout.connect(self.check_market_time)
        self.trade_timer = QTimer(self)
        self.trade_timer.timeout.connect(self.trade_stocks)

        # 매수한 종목 추적을 위한 딕셔너리 추가
        self.bought_stocks = {}

    def start_trading(self):
        self.market_timer.start(1000 * 60)  # 1분마다 check_market_time 호출
        self.trade_timer.start(1000 * 17)   # 17초마다 trade_stocks 호출

    def stop_trading(self):
        self.market_timer.stop()  # 타이머 중지
        self.trade_timer.stop()

    def check_market_time(self):
        now = QTime.currentTime()
        if now.toString("HHmm") >= "1500":  # 15시가 되면 매도
            self.stop_trading()  # 모든 타이머 중지
            self.sell_all_stocks()

    def trade_stocks(self):
        codes = self.code_list.text().split(',')  # 종목 코드 분리
```

```python
            k_value = float(self.k_value.text())  # K 값 입력 받기

            today = datetime.date.today()  #
            yesterday = today - datetime.timedelta(days=1)

            # 가장 최근의 거래일 얻기
            last_trading_day = stock.get_nearest_business_day_in_a_week(date=yesterday.strftime('%Y%m%d'))

            for code in codes:
                # 매수한 종목이 아니거나, 오늘 매수하지 않았으면
                if code.strip() and code.strip() not in self.bought_stocks or self.bought_stocks.get(code.strip()) != today:
                    # 현재가 조회 및 로그 출력
                    current_price = int(self.kiwoom.block_request("opt10001",
                                                                  종목코드=code.strip(),
                                                                  output="주식기본정보",
                                                                  next=0)['현재가'][0].replace(",", ""))

                    # 현재가가 음수인 경우 절대값으로 변환
                    current_price = abs(current_price)

                    now = datetime.datetime.now().strftime('%H:%M:%S')
                    name = self.kiwoom.block_request("opt10001",
                                                     종목코드=code.strip(),
                                                     output="주식기본정보",
                                                     next=0)['종목명'][0]
                    self.textboard.append(f"[{now}] [{code.strip()}] [{name}] [현재가: {current_price}]")

                    # 변동성 돌파 전략 계산 및 매수 조건 확인
                    yesterday_data = stock.get_market_ohlcv_by_date(last_trading_day, last_trading_day, code.strip())
                    if not yesterday_data.empty:
                        high = yesterday_data['고가'][0]
                        low = yesterday_data['저가'][0]
                        close = yesterday_data['종가'][0]
                        target_price = close + (high - low) * k_value

                        if current_price > target_price:  # 변동성 돌파 전략에 따라 매수
                            self.buy_stock(code.strip(), current_price, 1)

                            # 매수 후 매수한 종목 기록에 추가
                            self.bought_stocks[code.strip()] = today

    def buy_stock(self, code, price, quantity):
        # 매수 주문
        account_number = self.kiwoom.GetLoginInfo("ACCNO")[0]  # 첫 번째 계좌 사용
        order_type = 1  # 신규매수
        trade_type = "00"  # 지정가
        self.kiwoom.SendOrder("SendOrder", "0101", account_number, order_type, code, quantity, price, trade_type, "")
```

```python
            self.buysell_log.append(f"[매수 주문] [{code}] [가격: {price}] [수량: {quantity}]")

    def sell_all_stocks(self):
        account_number = self.kiwoom.GetLoginInfo("ACCNO")[0].split(';')[0]  # 첫 번째 계좌 사용
        password = ""  # 비밀번호는 빈 문자열로 설정 (실제 사용 시 필요에 따라 수정)

        result = self.kiwoom.block_request("opw00018",
                                계좌번호=account_number,
                                비밀번호=password,
                                비밀번호입력매체구분="00",
                                조회구분=2,
                                output="계좌평가잔고개별합산",
                                next=0)

        if '종목번호' in result and len(result['종목번호']) > 0:  # KeyError 방지 및 결과 데이터가 비어 있지 않은지 확인
            for i in range(len(result['종목번호'])):
                code = result['종목번호'][i].strip()[1:]  # 종목코드 앞의 'A' 제거
                quantity_str = result['보유수량'][i].strip()
                quantity = int(quantity_str) if quantity_str.isdigit() else 0  # 보유수량이 빈 문자열인 경우 0으로 처리

                if quantity > 0:  # 보유 수량이 0보다 클 때만 매도 주문
                    self.kiwoom.SendOrder("SendOrderSell", "0101", account_number, 2, code, quantity, 0, "03", "")
                    self.buysell_log.append(f"[매도 주문] [{code}] [시장가] [수량: {quantity}]")
                else:
                    self.buysell_log.append("[매도 주문 실패] 보유한 주식이 없습니다.")
        else:
            self.buysell_log.append("매도 위해 가져온 종목 데이터 오류")

if __name__ == "__main__":
    app = QApplication(sys.argv)
    myWindow = MyWindow()
    myWindow.show()
    sys.exit(app.exec_())
```

지금까지 함께 학습한 위 스크립트는 사용자로부터 주식 종목코드와 K값을 입력받고 변동성 돌파 전략을 기반으로 자동 매매를 무리 없이 진행하지만, 나타날 수 있는 모든 에러와 이상 동작을 대비하지는 않습니다. 예를 들면, API와의 통신에 이상이 있어 종목 현재가 등의 정보를 불러오지 못하거나 잘못된 값을 가져오는 경우, 사용자가 종목코드나 K값을 잘못 입력한 경우 등이 있을 수 있습니다. 이러한 경우를 포함하여 애플리케이션의 다양한 이상 동작 가능성을 염두에 두어 예외 처리를 할 수 있게끔 프로그래밍을 하는 것이 이상적입니다. 독자 분들께서 직접 개인만의 알고리즘으로 자동매매 애플리케이션을 제작하면서 다양한 이상 동작에 대한 예외 처리도 지금까지 책에서 학습했던 흐름으로 직접 구현해 보시기 바랍니다.

슬랙을 이용한 매매 주문 알람 받기

슬랙은 기업이나 조직에서 사용하는 커뮤니케이션 협업 도구인데, 채널이라는 개념을 통해 팀원 등 여러 사람들과 메시지를 주고받거나 파일을 공유하는 등 프로젝트를 관리하는 작업을 할 수 있습니다. 슬랙 API를 활용하여 파이썬을 통해 슬랙 채널로 메시지를 주고받을 수 있는데, 이번 절에서는 슬랙 채널을 개설하고 파이썬으로 슬랙에 메시지를 전송하는 방법을 학습하고 최종적으로 자동매매 애플리케이션에서 매매 주문이 들어갈 때 마다 슬랙 채널로 메시지를 전송하는 것까지 구현해 보고자 합니다.

우선 슬랙에 회원가입하여 워크스페이스와 채널을 생성하여야 합니다. 그림 44처럼 슬랙 홈페이지에 접속하여 "이메일로 가입하기"나 "Google로 가입" 버튼을 눌러 회원가입을 진행합니다.

▲ 그림 44 슬랙 홈페이지에서 회원가입하기

회원가입이 완료되면 슬랙 워크스페이스를 생성하여야 합니다. "새 워크스페이스 개설" 버튼을 클릭하면 아래 그림 45와 같이 슬랙 워크스페이스를 개설할 수 있습니다. 필요한 약관에 모두 동의한 후 "워크스페이스 생성" 버튼을 클릭합니다. 여기서는 워크스페이스 이름을 kiwoom_test로 설정하였습니다.

▲ 그림 45 새로운 슬랙 워크스페이스 생성하기

워크스페이스를 생성하면 아래 그림 46과 같은 화면을 만나게 됩니다. 이 때 좌측을 보면 "채널 추가" 버튼이 있는데, 클릭하여 새로운 채널을 추가합니다. 이 때 채널명은 kiwoom_test 로 설정했습니다. 반드시 책과 동일한 채널명을 사용할 필요는 없지만, 생성한 채널명을 기억해 두어야 합니다. 이 때 채널은 공개 및 비공개 어떤 것을 선택하여도 상관없습니다. 비공개로 설정할 경우 초대받은 사람들만 해당 채널에 접근할 수 있습니다.

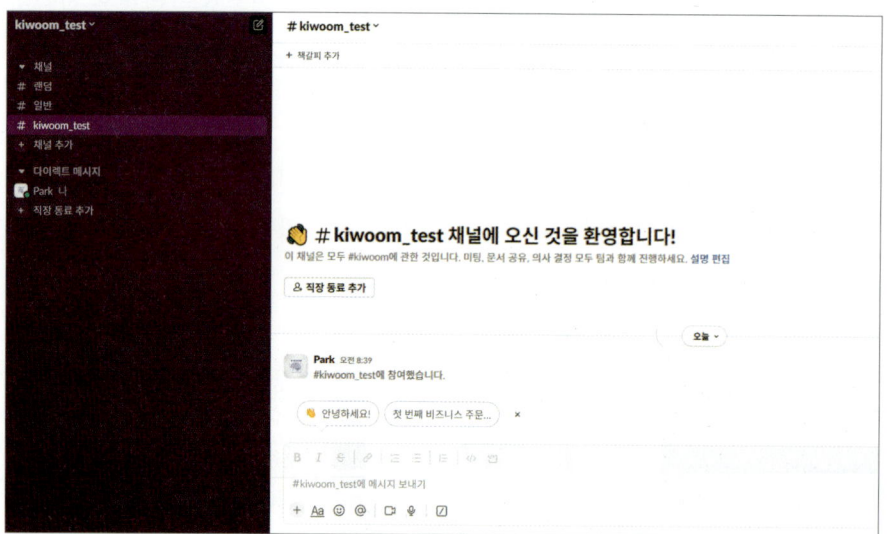

▲ 그림 46 키움 워크스페이스 내 채널 생성하기

위 그림 46은 kiwoom_test 채널 생성까지 완료한 화면입니다. 왼쪽에 사용자가 확인할 수 있는 채널 목록이 있으며, 채널 목록 아래에 어떤 사용자가 해당 채널을 볼 수 있는지 나와있습니다. 오른쪽 화면에는 해당 채널에 속한 사용자가 서로 메시지를 주고받을 수 있는 화면입니다. 이제 파이썬으로 해당 채널에 메시지를 작성할 수 있게끔 설정을 하도록 하겠습니다. 아래 그림 47과 같이 채널 목록 좌측의 "더 보기" 버튼을 클릭하여 "자동화" 메뉴를 선택하면 채널에 활용할 앱을 추가할 수 있습니다. 여기서 검색창에 incoming webhooks을 검색하여 "추가" 버튼을 클릭합니다. 아래 그림 47은 incoming webhooks를 추가한 결과입니다. "kiwoom_test 에 설치된 1개의 앱"에 incoming webhooks가 정상적으로 표시되어 있어야 합니다.

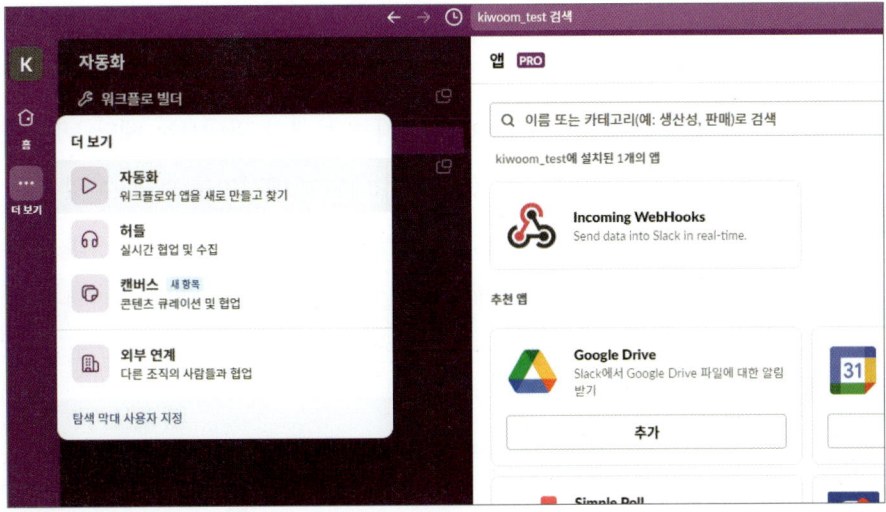

▲ 그림 47 슬랙 incoming webhook 추가하기

이제 추가한 incoming webhooks를 설정해 보도록 하겠습니다. incoming webhooks 아이콘을 클릭하여 구성하기를 클릭하면 그림 48과 같은 화면이 나오는데, 아래쪽 "채널에 포스트" 메뉴에서 아까 생성하였던 "kiwoom_test" 채널을 선택한 후 "수신 웹훅 통합 앱 추가" 버튼을 클릭합니다.

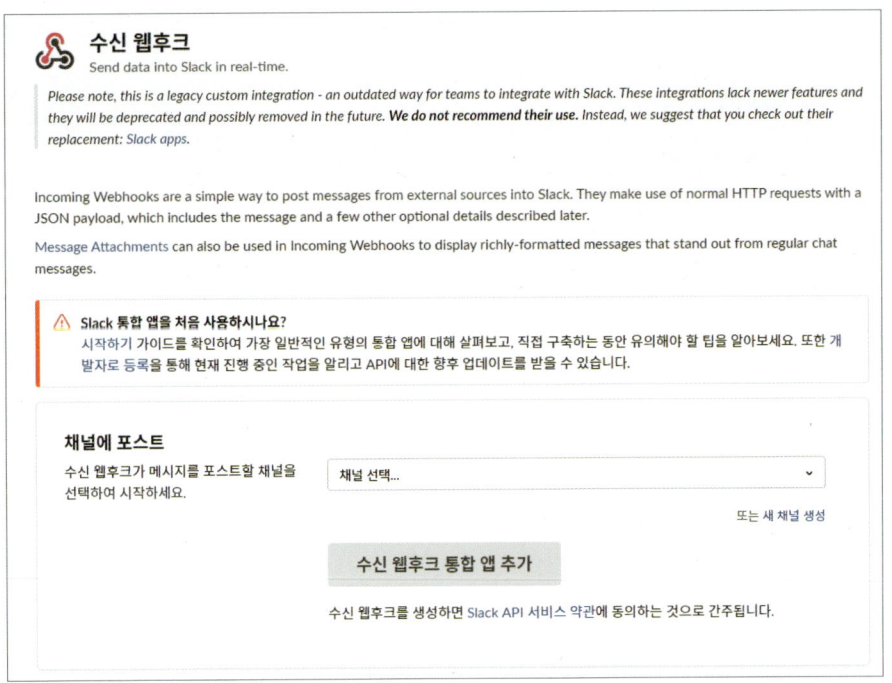

▲ 그림 48 incoming webhooks 구성하기: 채널 선택

이제 설정이 대부분 완료되었습니다. incoming webhooks를 사용할 채널을 설정하면 아래 그림 49와 같이 설정 지침 화면이 보입니다. 여기서 가장 먼저 나타나는 웹훅 URL을 따로 저장해 두시기 바랍니다. 파이썬 코드를 통해 슬랙 채널에 메시지를 보내기 위해서는 해당 URL이 필요합니다. 아래쪽으로는 incoming webhooks를 통해 슬랙 채널에 메시지를 보낼 수 있는 다양한 예시가 설명되어 있습니다. 일반적인 메시지를 보내는 방법, 링크 추가, 사용자 지정 아이콘 등 여러 가지 예시를 확인할 수 있는데, 이 책에서는 슬랙으로 메시지를 보내는 파이썬 코드를 직접 코딩하는 것이 아니라 챗GPT를 통해 생성할 것이므로 이 부분에 대한 설명은 따로 하지 않습니다.

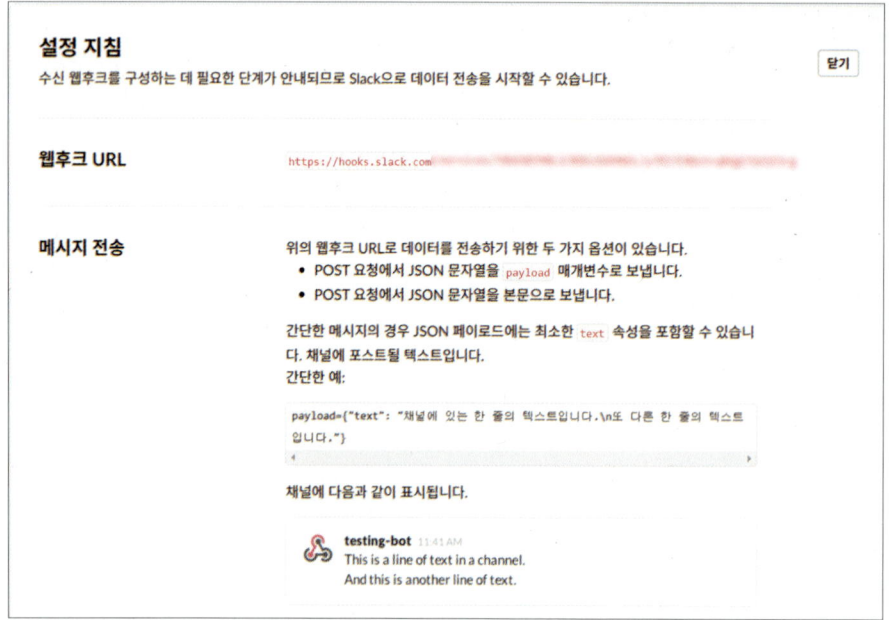

▲ 그림 49 incoming webhooks 구성하기: webhook URL 및 메시지 전송법 확인

이제 파이썬에서 슬랙 채널로 메시지를 보내기 위한 준비가 되었습니다. 챗GPT를 통해 슬랙 incoming webhooks를 통해 파이썬 코드로 슬랙 채널에 메시지를 보낼 수 있는 방법을 소개해 달라고 아래처럼 프롬프트를 작성해 보겠습니다.

슬랙 incoming webhooks를 사용하여 파이썬 코드로 슬랙 채널에 메시지를 보낼 수 있는 몇 가지 예시를 보여 줘.

 슬랙의 Incoming Webhooks를 사용하여 파이썬 코드로 슬랙 채널에 메시지를 보내는 것은 매우 간단합니다. 여기에 몇 가지 기본적인 예시를 보여드리겠습니다. 이를 위해서는 먼저 슬랙 워크스페이스에서 Incoming Webhook URL을 설정해야 합니다.

예시 1: requests 라이브러리 사용

```python
import requests  # ❶
import json

# 슬랙 Incoming Webhook URL ❷
webhook_url = '여기에_당신의_웹훅_URL을_입력하세요'

# 보낼 메시지 ❸
message = "Hello, Slack!"
data = {'text': message}

# POST 요청 ❹
response = requests.post(webhook_url, data=json.dumps(data), headers={'Content-Type': 'application/json'})

# 응답 확인 ❺
if response.status_code == 200:
    print("Message sent to Slack")
else:
    print("Failed to send message to Slack")
```

예시 2: Python 'http.client' 라이브러리 사용

```python
import http.client
import json

# 슬랙 Incoming Webhook 설정
connection = http.client.HTTPSConnection("hooks.slack.com")
webhook_url = '/services/T00000000/B00000000/XXXXXXXXXXXXXXXXXXXXXXXX'  # 여기에 웹훅 경로 부분을 입력하세요

# 보낼 메시지
message = "Hello, Slack with http.client!"
payload = json.dumps({'text': message})

# 헤더 설정
headers = {'Content-Type': 'application/json'}

# POST 요청
connection.request("POST", webhook_url, payload, headers)
response = connection.getresponse()
```

```python
# 응답 확인
if response.status == 200:
    print("Message sent to Slack")
else:
    print("Failed to send message to Slack")
```

예시 3: Slack SDK 사용

슬랙에서 제공하는 Python SDK를 사용하여 보다 다양한 기능을 손쉽게 구현할 수 있습니다. SDK를 사용하기 위해서는 먼저 slack_sdk 라이브러리를 설치해야 합니다.

```python
from slack_sdk.webhook import WebhookClient

# 슬랙 Incoming Webhook URL
webhook_url = '여기에_당신의_웹훅_URL을_입력하세요'
webhook = WebhookClient(webhook_url)

# 보낼 메시지
response = webhook.send(text="Hello, Slack with SDK!")

# 응답 확인
if response.status_code == 200:
    print("Message sent to Slack")
else:
    print("Failed to send message to Slack")
```

이 예시들은 각각 다른 방법으로 슬랙 채널에 메시지를 보내는 방법을 보여줍니다. 사용하는 방법은 개인의 선호도나 특정 상황에 따라 달라질 수 있습니다. 먼저 슬랙 워크스페이스에서 Incoming Webhook을 설정하고, 해당 URL을 코드에 올바르게 입력하는 것을 잊지 마세요.

★ 코드 설명 (slack_test.py)

위 챗GPT는 총 3가지의 예시를 들어 파이썬 코드로 슬랙 채팅에 메시지를 보내는 방법을 설명해 주었습니다. 여기서는 그 중 예시1 requests 라이브러리를 이용한 방법의 코드를 설명하겠습니다.

❶에서는 필요한 라이브러리를 임포트합니다. 여기서는 requests와 json 라이브러리를 가져왔는데, requests 라이브러리는 HTTP 요청을 보내는 데 사용되며, json 라이브러리는 데이터를 json 형식으로 변환하는 데 사용됩니다.

❷에서는 슬랙 incoming webhooks에 대한 정보를 입력합니다. 앞서 incoming webhooks 설정 화면에서 웹훅 URL을 따로 저장해 놓으라고 말씀드렸는데, 저장해 놓은 URL을 이 곳에 입력하면 됩니다. 이 URL은 특정 채널에 대한 접근 권한을 제공합니다.

❸에서는 보내고자 하는 메시지의 내용을 입력합니다.

❹에서는 ❸에서 설정한 메시지를 json 형식으로 변환하며, request의 post 함수를 이용하여 json 형식으로 변환된 메시지를 슬랙의 웹훅 URL로 post요청을 보냅니다.

❺에서는 ❹ post 함수를 통해 보낸 요청에 대한 결과의 코드 메시지를 확인합니다. 상태 코드가 200인 경우 메시지 전송이 성공한 것으로 간주하며, 이외의 값은 실패로 간주합니다. 성공 여부에 따라 print 함수를 통해 적절한 메시지를 출력합니다.

챗GPT가 생성해 준 세 가지 예시의 슬랙 메시지 전송 파이썬 코드 중 가장 첫 번째 예시인 1번을 직접 테스트해 보도록 하겠습니다. 해당 코드를 VS code로 불러옵니다. 이 때 webhook_url 변수에는 앞서 저장해 놓았던 웹훅 URL이 들어가야 합니다. 스크립트 내 해당 부분인 '여기에_당신의_웹훅_URL을_입력하세요'에서 (위 코드의 ②) 따옴표 안의 문자열을 각자 저장해 놓은 웹훅 URL로 대체합니다. 다른 부분은 따로 수정할 것이 없으며, 보내고자 하는 메시지의 내용을 직접 수정하고자 한다면 ③의 message 변수의 내용을 수정해 주면 됩니다. 여기서는 챗GPT가 생성해 준 내용을 수정 없이 그대로 사용하도록 하겠습니다. 코드를 실행하면 아래 그림 50과 같이 메시지가 도착하는 것을 확인할 수 있습니다. 이를 바탕으로 앞서 제작한 자동매매 애플리케이션에서 매매 주문이 실행될 때 슬랙을 통해 메시지를 보내는 코드를 추가해 보도록 하겠습니다.

▲ 그림 50 파이썬 코드와 incoming webhooks를 이용하여 슬랙에 메시지 보내기

챗GPT를 통해 앞서 제작했던 스크립트 [system 구축10 - 자동매매 로직 구현.py]를 바탕으로 하되, 매매 주문이 실행될 시 PyQt5 textboard 위젯에 출력되는 것과 동일한 내용의 슬랙 메시지가 전송되도록 알고리즘을 구성하고자 아래와 같이 프롬프트를 작성하여 전달하였습니다.

아래 코드는 변동성 돌파 전략을 이용하여 주식 자동 매매를 진행하는 파이썬 코드야. 아래 코드에서 매수 및 매도 주문이 요청될 때 마다 슬랙 incoming webhooks를 이용하여 매매 알림 메시지를 보내려고 해. 아래 요청사항을 참고하여 코드를 생성해 줘.

1. 슬랙 incoming webhooks와 파이썬 requests 모듈을 이용하여 슬랙 메시지를 보내도록 해 줘.
2. 슬랙으로 보낼 메시지의 내용은 매매 주문 시 GUI 환경의 buysell_log에 표시되는 내용과 동일하게 해 줘.

(코드 생략, 소스코드 [system 구축10 – 자동매매 로직 구현.py]의 내용을 붙여넣습니다.)

슬랙 incoming webhooks와 파이썬의 requests 모듈을 사용하여 매매 알림 메시지를 보내는 기능을 추가하기 위해, 먼저 requests 모듈을 설치해야 합니다. 그 후, 기존 코드에 슬랙 메시지 전송 기능을 추가하는 방법을 아래에 제시하겠습니다.

1. 슬랙 웹훅 URL 설정: 슬랙 API 웹사이트에서 incoming webhook을 생성하고, 생성된 웹훅 URL을 코드에 추가해야 합니다.
2. requests 모듈 설치: 코드 실행 환경에 requests 모듈이 설치되어 있지 않다면, pip install requests를 실행하여 설치합니다.
3. 메시지 전송 함수 추가: 슬랙으로 메시지를 전송하는 함수를 정의합니다.
4. 매수 및 매도 시 메시지 전송 호출: 기존의 매수(buy_stock) 및 매도(sell_all_stocks) 함수 내에서 슬랙 메시지 전송 함수를 호출하여, 매매가 이루어질 때마다 알림을 받을 수 있도록 합니다.

다음은 수정된 코드의 일부 예시입니다:

```python
import requests  # requests 모듈 임포트

class MyWindow(QMainWindow, form_class):
    def __init__(self):
        super().__init__()
        # 기존 초기화 코드...
        self.slack_webhook_url = "여기에_당신의_슬랙_웹훅_URL을_입력하세요"  # 슬랙 웹훅 URL 설정 ❶

    def send_slack_message(self, message):
        """슬랙으로 메시지를 전송하는 함수"""  # ❷
        data = {"text": message}
        response = requests.post(self.slack_webhook_url, json=data)
        if response.status_code != 200:
            print(f"슬랙 메시지 전송 실패: {response.status_code}, {response.text}")

    def buy_stock(self, code, price, quantity):
        # 매수 주문...
        self.buysell_log.append(f"[매수 주문] [{code}] [가격: {price}] [수량: {quantity}]")
```

```
        # 슬랙 메시지 전송 추가 ❸
        self.send_slack_message(f"[매수 주문] [{code}] [가격: {price}] [수량: {quanti-
ty}]")

    def sell_all_stocks(self):
        # 매도 주문...
        # 슬랙 메시지 전송 추가 ❹
        self.send_slack_message(f"[매도 주문] [{code}] [시장가] [수량: {quantity}]")
    else:
        self.buysell_log.append("매도 위해 가져온 종목 데이터 오류")
        self.send_slack_message("매도 위해 가져온 종목 데이터 오류")
```

위 코드 예시에서는 슬랙으로 메시지를 전송하는 send_slack_message 함수를 추가하고, buy_stock 및 sell_all_stocks 함수 내에서 해당 함수를 호출하여 매수 및 매도 주문이 이루어질 때마다 슬랙으로 알림 메시지를 보내도록 했습니다. 실제 사용을 위해서는 "여기에_당신의_슬랙_웹훅_URL을_입력하세요" 부분을 실제 슬랙 웹훅 URL로 교체해야 합니다.

★ 코드 설명 (system 구축11 - 슬랙 메시지 보내기.py)

위 챗GPT가 생성해 준 코드를 살펴보면
❶에서 슬랙 웹훅 URL을 가져와 저장하는 slack_webhook_url 변수를 선언합니다.
❷에서는 슬랙 메시지를 보내는 send_slack_message 함수를 정의합니다. 좀 전 슬랙 메시지 보내기에서 챗GPT가 생성해 주었던 것과 동일한 형식의 코드입니다.
❸과 ❹에서는 각각 매수, 매도주문 호출한 후 send_slack_message 함수를 통해 슬랙 메시지를 보냅니다. 여기서 메시지의 내용으로는 각 매수 및 매도주문 시 PyQt의 textboard 위젯에 로그 형식으로 표시하는 것과 동일하게 설정하였습니다.

위에서 챗GPT가 생성해 준 코드를 확인해 보니, send_slack_messange 함수가 추가되며, 매수 및 매도 주문 시 해당 함수가 이어서 호출되는 것을 확인할 수 있습니다. 이를 바탕으로 기존 buysell_log에 append 메서드를 사용하여 GUI 환경에서 매매 주문 수행을 로깅하던 것과 동일한 형식으로 send_slack_message 함수를 호출하여 슬랙 메시지를 보내도록 코드를 수정하겠습니다. 아래는 챗GPT의 답변을 기반으로 슬랙 메시지 전송 알고리즘이 추가된 스크립트의 일부입니다.

```python
def send_slack_message(self, message):  # slack 메시지 전송 함수 추가
    """슬랙으로 메시지를 전송하는 함수"""
    data = {"text": message}
    response = requests.post(self.slack_webhook_url, json=data)
    if response.status_code != 200:
        print(f"슬랙 메시지 전송 실패: {response.status_code}, {response.text}")
# [중략]

def buy_stock(self, code, price, quantity):
    # [중략]
    self.kiwoom.SendOrder("SendOrder", "0101", account_number, order_type, code, quantity, price, trade_type, "")
    self.buysell_log.append(f"[매수 주문] [{code}] [가격: {price}] [수량: {quantity}]")
    # 슬랙 메시지 전송 추가
    self.send_slack_message(f"[매수 주문] [{code}] [가격: {price}] [수량: {quantity}]")
# [중략]

def sell_all_stocks(self):
    # [중략]
    if quantity > 0:    # 보유 수량이 0보다 클 때만 매도 주문
            self.kiwoom.SendOrder("SendOrderSell", "0101", account_number, 2, code, quantity, 0, "03", "")
            self.buysell_log.append(f"[매도 주문] [{code}] [시장가] [수량: {quantity}]")
            # 슬랙 메시지 전송 추가
            self.send_slack_message(f"[매도 주문] [{code}] [시장가] [수량: {quantity}]")
        else:
            self.buysell_log.append("[매도 주문 실패] 보유한 주식이 없습니다.")
            # 슬랙 메시지 전송 추가
            self.send_slack_message("[매도 주문 실패] 보유한 주식이 없습니다.")
    else:
        self.buysell_log.append("매도 위해 가져온 종목 데이터 오류")
        # 슬랙 메시지 전송 추가
        self.send_slack_message("매도 위해 가져온 종목 데이터 오류")
```

여기까지 수정된 전체 스크립트는 소스코드의 [system 구축11 - 슬랙 메시지 보내기.py]로 제공됩니다. 해당 스크립트를 실행하고, 종목코드와 K값을 입력하고 실행 버튼을 눌러 매수 및 매도주문이 수행될 때 마다 슬랙 메시지가 정상적으로 전송되는지 확인하였습니다. 그 결과, 오전 10시 13분에 005930 (삼성전자) 매수주문 및 오전 10시 39분에 005380 (현대차) 매수주문이 수행되었는데, 해당 주문이 수행될 때 마다 슬랙을 통하여 아래 그림 51과 같이 메시지가 전송되는 것을 확인할 수 있습니다. 또한, 오후 3시에 보유한 주식을 모두 매매하도록 설정하였는데, 해당 시간에 매도주문 수행에 따른 메시지도 정상적으로 전송되었습니다.

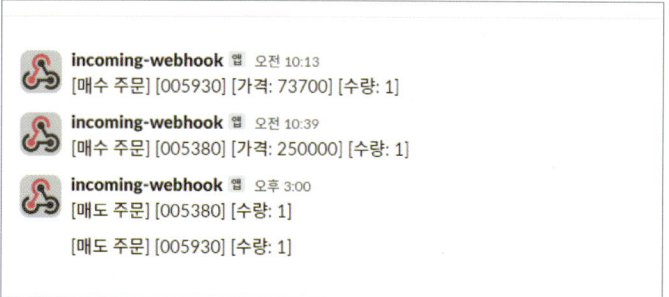

▲ 그림 51 파이썬 주식 자동매매 애플리케이션에서 매매주문 수행 시 슬랙으로 메시지 보내기 테스트 결과

슬랙은 안드로이드나 iOS 모바일 전용 애플리케이션도 제공하기 때문에 슬랙 메시지를 모바일로도 받아볼 수 있습니다. 아래 그림 52은 iOS 모바일 환경에서 15시 매도주문 시 슬랙 알람을 받아본 예시입니다. 이 책에서는 자동매매 애플리케이션의 동작 중 매수 및 매도주문을 수행할 때에만 슬랙 메시지를 전송했지만, 이를 활용하여 보다 다양한 동작에서도 슬랙으로 메시지를 전송하게끔 설정할 수도 있습니다. 이를 잘 활용한다면 자동매매 애플리케이션을 실행시킨 후 PC 앞에서 애플리케이션의 동작을 모니터링하지 않더라도 다른 장소에서 모바일 슬랙 알람을 통해 애플리케이션의 동작을 실시간으로 확인할 수 있습니다.

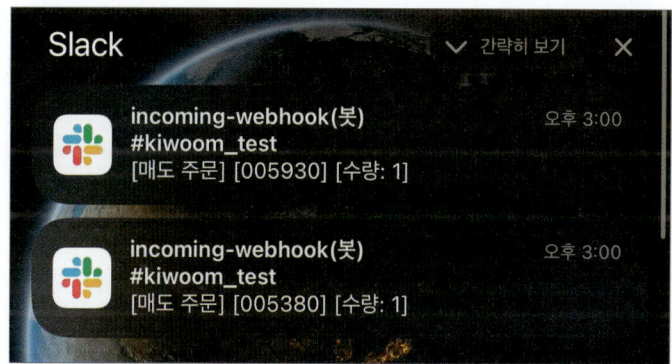

▲ 그림 52 슬랙 모바일 애플리케이션을 이용하여 매매주문 수행 시 모바일로 알람 받기

지금까지 학습한 슬랙으로 메시지를 보내는 기능을 추가한 자동매매 애플리케이션 파이썬 스크립트 [system 구축11 - 슬랙 메시지 보내기.py]의 전체 내용은 아래와 같습니다. 이는 책과 함께 제공되는 소스코드 에서도 확인할 수 있습니다.

system 구축11 - 슬랙 메시지 보내기.py

```python
import sys
from PyQt5 import uic
from PyQt5.QtWidgets import QApplication, QMainWindow
from PyQt5.QtCore import QTimer, QTime
from pykiwoom.kiwoom import Kiwoom
from pykrx import stock
import datetime
import requests

# Qt Designer로 생성한 gui 파일 로드
form_class = uic.loadUiType(r'파일 경로 추가')[0]

class MyWindow(QMainWindow, form_class):
    def __init__(self):
        super().__init__()
        self.setupUi(self)

        # Kiwoom 로그인
        self.kiwoom = Kiwoom()
        self.kiwoom.CommConnect(block=True)

        # 버튼 연결
        self.button_start.clicked.connect(self.start_trading)
        self.button_stop.clicked.connect(self.stop_trading)

        # 타이머 설정
        self.market_timer = QTimer(self)
        self.market_timer.timeout.connect(self.check_market_time)
        self.trade_timer = QTimer(self)
        self.trade_timer.timeout.connect(self.trade_stocks)

        # 슬랙 웹훅 URL 설정
        self.slack_webhook_url = "여기에_당신의_슬랙_웹훅_URL을_입력하세요"

        # 매수한 종목 추적을 위한 딕셔너리 추가
        self.bought_stocks = {}

    def start_trading(self):
        self.market_timer.start(1000 * 60)  # 1분마다 check_market_time 호출
        self.trade_timer.start(1000 * 17)  # 17초마다 trade_stocks 호출

    def stop_trading(self):
        self.market_timer.stop()  # 타이머 중지
        self.trade_timer.stop()
```

```python
    def check_market_time(self):
        now = QTime.currentTime()
        if now.toString("HHmm") >= "1500":  # 15시가 되면 매도
            self.stop_trading()  # 모든 타이머 중지
            self.sell_all_stocks()

    def send_slack_message(self, message):
        """슬랙으로 메시지를 전송하는 함수"""
        data = {"text": message}
        response = requests.post(self.slack_webhook_url, json=data)
        if response.status_code != 200:
            print(f"슬랙 메시지 전송 실패: {response.status_code}, {response.text}")

    def trade_stocks(self):
        codes = self.code_list.text().split(',')  # 종목 코드 분리
        k_value = float(self.k_value.text())  # K 값 입력 받기

        today = datetime.date.today()  #
        yesterday = today - datetime.timedelta(days=1)

        # 가장 최근의 거래일 얻기
        last_trading_day = stock.get_nearest_business_day_in_a_week(date=yesterday.strftime('%Y%m%d'))

        for code in codes:
            # 매수한 종목이 아니거나, 오늘 매수하지 않았으면
            if code.strip() and code.strip() not in self.bought_stocks or self.bought_stocks.get(code.strip()) != today:
                # 현재가 조회 및 로그 출력
                current_price = int(self.kiwoom.block_request("opt10001",
                                                              종목코드=code.strip(),
                                                              output="주식기본정보",
                                                              next=0)['현재가'][0].replace(",", ""))

                # 현재가가 음수인 경우 절대값으로 변환
                current_price = abs(current_price)

                now = datetime.datetime.now().strftime('%H:%M:%S')
                name = self.kiwoom.block_request("opt10001",
                                                  종목코드=code.strip(),
                                                  output="주식기본정보",
                                                  next=0)['종목명'][0]
                self.textboard.append(f"[{now}] [{code.strip()}] [{name}] [현재가: {current_price}]")
```

```python
            # 변동성 돌파 전략 계산 및 매수 조건 확인
            yesterday_data = stock.get_market_ohlcv_by_date(last_trading_day, last_trading_day, code.strip())
            if not yesterday_data.empty:
                high = yesterday_data['고가'][0]
                low = yesterday_data['저가'][0]
                close = yesterday_data['종가'][0]
                target_price = close + (high - low) * k_value

                if current_price > target_price:  # 변동성 돌파 전략에 따라 매수
                    self.buy_stock(code.strip(), current_price, 1)

                    # 매수 후 매수한 종목 기록에 추가
                    self.bought_stocks[code.strip()] = today

    def buy_stock(self, code, price, quantity):
        # 매수 주문
        account_number = self.kiwoom.GetLoginInfo("ACCNO")[0]  # 첫 번째 계좌 사용
        order_type = 1  # 신규매수
        trade_type = "00"  # 지정가
        self.kiwoom.SendOrder("SendOrder", "0101", account_number, order_type, code, quantity, price, trade_type, "")
        self.buysell_log.append(f"[매수 주문] [{code}] [가격: {price}] [수량: {quantity}]")
        # 슬랙 메시지 전송 추가
        self.send_slack_message(f"[매수 주문] [{code}] [가격: {price}] [수량: {quantity}]")

    def sell_all_stocks(self):
        account_number = self.kiwoom.GetLoginInfo("ACCNO")[0].split(';')[0]  # 첫 번째 계좌 사용
        password = ""  # 비밀번호는 빈 문자열로 설정 (실제 사용 시 필요에 따라 수정)

        result = self.kiwoom.block_request("opw00018",
                            계좌번호=account_number,
                            비밀번호=password,
                            비밀번호입력매체구분="00",
                            조회구분=2,
                            output="계좌평가잔고개별합산",
                            next=0)

        if '종목번호' in result and len(result['종목번호']) > 0:  # KeyError 방지 및 결과 데이터가 비어 있지 않은지 확인
            for i in range(len(result['종목번호'])):
                code = result['종목번호'][i].strip()[1:]  # 종목코드 앞의 'A' 제거
                quantity_str = result['보유수량'][i].strip()
                quantity = int(quantity_str) if quantity_str.isdigit() else 0  # 보유수량이 빈 문자열인 경우 0으로 처리
```

```python
                    if quantity > 0:  # 보유 수량이 0보다 클 때만 매도 주문
                        self.kiwoom.SendOrder("SendOrderSell", "0101", account_number, 2, code, quan-
tity, 0, "03", "")
                        self.buysell_log.append(f"[매도 주문] [{code}] [시장가] [수량: {quantity}]")
                        # 슬랙 메시지 전송 추가
                        self.send_slack_message(f"[매도 주문] [{code}] [시장가] [수량: {quantity}]")
                    else:
                        self.buysell_log.append("[매도 주문 실패] 보유한 주식이 없습니다.")
                        self.send_slack_message("[매도 주문 실패] 보유한 주식이 없습니다.")
            else:
                self.buysell_log.append("매도 위해 가져온 종목 데이터 오류")
                self.send_slack_message("매도 위해 가져온 종목 데이터 오류")

if __name__ == "__main__":
    app = QApplication(sys.argv)
    myWindow = MyWindow()
    myWindow.show()
    sys.exit(app.exec_())
```

CHAPTER
05

Streamlit으로 웹 투자 대시보드 제작하기

Streamlit 소개 및 설치

　파이썬을 활용한 주식 자동매매 시스템을 구축하고 운영하는 과정에서 데이터 분석과 투자 성과 모니터링은 투자자에게 필수적인 요소입니다. 파이썬 streamlit 라이브러리는 HTML 기반 지식 없이 단 몇 줄의 코드로 인터랙티브하고 화려한 웹 애플리케이션을 쉽게 만들 수 있도록 설계된 오픈 소스 라이브러리로 복잡한 웹 프레임워크에 대한 학습 없이도 파이썬에 익숙한 사용자라면 누구나 데이터 애플리케이션을 빠르게 구축할 수 있는 환경을 제공합니다. 이번 장에서는 chapter 4에서 제작한 자동매매 애플리케이션을 기반으로 특정 기간의 매매 이력을 키움증권 Open API+를 통해 가져오고, 해당 데이터를 바탕으로 투자 이력을 확인할 수 있는 간단한 streamlit 웹 대시보드를 제작해 보도록 하겠습니다.

　앞서 배운 키움증권 Open API+는 64bit 파이썬 환경을 지원하지 않기 때문에 지금까지 32비트 파이썬 환경을 사용했습니다. 하지만 streamlit 라이브러리는 이 책을 쓰는 시점을 기준으로 32bit 환경을 지원하지 않습니다. 따라서 Open API+를 사용하는 애플리케이션의 파이썬 가상환경과 streamlit을 사용하는 파이썬 가상환경을 구분하여 따로 개발할 필요가 있습니다. 앞서 2장에서 32biit 파이썬 가상환경을 구축한 것과 동일한 방법으로 이번 장에서는 64bit 파이썬 가상환경을 생성해 보도록 하겠습니다. 아나콘다 프롬프트를 열고 아래 커맨드를 입력하여 64bit 환경으로 설정되어 있는지 확인합니다. 그림53과 같이 커맨드를 입력했을 때 platform이 win-64로 (Windows OS 기준) 설정되어 있는지 확인합니다. 대부분의 경우 아나콘다를 64bit 버전으로 설치하셨을 것이기 때문에 별도로 변경하지 않았다면 기본적으로 64bit로 설정되어 있을 것입니다. 32bit 환경에서는 win-32로 나타납니다.

```
conda info
```

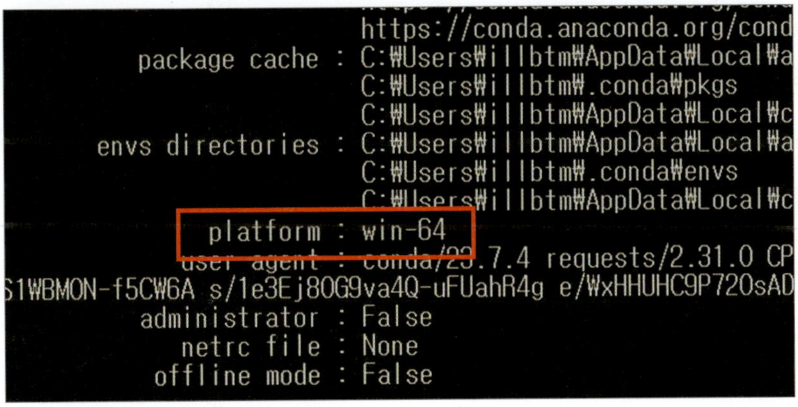

▲ 그림 53 비트 아나콘다 환경 설정하기

이제 새로운 가상환경을 생성합니다. 이 책에서는 아래 커맨드를 이용하여 kiwoom_streamlit이라는 가상환경을 생성하겠습니다.

```
conda create -n kiwoom_streamlit
```

가상환경을 생성한 후 아래 명령어를 순차적으로 입력하여 생성한 가상환경을 활성화한 후, 파이썬 3.10 버전을 설치합니다. 만약 앞서 conda info의 결과에서 platform이 win-64가 아니라 win-32로 나타났을 경우, 아래 커맨드 도중 conda install python=3.10를 입력하기 전에 conda config --env --set subdir win-64를 입력하여 가상환경을 64bit로 설정합니다. 파이썬 설치가 완료되었다면 앞서 2장에서 했던 것과 같이 platform 모듈을 이용하여 설치된 파이썬이 64bit인지 확인합니다. 아래 커맨드를 순차적으로 입력했을 때 출력값에 64bit가 포함되는 것을 확인하면 됩니다.

```
conda activate kiwoom_streamlit
conda install python=3.10
python
import platform
platform.architecture()
```

이제 필요한 64bit 파이썬 가상환경 준비를 마쳤으니, streamlit 라이브러리를 설치해 보도록 하겠습니다. 아나콘다 프롬프트에서 kiwoom_streamlit 가상환경이 활성화된 상태에서 아래 커맨드를 입력하여 streamlit 라이브러리를 설치합니다.

```
conda install streamlit
```

Streamlit 라이브러리까지 설치 완료되었다면 이제 streamlit 웹 대시보드를 실행하는 방법을 알아보도록 하겠습니다. streamlit 웹 대시보드를 실행하기 위해서는 streamlit 웹 대시보드를 구성하는 파이썬 코드가 작성된 .py 스크립트가 있어야 합니다. 아래와 같이 프롬프트를 작성하여 챗GPT에게 간단한 시각화 대시보드를 제작하는 코드를 생성해 달라고 전달하였습니다. 아래 프롬프트는 사용자로부터 하나 이상의 주식 종목 코드를 콤마를 기준으로 구분하여 받아온 후, pykrx 모듈을 통해 해당 종목의 최근 30일간 해당 종목 종가의 시계열 그래프를 그리도록 합니다. 아래 프롬프트는 streamlit 웹 대시보드가 어떻게 구성되는지 설명하기 위한 예제로, 이번 절에서는 프롬프트의 각 세부 사항이 어떤 의미인지 이해하기 보다는 파이썬 스크립트를 이용하여 streamlit 웹 대시보드를 제작하고 체험해 보는 것을 학습 목표로 하시기 바랍니다.

파이썬 streamlit과 pykrx 모듈을 이용하여 아래 기능을 구현할 수 있는 웹 대시보드를 제작하기 위한 파이썬 스크립트를 작성해 줘.

1. sidebar에 사용자로부터 입력을 받을 수 있는 text input 위젯과 (code_list) 버튼 위젯(plot_button)을 생성해 줘.
2. code_list에 사용자로부터 하나 이상의 주식 종목코드를 콤마(,)로 구분하여 입력받고, 버튼(plot_button)을 누르면 1에서 입력받은 주식 종목들의 30일 전부터 현재까지의 종가를 pykrx 모듈을 통해 불러오고, 메인 페이지에 그래프로 표현해 줘.
3. 하나의 종목별로 하나의 그래프가 그려지게 해 줘.
4. 그래프는 matplotlib 라이브러리를 사용해서 그려 줘.
5. 그래프의 폰트는 Malgun Gothic으로 설정해 줘

아래는 Streamlit과 pykrx 모듈, matplotlib 라이브러리를 사용하여 요구사항에 맞는 웹 대시보드를 제작하기 위한 파이썬 스크립트입니다. 이 스크립트는 Streamlit을 통해 실행되어야 하며, 사용자로부터 주식 종목코드를 입력받아 해당 종목의 최근 30일간의 종가를 그래프로 시각화합니다.

```python
import streamlit as st
from pykrx import stock
import matplotlib.pyplot as plt
import matplotlib.font_manager as fm
from datetime import datetime, timedelta

# 한글 폰트 설정 ❶
plt.rcParams['font.family'] = 'Malgun Gothic'

# Streamlit 앱의 사이드바 설정 ❷
st.sidebar.header('주식 데이터 조회')
# 사용자로부터 주식 종목 코드 입력받기
code_list = st.sidebar.text_input('주식 종목코드 입력 (콤마로 구분)', '')
# 조회 버튼 생성
plot_button = st.sidebar.button('그래프 그리기')

# 버튼이 눌렸을 때 작업 수행 ❸
if plot_button:
    if code_list:
        # 종목코드를 콤마로 구분하여 리스트로 변환
        codes = code_list.split(',')
        # 오늘 날짜와 30일 전 날짜 계산
        end_date = datetime.now().strftime('%Y%m%d')
        start_date = (datetime.now() - timedelta(days=30)).strftime('%Y%m%d')
        
        for code in codes:
```

```
            # 각 종목별로 30일간의 종가 데이터 불러오기 ❹
            df = stock.get_market_ohlcv_by_date(fromdate=start_date, todate=end_date,
ticker=code)
            # 데이터가 없는 경우 메시지 출력
            if df.empty:
                st.write(f'종목코드 {code}에 대한 데이터를 찾을 수 없습니다.')
            else:
                # 데이터가 있는 경우, 종가 그래프 그리기 ❺
                plt.figure(figsize=(10, 4))
                plt.plot(df['종가'], label=code)
                plt.title(f'{code} 종가 그래프')
                plt.xlabel('날짜')
                plt.ylabel('종가')
                plt.legend()
                plt.xticks(rotation=45)
                plt.tight_layout()
                # Streamlit을 통해 그래프 출력
                st.pyplot(plt)
    else:
        st.sidebar.write('주식 종목코드를 입력해주세요.')
```

이 스크립트를 실행하기 전에, 필요한 라이브러리(streamlit, pykrx, matplotlib)가 설치되어 있어야 합니다. 설치되어 있지 않다면, 다음 명령어를 통해 설치할 수 있습니다:

```
pip install streamlit pykrx matplotlib
```

스크립트를 작성한 후, Streamlit 앱을 실행하기 위해서는 터미널에서 해당 스크립트가 위치한 디렉토리로 이동한 후, 다음과 같이 Streamlit 명령어를 실행하면 됩니다:

```
streamlit run script_name.py
```

여기서 script_name.py는 위의 스크립트를 저장한 파일명으로 대체해주세요. 실행 후, 웹 브라우저에서 Streamlit 앱이 실행되며, 사용자는 사이드바에서 주식 종목 코드를 입력하고, 그래프를 조회할 수 있습니다.

★ 코드 설명 (streamlit_test.py)

위 코드는 streamlit과 pykrx 모듈을 이용하여 사용자로부터 주식 종목 코드를 입력받고, 해당 종목의 최근 30일간 종가 데이터를 웹 대시보드에 시각화합니다. 우선 맨 처음 streamlit 라이브러리를 임포트하여 st로 축약하여 사용합니다. pyrkx 모듈은 주식의 종가 데이터를 불러오기 위하여 사용하며, matplotlib은 파이썬에서 데이터 시각화를 위해 널리 사용되는 라이브러리이며, datetime 라이브러리는 날짜와 시간을 다루기 위해 사용되는 표준 라이브러리입니다.

❶에서는 matplotlib의 폰트를 맑은 고딕으로 설정합니다. matplotlib에서 차트를 그리면 한글 폰트가 깨지는 현상이 나타날 수 있는데, 이처럼 기본 제공 폰트로 설정하여 matplotlib에서 그리는 그래프에 한글이 포함될 경우 한글 깨짐 현상을 방지할 수 있습니다.

❷에서는 본격적으로 streamlit 라이브러리를 이용하여 웹 대시보드를 구성합니다. Streamlit에는 화면 구성에 사이드바를 사용할 수 있는데, 사이드바는 메인 화면 좌측에 위치하여 분리된 공간을 사용할 수 있습니다. 사이드바에 대한 자세한 내용은 뒤에서 다룰 예정입니다. 여기서는 사이드바에 텍스트 입력 메서드를 사용하여 사용자로부터 그래프를 그릴 주식 종목코드를 받아오는 역할을 하게끔 합니다. 이 때 인자로 전달된 문자열은 텍스트 입력 위젯의 위에 표시되는 레이블입니다. 아래에서 버튼 위젯을 이용하여 클릭 시 그래프를 그리게끔 합니다. 다양한 streamlit 위젯에 대해서는 뒤에서 자세히 다루도록 하겠습니다. 버튼 위젯을 사용자가 클릭하면 함수의 반환값으로 True가 전달되는 특성을 이용하여 버튼 클릭 시 ❸의 if 조건문이 실행되게끔 합니다. 사용자로부터 받아온 종목 코드를 codes 변수에, 오늘 날짜와 30일 전의 날짜를 각각 end_date, start_date 변수에 저장합니다.

❹에서는 codes 변수에 리스트 형식으로 저장된 종목코드를 하나씩 for 반복문을 통해 순회하며 pykrx 모듈의 get_market_ohlcv_by_date를 통해 주식 데이터를 불러와 df 변수에 저장합니다. 이 때 불러온 데이터가 빈 값일 경우 streamlit write 함수를 통해 데이터를 찾을 수 없다는 메시지를 표시합니다. pykrx를 통해 받아온 데이터를 ❺에서 matplotlib 모듈을 이용하여 그래프로 시각화합니다. plot 함수를 통해 df의 종가를 차트에 y축으로 나타내며, 아래에서 xlabel과 ylabel을 각각 날짜, 종가로 설정하여 x축과 y축의 레이블을 설정합니다. legend 함수는 그래프에 범례를 표시하기 위함이며, xticks 함수의 rotation 인자에 45를 전달함으로써 x축의 눈금 레이블을 45도 회전시킵니다. tight_layout 함수는 그래프의 여백을 조절하는 기능을 하는데, 여기서는 크게 중요하지 않습니다. 마지막으로 streamlit의 pyplot 함수에 plt를 전달합니다. 이 때 pyplot 함수는 matplotlib를 통해 그린 그래프를 streamlit 웹 대시보드에 표현하는 역할을 합니다.

챗GPT가 생성해 준 코드를 VS code로 불러와 streamlit_test.py 파일명으로 저장한 후 웹 대시보드를 실행해 보도록 하겠습니다. VS code의 왼편 explorer에서 streamlit_test.py 파일을 우클릭합니다. 아래 그림 54와 같이 copy path를 클릭하면 클립보드에 해당 파일의 경로를 포함한 파일명이 복사되어 파이썬 파일의 경로를 확인할 수 있습니다. 스크립트 파일의 경로를 확인하여 아나콘다 프롬프트에서 kiwoom_streamlit 가상환경이 활성화된 상태로 아래와 같이 두 개의 커맨드를 순차적으로 입력합니다. 만약 streamlit_test.py 파일의 경로가 C:\folder1\streamlit_test.py라면 마지막 파일명을 제외하여 cd C:\folder1를 입력하여 해당 경로로 이동합니다. 다음 streamlit run streamlit_test.py를 입력하여 streamlit 애플리케이션을 실행합니다.

```
cd [파일명을 제외한 경로]
streamlit run [파일명]
```

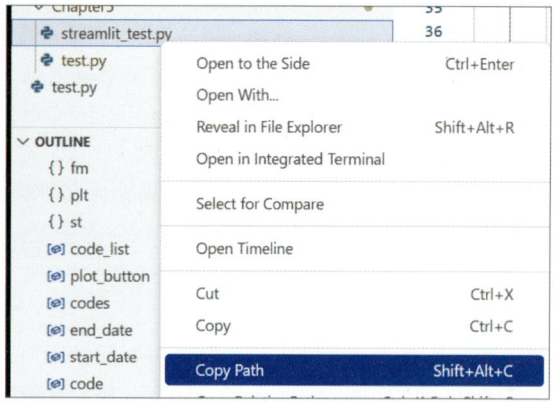

▲ 그림 54 streamlit_test.py 파일 경로 복사하기

Streamlit run 커맨드를 입력하여 streamlit 애플리케이션을 실행하면 웹 브라우저 탭이 열리며 streamlit 웹 대시보드가 나타납니다. 아래 그림 55와 같이 빈 메인 화면이 있고 좌측 회색 바탕색에 "주식 데이터 조회", "종목 코드 입력 (콤마로 구분)"이라는 텍스트가 확인됩니다. 그 아래로는 사용자가 텍스트를 입력할 수 있는 텍스트 입력 위젯이 있으며, 그 아래에 "그래프 그리기" 라는 레이블이 있는 버튼 위젯을 확인할 수 있습니다. 이 때 좌측 회색 바탕색 영역이 사이드바인데, 오른쪽 흰 바탕의 메인 화면과는 별개로 사이드바에 텍스트, 버튼 등 여러 가지 위젯을 위치시킬 수 있습니다.

▲ 그림 55 streamlit_test.py 스크립트로 streamlit 웹 대시보드를 실행한 처음 화면

이제 텍스트 입력 위젯에 직접 주식 종목코드를 입력해 보도록 하겠습니다. 여기서는 005930,005830을 입력하여 삼성전자와 현대차의 지난 30일간 종가 그래프를 그려보려고 합니다. 독자 분들께서는 다른 종목코드를 입력하셔도 무방합니다. 종목코드를 입력한 후 아래 그래프 그리기 버튼을 클릭해 보도록 하겠습니다.

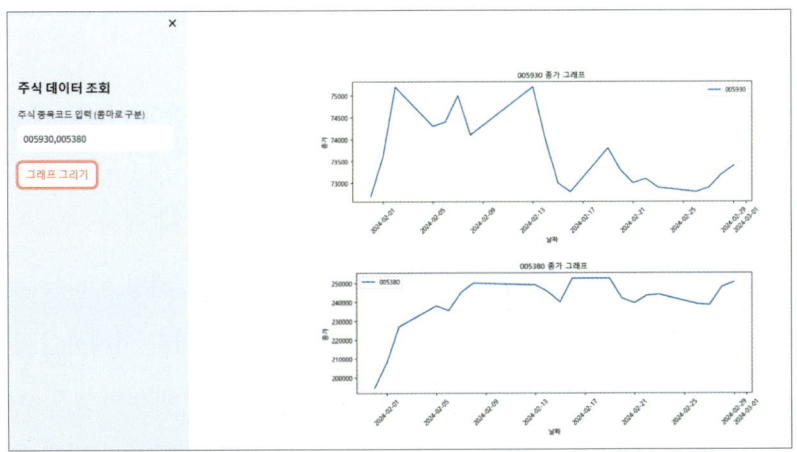

▲ 그림 56 streamlit_test.py로 제작한 streamlit 웹 대시보드에서 주식 종목코드를 입력한 후 버튼을 클릭하여 지난 30일간의 종가 그래프를 그린 화면

그 결과 그림 56과 같이 오른쪽 메인 페이지에 두 개의 그래프가 그려지는 것을 확인할 수 있습니다. 각각 제목으로 005930 종가 그래프, 005380 종가 그래프라는 문구가 설정되어 있으며, x축을 현재 날짜 기준으로 지난 30일간의 날짜, y축을 종가로 하는 꺾은선 그래프입니다. 지금까지 streamlit 웹 대시보드에 대한 기본적인 설명과 설치 방법 및 간단한 시각화 예시를 알아보았습니다. 이처럼 streamlit은 사용자와 인터랙티브한 소통이 가능하며 데이터 분석 및 시각화에 유용하게 사용될 수 있습니다. 다음 절에서는 몇 가지 기본적인 streamlit 위젯을 알아보도록 하겠습니다.

Streamlit 기본 위젯 및 레이아웃 알아보기

이번 절에서는 streamlit에서 제공하는 기본적인 위젯과 레이아웃에 대해 알아보도록 하겠습니다. Sreamlit은 웹 대시보드를 구성하기 위하여 다양한 위젯과 레이아웃을 제공하며, 여러 위젯과 레이아웃 등을 잘 조합하여 유용한 웹 대시보드를 제작할 수 있습니다. 이 책의 기본 흐름은 파이썬 코드를 직접 작성하기보다는 최대한 챗GPT의 도움을 받아 프로그래밍을 하는 것이기 때문에 이 절에서 소개하는 모든 위젯과 레이아웃들과 관련된 코드를 완벽히 이해하실 필요는 없습니다. 다만, streamlit이 어떤 종류의 위젯과 레이아웃을 기본적으로 제공하는지, 각각 어떤 역할을 하는지, 어떻게 활용될 수 있는지에 초점을 맞춰 학습하신다면 추후 나만의 웹 대시보드를 제작할 때 큰 도움이 될 것입니다.

가장 먼저 알아볼 위젯은 텍스트 위젯입니다. Streamlit은 여러 종류의 텍스트 위젯을 제공하는데, 그 중 사용되는 빈도가 높은 세 가지 종류의 텍스트 위젯인 header, markdown, write 함수에 대해 알아보도록 하겠습니다. header 함수는 페이지의 섹션 제목을 추가하는데 사용됩니다. 큰 글씨로 표시되어 특정 주제나 섹션의 시작에서 제목을 나타내는 데 적합합니다. 아래에서 예시 코드를 확인하고 해당 함수가 streamlit 웹 대시보드에서 어떻게 표현되는지 살펴보도록 하겠습니다.

Streamlit header   (streamlit_basics.py)

```python
import streamlit as st

st.header('이것은 헤더입니다')
```

위와 같이 파이썬 스크립트를 작성하고 아나콘다 프롬프트에서 streamlit run [파일명] 커맨드를 실행하여 streamlit 웹 대시보드에서 header 함수가 어떻게 표현되는지 확인해 보도록 하겠습니다. 커맨드를 입력하면 웹 브라우저가 나타나면서 아래 그림과 같이 굵은 글씨로 "이것은 헤더입니다"가 나타납니다. 이는 직전의 코드에서 header 함수에 인자로 전달했던 문자열입니다. 이처럼 streamlit은 텍스트 위젯 함수의 인자로 문자열을 전달함으로써 다양한 모양과 크기의 텍스트를 웹 대시보드에 표현할 수 있습니다. 여기서는 header만 설명드렸지만 비슷한 역할을 하는 함수로는 header 외에도 title, subheader가 있습니다. 이 함수들은 header 함수와 대시보드에 표현되는 글씨 크기의 차이가 있는데, 직접 테스트하여 차이점을 직접 확인해 보시기 바랍니다.

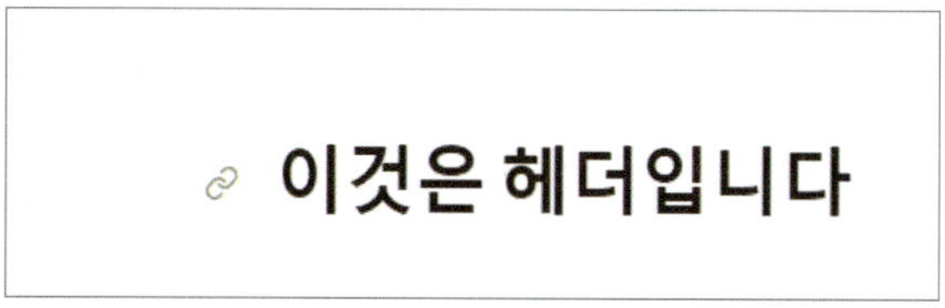

이것은 헤더입니다

▲ 그림 57 Streamlit header

다음으로 알아볼 텍스트 위젯은 markdown입니다. Streamlit의 markdown 함수를 사용하면 markdown 문법을 사용하여 텍스트를 스타일링 할 수 있습니다. 볼드체, 이탤릭체, 링크, 리스트 등 markdown을 지원하는 모든 스타일을 적용할 수 있어 복잡한 텍스트 포매팅을 필요로 하는 경우에 유용합니다. 아래 코드를 통해 바로 예시를 확인해 보겠습니다.

Streamlit markdown (streamlit_basics.py)

```python
import streamlit as st

st.header('이것은 헤더입니다')

st.markdown('1. 리스트 아이템 1\n2. 리스트 아이템 2')
st.markdown('[앤써북 홈페이지](https://cafe.naver.com/answerbook)')
st.markdown(
    '''
    This is main text.
    This is how to change the color of text :red[Red,] :blue[Blue,] :green[Green.]
    This is **Bold** and *Italic* text
    '''
)
```

이것은 헤더입니다

1. 리스트 아이템 1
2. 리스트 아이템 2

앤써북 홈페이지

This is main text. This is how to change the color of text Red, Blue, Green. This is **Bold** and *Italic* text

▲ 그림 58 Streamlit heade와 markdown

위 코드를 streamlit 웹 대시보드에 나타낸 결과를 그림 58에서 확인하시기 바랍니다. 좀 전에 배웠던 header와 markdown 텍스트를 동시에 놓고 보면 둘의 크기가 어느 정도인지 가늠이 되실 것입니다. 위 코드에서 markdown 함수를 통하여 \n 줄바꿈 문자열을 이용한 리스트 나열, 하이퍼링크, 텍스트의 컬러링과 형태를 (볼드체, 이탤릭체) 변경해 보았습니다. 이번 예시는 markdown 문법의 극히 일부만 나타낸 것으로, markdown 문법에 보다 관심이 있으신 독자 분들께서는 인터넷에서 쉽게 markdown 문법에 대한 자료를 구할 수 있을 것입니다.

다음으로는 write 함수에 대해 알아보도록 하겠습니다. write 함수는 streamlit에서 가장 범용적으로 사용되는 텍스트 출력 함수입니다. Streamlit write 함수는 제공된 입력의 유형에 따라 최적의 출력 형식을 선택하여 텍스트, pandas 데이터프레임, matplotlib 그래프 등 다양한 종류의 입력을 받아 웹 대시보드에 출력합니다. 아래 예제 코드에서 write 함수를 이용한 텍스트와 간단한 pandas 데이터프레임을 웹 대시보드에 표시해 보도록 하겠습니다. Pandas 데이터프레임은 데이터 분석과 조작을 위해 사용되는 2차원 데이터 구조로, 많은 사람들에게 익숙한 엑셀 스프레드시트와 유사한 구조를 가지고 있습니다. 아래에서는 3행 2열의 데이터프레임을 만들고 웹 대시보드에 시각화했습니다.

Streamlit write (streamlit_basics.py)

```python
st.write('이것은 write 함수를 사용한 텍스트입니다.')

import pandas as pd
df = pd.DataFrame({
    'column 1': [1, 2, 3],
    'column 2': [4, 5, 6]
})
st.write(df)
```

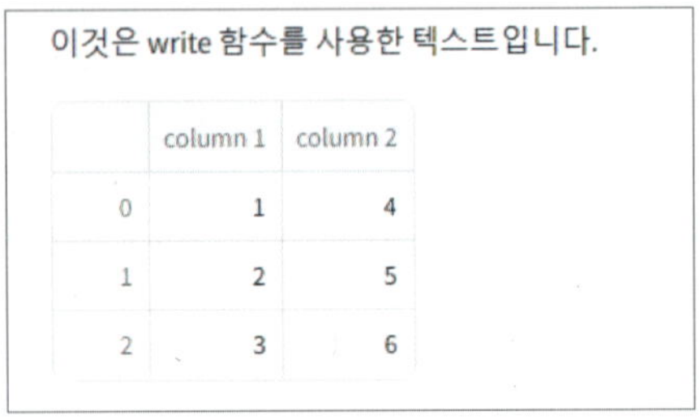

이것은 write 함수를 사용한 텍스트입니다.

	column 1	column 2
0	1	4
1	2	5
2	3	6

▲ 그림 59 Streamlit write

위 스크립트를 streamlit 웹 대시보드에 표시하면 위쪽에 "이것은 write 함수를 사용한 텍스트입니다." 라는 텍스트가 표시됩니다. 앞서 write 함수의 인자로 해당 문자열을 전달했는데, 이 부분이 웹 대시보드에 텍스트 형태로 표시되었습니다. 아래쪽에는 pandas 라이브러리를 이용하여 간단한 3행 2열 데이터프레임을 만들어 df 변수에 할당한 후 이를 write 함수의 인자로 전달하였습니다. 그 결과 그림 59의 아래쪽과 같이 표가 나타난 것을 확인할 수 있습니다. 이를 통해 write 함수는 단순한 텍스트 표현뿐만 아니라 여러 종류의 입력 데이터를 웹 대시보드에 표현할 수 있다는 것을 확인할 수 있습니다.

Streamlit은 여러 가지 위젯을 통해 사용자와의 인터렉션을 구축하며 웹 대시보드를 더욱 동적이고 사용자 친화적으로 만들어 줍니다. 이러한 역할을 하는 위젯들 중 사용자가 대시보드에 데이터를 입력할 수 있게끔 하는 유용한 입력 위젯 몇 가지를 알아보도록 하겠습니다. 우선 텍스트 입력 위젯입니다. 텍스트 입력은 streamlit의 text_input 함수를 통해 사용할 수 있습니다. 이 함수는 기본적으로 두 개의 인자 입력을 받으며, 첫 번째로는 해당 위젯을 설명할 수 있는 레이블, 두 번째는 입력 위젯의 기본값입니다. 이 때 기본값 인자는 생략할 수 있습니다. 아래 예시 코드에는 이메일 주소를 입력하라는 텍스트 입력 위젯을 생성하고, 그 아래 write 함수를 이용하여 입력된 값을 출력하게끔 합니다.

```
Streamlit text input (streamlit_basics.py)
email = st.text_input('이메일 주소를 입력하세요', 'example@example.com')
st.write(email)
```

이메일 주소를 입력하세요

    example@example.com

example@example.com

이메일 주소를 입력하세요

    pchaneui39@gmail.com

pchaneui39@gmail.com

▲ 그림 60 Streamlit text input. 초기화된 화면과 (위쪽) 기본값에서 입력을 수정한 결과 (아래쪽)

위 코드를 streamlit 웹 대시보드에 나타내면 그림 60의 위쪽과 같은 화면이 나타납니다. 회색 영역의 텍스트 입력 위젯 위로 함수의 첫 번째 인자로 전달했던 레이블 텍스트가 표시된 것을 확인할 수 있으며, 회색 영역의 입력 위젯에는 두 번째 인자였던 기본값이 입력되어 있는 것을 확인할 수 있습니다. 바로 다음에 write 함수로 입력값을 다시 출력하도록 했는데, 그 결과 텍스트 입력 위젯 바로 아래에 입력값이 그대로 출력된 것을 확인할 수 있습니다. 입력값을 기본값에서 수정하면 아래와 같은 결과가 나타납니다. 입력값을 수정한 후 엔터를 누르거나, 대시보드의 다른 영역을 클릭하게 되면 입력값이 반영되고, write함수는 수정된 입력값을 출력합니다.

다음으로 알아볼 입력 위젯은 슬라이더입니다. 슬라이더는 사용자가 지정된 범위 내에서 값을 선택할 수 있도록 하는 위젯으로, 연령 선택, 날짜 범위 설정 등 특정 변수의 값 조절 등에 사용될 수 있습니다. 시작값 (최소값), 종료값 (최대값), 초기값 (선택 옵션) 및 입력값 조절 단계를 (선택 옵션) 설정할 수 있습니다. 아래 예제 코드에서 슬라이더의 몇 가지 사용 예시를 확인해 보겠습니다. 슬라이더는 slider라는 함수를 이용하여 생성할 수 있으며, 슬라이더의 레이블과 범위의 최소값에 해당하는 min_value, 최대값에 해당하는 max_value와 초기값을 나타내는 value를 입력할 수 있습니다. 아래는 최소값, 최대값, 초기값을 각각 0, 100, 50으로 설정한 슬라이더와 선택된 값을 write 함수를 통해 출력하는 예시입니다.

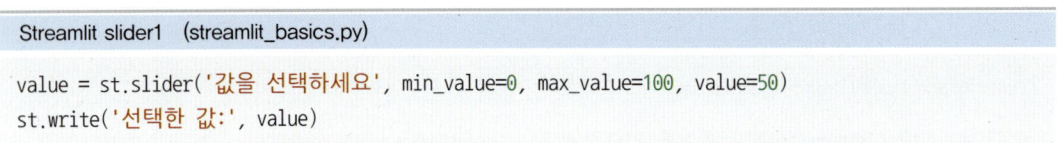

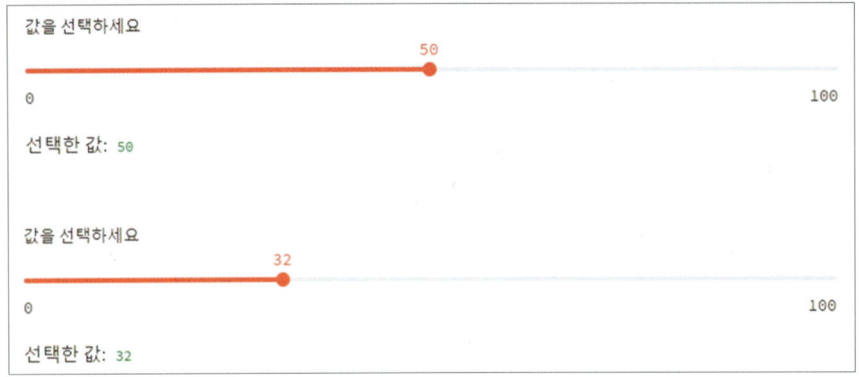

▲ 그림 61 Streamlit slider 단일 값 선택

위 코드를 streamlit 대시보드에 나타내면 그림 61과 같은 위젯이 나타납니다. 기본값을 50으로 설정하였기 때문에 초기 설정값은 50에 고정된 것을 확인할 수 있으며, 위젯의 동그란 버튼을 좌우로 드래그하여 값을 조절할 수 있습니다. 이 때 write 함수에 의해 설정된 값이 아래쪽에 텍스트 형식으로 표시되는 것을 확인할 수 있습니다.

슬라이더 위젯은 위처럼 하나의 값을 선택할 수도 있지만 특정 값의 범위를 선택할 수도 있습니다. 이 때에는 함수의 value 인자에 (최소값, 최대값)과 같은 튜플을 전달하면 됩니다. 아래 예제 코드와 그 결과 그림 62를 확인하시기 바랍니다.

Streamlit slider 범위 선택 (streamlit_basics.py)

```python
range_values = st.slider(
    '범위를 선택하세요',
    min_value=0,
    max_value=100,
    value=(25, 75),
    step=5)
st.write('선택한 범위:', range_values)
```

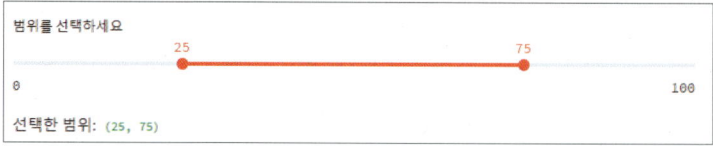

▲ 그림 62 Streamlit slider 범위 선택

    다음으로 슬라이더 위젯으로 날짜 범위를 선택하는 방법을 알아보도록 하겠습니다. slider 함수의 min_value와 max_value 인자에 datetime.date 또는 datetime.datetime 객체를 전달하고, value 인자에 동일하게 날짜(단일 값 선택) 혹은 날짜 튜플(범위 선택)을 전달하면 됩니다. 아래 예제 코드에서는 2020년 1월 1일부터 오늘 날짜까지 중 범위에서 날짜 범위를 선택하는 방법을 나타냅니다. 이 때 format 인자는 날짜를 선택하는 표현 방식을 지정하는데, YYYY-MM-DD 형식을 사용하였습니다. 마지막으로 write 함수를 통해 선택 시작 날짜와 종료 날짜를 출력합니다.

Streamlit slider 날짜 범위 선택 (streamlit_basics.py)

```python
import datetime

start_date, end_date = st.slider(
    '날짜 범위를 선택하세요',
    min_value=datetime.date(2020, 1, 1),
    max_value=datetime.date.today(),
    value=(datetime.date(2020, 1, 1), datetime.date.today()),
    format='YYYY-MM-DD')
st.write('선택한 시작 날짜:', start_date)
st.write('선택한 종료 날짜:', end_date)
```

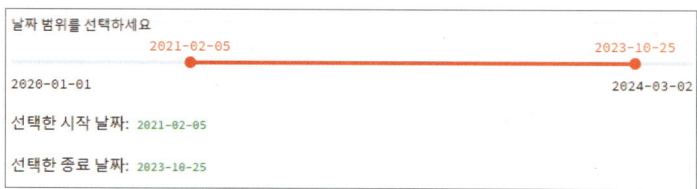

▲ 그림 63 Streamlit slider 날짜 범위 선택

다음으로 버튼 위젯에 대해 알아보겠습니다. Streamlit button 함수는 사용자가 클릭할 수 있는 버튼 위젯을 생성하는 데 사용됩니다. 이 버튼은 사용자와의 상호작용을 구현하는 기본적인 방법으로, 사용자가 특정 동작을 수행하기를 원할 때 사용할 수 있습니다. button 함수는 버튼 위에 표시할 레이블을 문자열 형태의 인자로 받습니다. Streamlit 대시보드에서 버튼이 클릭되면 button 함수는 True를 반환하기 때문에, 이를 이용하여 if 조건문을 통해 버튼이 클릭되었을 때 (True가 반환되었을 때) 실행될 코드를 작성하는 방법을 사용할 수 있습니다. 아래 예제 코드에서는 버튼을 클릭했을 때 write함수를 통하여 버튼이 클릭되었다는 텍스트를 표시합니다.

Streamlit button (streamlit_basics.py)

```python
if st.button('클릭하세요'):
    st.write('버튼이 클릭되었습니다.')
else:
    st.write('버튼을 클릭해 주세요.')
```

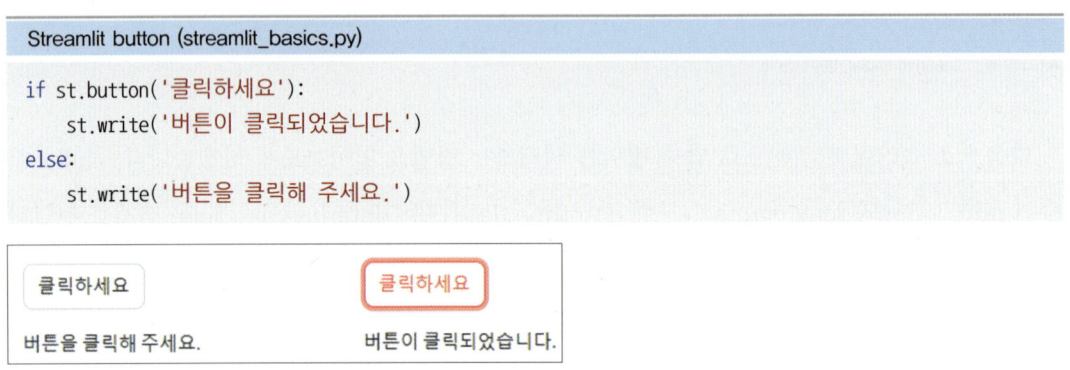

▲ 그림 64 Streamlit 버튼 위젯 예시. 버튼을 클릭하기 전과 (왼쪽), 클릭한 후 (오른쪽)

다음으로는 체크박스 위젯에 대해 알아보도록 하겠습니다. 체크박스는 사용자로부터 불리언 입력(선택/미선택)을 받는데 사용되며, 체크박스를 활성화하거나 비활성화함으로써 사용자가 특정 옵션을 선택하거나 취소할 수 있게 합니다. Streamlit checkbox 함수는 체크박스 옆에 표시될 레이블을 문자열 형식으로 간단히 받을 수 있습니다. 이 때 checkbox 함수는 반환값을 agree 변수에 저장하게 되는데, 박스가 선택될 경우 True를 반환하며, 선택되지 않을 경우 False를 반환합니다. 따라서 if문을 통하여 체크박스가 선택되었을 때, 선택되지 않았을 때에 대한 동작을 구분하여 설정할 수 있습니다. 아래 예시에서는 체크박스가 선택된 경우, 선택되지 않은 경우 서로 다른 텍스트를 출력하도록 하였습니다.

Streamlit checkbox (streamlit_basics.py)

```python
agree = st.checkbox('이용 약관에 동의합니다.')

# 체크박스의 상태에 따라 조건부로 실행
if agree:
    st.write('약관에 동의하셨습니다.')
else:
    st.write('약관 동의가 필요합니다.')
```

▲ 그림 65 Streamlit 체크박스 위젯 사용 예시. 박스를 선택하지 않은 경우(왼쪽)와 선택한 경우(오른쪽)

위 그림 65의 왼쪽은 체크박스를 선택하지 않은 모습과 그 때의 write 함수 출력이며, 오른쪽은 체크박스를 선택하였을 때의 모습과 그 때의 write 함수 출력입니다. 여기서는 write 함수를 통한 간단한 예시를 소개하였으나, 이를 활용하여 체크박스의 활성화 여부에 따라 다른 동작을 하도록 대시보드를 꾸밀 수 있습니다.

다음으로 알아볼 streamlit 입력 위젯은 셀렉트박스입니다. 셀렉트박스는 사용자가 주어진 옵션 목록 중에서 하나를 선택할 수 있게 해주며 (여러 개를 선택할 수 있는 멀티셀렉트 위젯도 있습니다.), 웹 대시보드에서 사용자에게 선택지를 제한적으로 제공해야 할 때 유용하게 사용할 수 있습니다. selectbox 함수는 위젯을 설명하는 레이블과 선택 가능한 옵션들의 리스트를 인자로 필요로 합니다. 선택적으로 index 인자를 전달할 수 있는데, 이는 위젯의 초기 선택값을 옵션으로 주어지는 리스트의 인덱스로 설정할 수 있게끔 합니다. 기본값은 0으로, 옵션 리스트의 첫 번째 항목입니다.

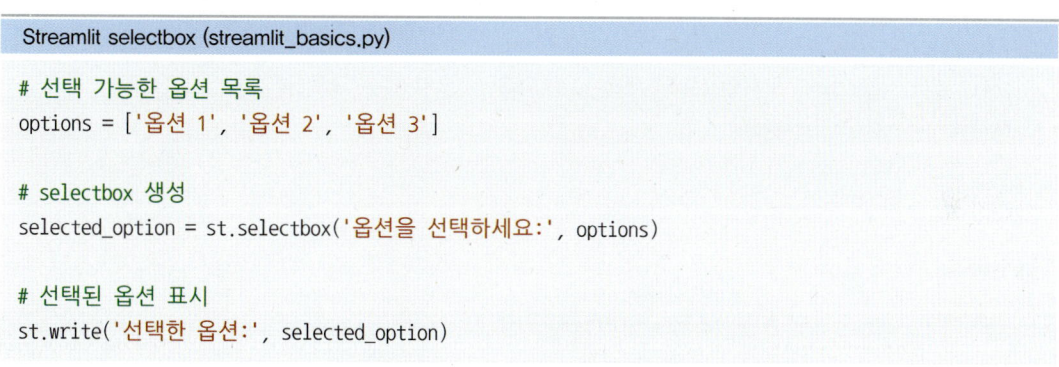

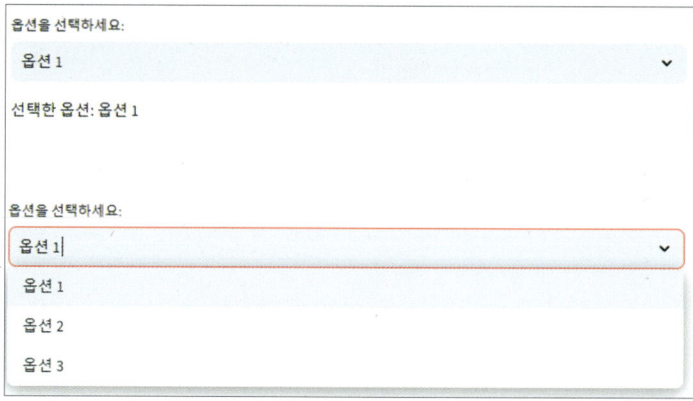

▲ 그림 66 Streamlit 셀렉트박스. 기본 초기값(위쪽)과 셀렉트박스 위젯을 선택하여 드롭다운 메뉴를 표시한 경우 (아래쪽)

앞의 예제 코드를 streamlit 대시보드에 나타낸 결과 위 그림 66의 위쪽처럼 옵션을 선택할 수 있는 드롭다운 위젯이 생성됩니다. 위젯을 클릭하면 드롭다운 메뉴가 아래로 나타나면서 예제 코드에서 리스트 형식으로 전달한 3가지 옵션이 표시되는 것을 확인할 수 있습니다. 각 옵션을 선택할 때 마다 write 함수를 통해 선택된 옵션으로 출력값이 변경되는 것을 확인하시기 바랍니다

아래 예제 코드는 streamlit 셀렉트박스 위젯의 활용 예시입니다. 두 개의 셀렉트박스 위젯을 생성하며, if 조건문을 이용하여 첫 번째 셀렉트박스를 통해 선택한 값이 두 번째 셀렉트박스에 영향을 미치도록 설정합니다. 예를 들어, 첫 번째 셀렉트박스의 선택지에 한국, 미국, 일본 3가지가 있는데, 한국을 선택하면 두 번째 셀렉트박스의 선택지를 서울, 부산, 대구로 설정하며, 미국을 설정할 경우 뉴욕, 샌프란시스코, 시카고로 설정하고, 일본을 선택할 경우 도쿄, 오사카, 교토로 설정되게끔 합니다. 이처럼 특정 위젯의 입력값에 따라 동적으로 다른 위젯에 상호작용할 수 있게끔 설정할 수 있습니다.

Streamlit selectbox 활용 (streamlit_basics.py)

```python
country = st.selectbox('국가를 선택하세요:', ['한국', '미국', '일본'])
if country == '한국':
    city = st.selectbox('도시를 선택하세요:', ['서울', '부산', '대구'])
elif country == '미국':
    city = st.selectbox('도시를 선택하세요:', ['뉴욕', '샌프란시스코', '시카고'])
elif country == '일본':
    city = st.selectbox('도시를 선택하세요:', ['도쿄', '오사카', '교토'])
st.write(f'선택한 도시: {city}')
```

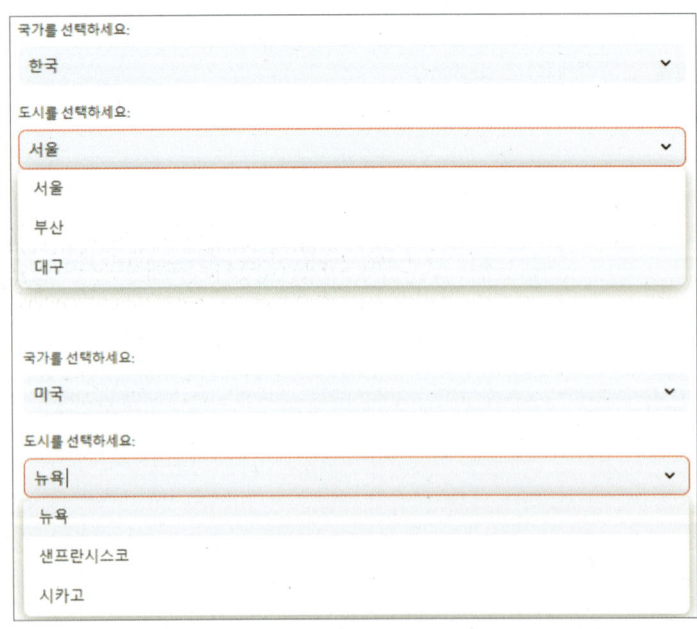

▲ 그림 67 Streamlit 셀렉트박스의 활용 예시. 첫 번째 셀렉트박스 선택값을 한국으로 선택했을 때 두 번째 셀렉트박스의 선택 옵션과 (위쪽), 미국으로 선택했을 때의 두 번째 셀렉트박스의 선택 옵션 (아래쪽).

다음으로 Streamlit에 파일을 업로드 할 수 있는 파일 업로더 위젯에 대해 알아보도록 하겠습니다. 파일 업로더 위젯은 streamlit의 file_uploader 함수를 통해 사용할 수 있으며, 사용자가 로컬 PC에서 파일을 선택하여 웹 대시보드로 직접 전송할 수 있게 하며, 이 파일을 사용하여 대시보드에서 다양한 데이터 처리, 분석, 시각화 작업 등을 수행할 수 있습니다. 기본적으로 streamlit file_uploader 함수는 위젯을 설명할 레이블을 인자로 받으며, 업로드 할 수 있는 파일의 확장자를 type 인자로 제한할 수 있습니다. 이 때 여러 종류의 파일을 업로드 하게끔 설정할 경우 문자열 리스트 형식으로 확장자를 전달합니다. 파일이 업로드되면 해당 함수의 반환값으로 업로드된 파일의 객체를 반환합니다. 아래 예제 코드는 file_uploader 함수에 jpg와 png 파일을 받아올 수 있게끔 설정하여 업로드된 이미지를 streamlit image 함수를 통해 출력하게끔 합니다. 웹 대시보드에서 생성된 파일 업로더 위젯에 소스코드와 함께 제공되는 image1.jpg를 업로드하면 그림 68의 아래쪽과 같은 결과가 출력됩니다.

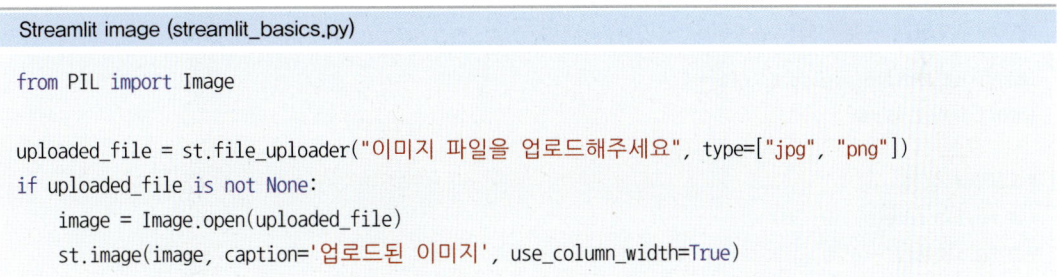

```
Streamlit image (streamlit_basics.py)
from PIL import Image

uploaded_file = st.file_uploader("이미지 파일을 업로드해주세요", type=["jpg", "png"])
if uploaded_file is not None:
    image = Image.open(uploaded_file)
    st.image(image, caption='업로드된 이미지', use_column_width=True)
```

▲ 그림 68 streamlit file_uploader 함수와 image 함수를 이용하여 streamlit 웹 대시보드에 파일 업로더 위젯을 생성한 모습과 (위), 로컬 PC에서 이미지를 업로드하여 결과를 출력한 모습 (아래). 이미지는 지면 제약 상 그 결과의 일부만 표시됨.

다음으로는 데이터 시각화 차트를 streamlit 웹 대시보드에 나타내는 방법을 알아보도록 하겠습니다. Streamlit은 여러 파이썬 시각화 라이브러리를 통해 생성한 차트를 웹 대시보드에 나타낼 수 있는 함수를 제공합니다. 여기서는 가장 대중적인 matplotlib와 plotly를 통해 그린 차트를 나타내는 두 가지 함수에 대해 알아보도록 하겠습니다. 우선 matplotlib를 통해 그래프를 그리고 이를 웹 대시보드에 나타내는 streamlit 함수는 pyplot입니다. 아래 예제 코드에서 matplotlib로 간단한 차트를 그리고 pyplot 함수를 통해 streamlit 웹 대시보드에 시각화해 보겠습니다. 아래에서는 numpy 모듈의 sin 함수를 이용하여 sin 함수를 그립니다. 이 때 matplotlib의 subplots 함수는 fig와 ax 두 개의 값을 반환하는데, 각각을 만화에 비유하자면 fig는 만화를 그릴 수 있는 도화지에, ax는 도화지에 그리는 만화 각각의 컷으로 표현할 수 있습니다. 여기서는 도화지와 컷을 각각 fig, ax 변수로 받아서 그래프를 컷 위에 그리고, streamlit pyplot 함수에 도화지 변수(fig)를 전달하여 웹 대시보드에 표현합니다.

```
Streamlit pyplot    (streamlit_basics.py)

import matplotlib.pyplot as plt
import numpy as np

# 데이터 생성
x = np.linspace(0, 10, 30)
y = np.sin(x)

# Matplotlib pyplot
fig, ax = plt.subplots(figsize=(10, 6))
ax.plot(x, y)

# Streamlit 애플리케이션에 그래프 표시
st.pyplot(fig)
```

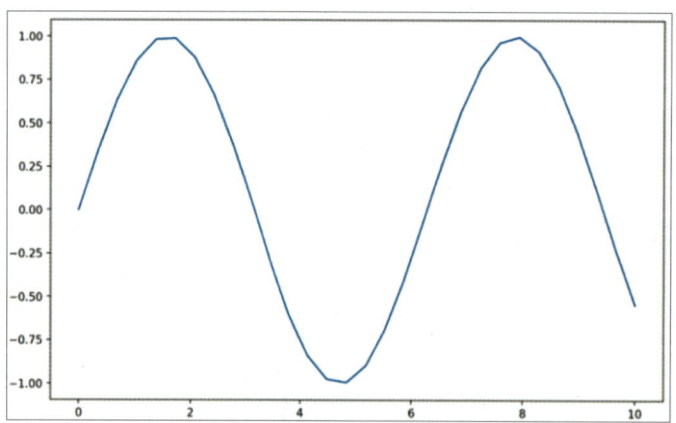

▲ 그림 69 Matplotlib를 통해 그린 그래프를 streamlit pyplot 함수를 통해 웹 대시보드에 표시한 결과

파이썬 데이터 시각화 라이브러리로는 matplotlib 뿐만 아니라 보다 모던하며 인터렉티브한 시각화가 가능한 plotly도 좋은 선택지가 될 수 있습니다. Streamlit은 plotly로 그린 시각화 그래프 또한 웹 대시보드에 표현할 수 있게끔 plotly_chart 함수를 제공합니다. 아래 예제 코드에서는 plotly express에서 제공하는 붓꽃 데이터셋을 이용하여 x축을 꽃받침의 너비 (sepal_width), y축을 꽃받침의 길이(sepal_length)로 하여 산점도 그래프를 그립니다. 이 때 붓꽃의 종을 각 점들의 색깔로 구분하여 그립니다. 여기서 plotly 데이터 시각화를 자세히 다루지는 않지만, plotly를 통해 그린 그래프가 streamlit에 시각화되어 사용자와 어떻게 상호작용할 수 있는지를 확인해 보시기 바랍니다. 아래 코드를 실행하기 전에 프롬프트에서 pip install plotly 커맨드를 사용하여 plotly 라이브러리를 설치하시기 바랍니다.

Streamlit plotly chart   (streamlit_basics.py)

```python
import plotly.express as px
df = px.data.iris()

# Plotly Express를 사용한 그래프 생성
fig = px.scatter(df, x='sepal_width', y='sepal_length', color='species')

# Streamlit 애플리케이션에 그래프 표시
st.plotly_chart(fig)
```

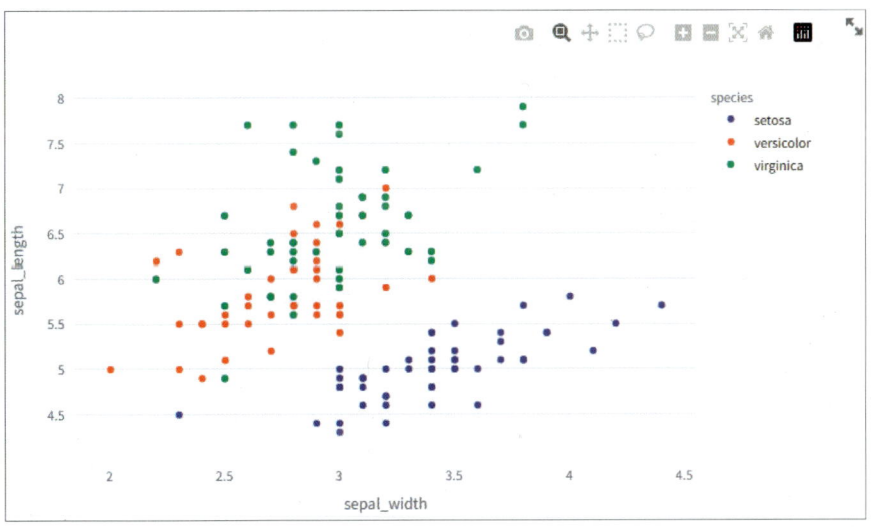

▲ 그림 70 Plotly를 통해 그린 그래프를 streamlit plotly_chart를 통해 웹 대시보드에 표현한 결과

Plotly를 통해 그린 그래프는 JavaScript를 사용하여 브라우저에 동적으로 렌더링됩니다. 따라서 큰 데이터셋을 사용하는 복잡한 그래프의 경우 렌더링에 시간이 오래 걸린다는 단점이 있지만, 차트가 사용자와 상호작용이 가능하여 차트의 확대/축소 및 데이터 포인트들의 세부 정보를 확인할 수 있다는 장점이 있습니다. 실제로 위 그림 70의 그래프에서 각 포인트들에 마우스 포인터를 가져가면 아래 그림 71의 왼쪽과 같이 해당 포인트가 어떤 데이터를 나타내는지를 표시해주며, plotly로 그린 차트의 우상단에는 그림 71의 오른쪽과 같은 확대, 축소, 이동 등 다양한 상호작용을 가능하게 하는 툴바가 제공됩니다.

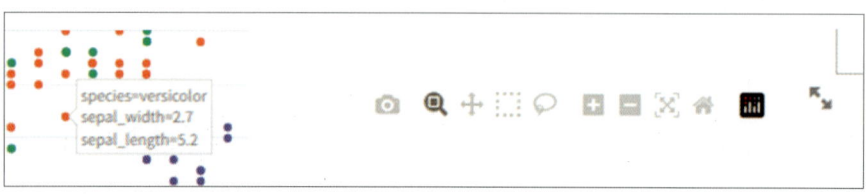

▲ 그림 71 Plotly 차트의 인터랙티브 시각화. Plotly 차트는 각 데이터에 마우스 포인터를 가져가면 해당 데이터의 정보를 확인할 수 있으며 (왼쪽), 확대 및 축소 등 다양한 상호작용 툴을 제공한다 (오른쪽).

지금까지 몇 가지 주요 streamlit 위젯들에 대해 알아보았습니다. 다음으로는 streamlit 웹 대시보드에서 레이아웃을 조정할 수 있는 몇 가지 주요 도구를 알아보도록 하겠습니다. 가장 먼저 소개할 레이아웃 요소는 사이드바(sidebar)입니다. 사이드바는 메인 페이지의 영역을 방해하지 않으면서 추가적인 인터페이스 요소를 제공할 수 있게 보여주는 요소로써, 메인 페이지 옆에 추가적인 위젯이나 정보를 제공하는 데 사용합니다. Streamlit 사이드바를 사용하는 방법은 매우 간단한데, streamlit의 sidebar 메서드를 통해 접근할 수 있습니다. 아래 예제 코드처럼 sidebar 메서드를 통해 각 위젯을 사용하게 되면 위젯이 메인 페이지가 아니라 사이드바에 위치하게 됩니다.

```
Streamlit sidebar (streamlit_layout.py)

import streamlit as st

# 사이드바에 텍스트 입력 위젯 추가
user_name = st.sidebar.text_input('이름을 입력해 주세요:')

# 사이드바에 슬라이더 추가
user_age = st.sidebar.slider('나이:', 0, 100, 25)

# 사이드바에 버튼 추가
submit_button = st.sidebar.button('제출')

# 버튼이 클릭되면 메인 페이지에 사용자 정보 표시
if submit_button:
    st.write(f'안녕하세요, {user_name}님!')
    st.write(f'당신의 나이는 {user_age}살입니다.')
```

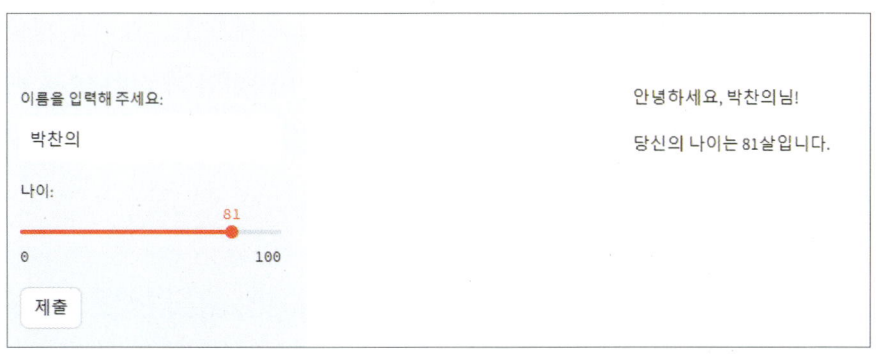

▲ 그림 72 Streamlit 사이드바 예시

위 코드는 streamlit 사이드바에 텍스트 입력 및 슬라이더 위젯을 추가하여 사용자로부터 입력을 받은 후, 버튼을 클릭하면 오른쪽 메인 페이지에 텍스트를 표시합니다 (그림 72). 이처럼 사이드바는 메인 페이지와는 별도의 레이아웃 구성을 할 수 있기 때문에 메인 페이지 영역을 깔끔하게 유지하면서 필요한 모든 사용자 인터페이스를 제공할 수 있습니다.

다음으로 알아볼 레이아웃 요소는 컬럼입니다. 컬럼 레이아웃 요소는 화면을 수평적으로 여러 섹션으로 나누어 각 섹션에 서로 다른 콘텐츠를 배치할 수 있게 합니다. Streamlit 컬럼은 columns 함수를 사용하며, 이 함수는 컬럼의 개수를 인자로 받고 각 컬럼의 객체를 반환합니다. 반환된 컬럼 객체를 변수에 저장하고, with 문을 사용하여 각 컬럼 안에 위치시킬 요소들을 구성합니다. 아래 예제 코드는 두 개의 컬럼을 만들고 각각의 컬럼에 이미지를 하나씩 삽입하여 두 개의 이미지를 가로 방향으로 배치합니다. 이 때 이미지를 삽입하는 데 사용한 streamlit 함수는 image이며, 해당 함수의 인자로 추가할 이미지 파일의 경로명을 입력하면 해당 이미지를 streamlit 웹 대시보드에 추가할 수 있습니다.

Streamlit columns (streamlit_layout.py)

```python
col1, col2 = st.columns(2)

# 첫 번째 컬럼에 콘텐츠 배치
with col1:
    st.header("첫 번째 컬럼")
    st.image("image1.jpg")

# 두 번째 컬럼에 콘텐츠 배치
with col2:
    st.header("두 번째 컬럼")
    st.image("image2.jpg")
```

이번 예시와 같이 세로로 길게 표현되는 구성요소들은 세로방향으로 배치했을 때 가로 방향으로의 여백이 비교적 크기 때문에 공간의 낭비가 심하지만, 컬럼을 이용하여 가로방향으로 배치한다면 공간을 보다 효율적으로 활용할 수 있습니다.

▲ 그림 73 Streamlit 컬럼을 이용하여 두 개의 이미지를 각 컬럼에 배치한 예시

다음으로 알아볼 streamlit 레이아웃 요소는 탭입니다. 탭은 엑셀 스프레드시트 파일에 포함된 여러 개의 시트 각각에 비유할 수 있습니다. 사용자는 각 탭에 적절한 콘텐츠를 개별적으로 배치할 수 있으며, 한 번에 하나의 탭만 활성화하여 해당 탭의 콘텐츠만 표시합니다. 따라서 한 화면에 표시할 수 있는 콘텐츠의 절대적인 양을 늘리면서도 사용자 인터페이스를 깔끔하게 유지할 수 있다는 장점이 있습니다. 아래 예제는 tabs 함수를 통해 두 개의 탭을 생성하며, 이 때 tabs 함수에 전달된 인자는 각 탭의 레이블을 리스트 형식으로 묶은 데이터입니다. tabs 함수의 반환값인 탭 객체를 각각 tab1, tab2라는 변수에 받아옵니다. 앞서 다뤘던 columns와 동일한 방식으로 with 구문을 이용하여 각 탭에 추가할 콘텐츠를 해당 with 구문 안에 작성하게 됩니다. 그 결과, 아래 그림 74와 같이 두 개의 탭이 생성되며, 첫 번째 탭을 활성화한 경우 그림의 위쪽과 같이 첫 번째 탭의 콘텐츠가 나타나며, 두 번째 탭을 활성화한 경우는 첫 번째 탭의 콘텐츠가 숨겨지고 두 번째 탭의 콘텐츠가 나타납니다.

Streamlit tab (streamlit_layout.py)

```python
# 탭 컨테이너 생성
tab1, tab2 = st.tabs(["탭 1", "탭 2"])

# 첫 번째 탭에 콘텐츠 추가
with tab1:
    st.header("이것은 첫 번째 탭입니다")
    st.write("여기에는 첫 번째 탭의 콘텐츠가 표시됩니다.")

# 두 번째 탭에 콘텐츠 추가
with tab2:
    st.header("이것은 두 번째 탭입니다")
    st.write("여기에는 두 번째 탭의 콘텐츠가 표시됩니다.")
```

▲ 그림 73 Streamlit 탭 예시. 두 개의 탭 중 첫 번째를 활성화한 경우 (위쪽), 두 번째 탭을 활성화한 경우 (아래쪽)

Streamlit 투자 웹 대시보드 제작하기

지금까지 streamlit 라이브러리의 기본적인 개념과 주요 위젯들을 알아보았으니 이를 활용하여 투자 웹 대시보드를 제작해 보도록 하겠습니다. 이번 절의 목적은 투자 웹 대시보드 제작으로, 앞서 4장에서 제작한 자동 매매 애플리케이션으로 매매를 특정 기간동안 진행했을 때의 매매내역 데이터를 기반으로 하여 여러 가지 차트를 구성하고, streamlit 웹 대시보드에서 시각화 해 보려고 합니다.

앞서 키움증권의 Open API+는 32bit 파이썬 환경에서 사용해야 하고, streamlit은 64bit 환경에서 사용해야 한다고 말씀드린 바 있습니다. 따라서 각각 파이썬 스크립트를 나눠서 32bit 환경에서 특정 기간 동안의 매매내역을 불러와 csv 파일로 저장하고, 64bit 환경에서 해당 파일을 읽어오고 streamlit 웹 대시보드에 필요한 정보들을 시각화 하는 두 단계로 진행하고자 합니다. 우선 키움증권 Open API+를 이용하여 일정 기간 동안의 매매내역을 받아보도록 하겠습니다.

이번 절에서도 streamlit 투자 웹 대시보드를 제작하기 위해 챗GPT의 도움을 받아보고자 합니다. 앞서 4장에서는 모든 과정에서 챗GPT를 통해 자동매매 애플리케이션을 제작하기 위한 파이썬 코드를 요청하여 챗GPT에 대한 의존도를 매우 높게 진행하였습니다. 하지만 이번 장에서 다루는 내용인 Open API+에서 매매 내역 가져오기는 챗GPT의 의존도를 높게 가져가기가 쉽지 않습니다.

실제로 다음 그림 75과 같이 특정 일자의 매매내역을 수익률 등과 함께 가져오기 위해서는 Open API+에서 제공하는 TR 중 opt10170을 사용하는 것이 편리한데, 해당 TR에 대해 챗GPT에게 아래처럼 문의하면 해당 요청에 대한 구체적인 설명을 찾지 못했다는 답변이 돌아옵니다. 추측컨대, 이는 해당 TR에 대한 학습 자료가 충분하지 않아 챗GPT가 관련 정보를 잘 습득하지 못했기 때문으로 생각됩니다. 따라서 사용자가 보다 적극적으로 개입하여 관련 정보에 대해 사전조사를 진행하고 프롬프트를 보다 구체적으로 작성하여야 할 것으로 보입니다.

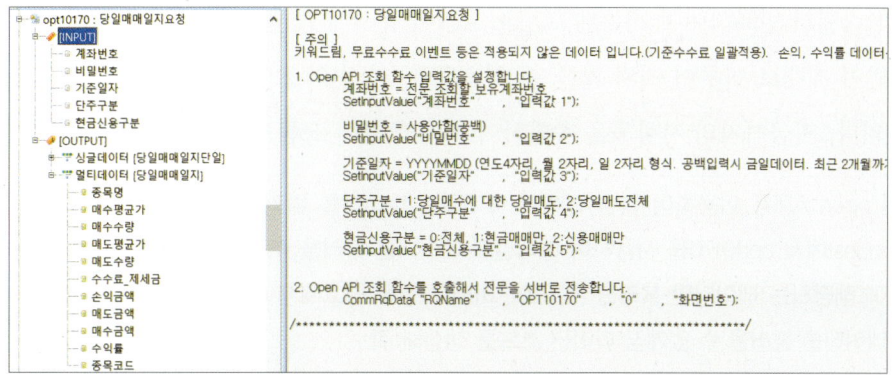

▲ 그림 75 키움증권 Open API+를 통해 매매일지를 확인하기 위한 opt10170 TR의 세부 내용을 KOA studio에서 확인한 화면

 키움증권 Open API+를 이용한 요청 중 opt101700이 무엇인지 설명해 줘

 키움증권의 Open API+를 사용하는 과정에서 opt10170에 대한 구체적인 설명을 찾지 못했지만, 키움증권 Open API+의 일반적인 사용 방법과 관련 정보를 제공할 수 있습니다. 키움증권 Open API+는 키움증권에서 제공하는 주식 거래 및 정보 조회 등을 위한 프로그래밍 인터페이스입니다. 이를 통해 개발자들은 주식 자동 매매 프로그램을 개발하거나 주식 시장 데이터를 분석하는 데 필요한 다양한 기능을 구현할 수 있습니다.

키움증권 Open API+를 사용하기 위해서는 먼저 키움증권 홈페이지를 통해 API 사용 신청을 하고, 관련 모듈을 설치해야 합니다. 설치 후에는 KOA Studio라는 도구를 사용하여 API 기능을 테스트하고 개발할 수 있습니다.

[후략]

우선 챗GPT를 통해서 일별 매매 데이터를 가져와 csv파일로 저장하는 코드를 생성해 보도록 하겠습니다. 그림 75와 같이 KOA studio의 opt10170 TR의 상세설명을 참고하여 Open API+를 통해 데이터를 불러오는 block_request에 전달해야 할 인자값(input)으로 계좌번호, 비밀번호, 기준일자, 단주구분, 현금신용구분이 있다는 것을 확인합니다. 이 때 계좌번호와 비밀번호는 앞서 4장에서 했던 것과 동일하게 설정하고, 단주구분은 1로, 현금신용구분은 0으로 설정해 달라고 프롬프트를 작성하겠습니다. 그 중 기준일자는 "YYYYMMDD"형식으로 데이터를 불러올 날짜를 전달하여야 하는데, 기간 형식으로 전달하는 것이 아니라 한 번의 요청에 하루 데이터를 받아올 수 있습니다. 따라서 특정 기간, 즉 여러 날짜에 걸쳐 매매일지를 불러오려면 동일한 요청을 날짜만 바꿔서 반복하여야 하는데, Open API에 동시에 많은 요청을 하게 되면 요청에 대한 결과 반환이 제대로 이루어 지지 않을 수 있으므로, 한 번의 요청당 0.5초의 간격을 두도록 설정하겠습니다. 지금까지의 사항들을 종합하여 아래와 같이 프롬프트를 작성합니다.

키움증권 open API를 이용하여 특정 날짜의 매매일지 데이터를 불러오려고 해. pykiwoom의 block_request에서 opt10170을 사용하여 매매일지 데이터를 불러올 수 있는데, 이 요청은 한 번에 1일치에 해당하는 데이터만 불러올 수 있어. 아래 사항을 참고해서 여러 날짜에 해당하는 매매 일지 데이터를 불러올 수 있게끔 파이썬 코드를 생성해 줘

1. block_request에서 opt10170 요청을 사용하기 위해 필요한 인자는 다음과 같아: 계좌번호, 비밀번호, 기준일자(데이터를 조회하고자 하는 날짜), 단주구분(1을 사용한다), 현금신용구분(0을 사용한다)
2. 1번에서 필요한 계좌번호와 비밀번호는 pykiwoom 모듈을 통해 불러와 사용해 줘.
3. 각 기준날짜에 해당하는 매매일지 데이터에 해당 날짜를 "기준날짜" 컬럼을 생성하여 추가해 줘.
4. 15일 동안의 매매일지 데이터를 하나의 dataframe으로 합쳐서 csv파일로 저장해 줘. 파일은 스크립트와 동일한 위치에 저장하고, 파일명은 "매매일지.csv"로 설정해 줘.
5. 한번의 block_request를 수행하면 0.5초 이후에 다음 block_request가 반복되도록 설정해 줘.

아래의 파이썬 코드는 요구사항에 맞게 키움증권 open API를 이용하여 15일 동안의 매매일지 데이터를 불러와 하나의 DataFrame에 합치고, "기준날짜" 컬럼을 추가한 뒤, "매매일지.csv" 파일로 저장하는 방법을 보여줍니다. PyKiwoom 라이브러리를 사용하여 구현되었습니다.

```python
import pandas as pd
from pykiwoom.kiwoom import Kiwoom
import time
from datetime import datetime, timedelta

# Kiwoom 로그인
kiwoom = Kiwoom()
kiwoom.CommConnect(block=True)

# 계좌번호와 비밀번호 가져오기 (여기서는 비밀번호 사용이 필요 없는 경우가 많습니다만, 필요한 경우에 대비해 언급)
accounts = kiwoom.GetLoginInfo("ACCNO")  # 계좌번호
account = accounts[0]   # 첫 번째 계좌 사용

# 15일치 데이터를 저장할 빈 DataFrame 생성 ❶
all_trades_df = pd.DataFrame()

# 오늘 날짜에서 15일 전까지의 날짜 생성 ❷
end_date = datetime.now()
start_date = end_date - timedelta(days=15)
```

```python
for single_date in (start_date + timedelta(n) for n in range(15)): #❸
    # 기준일자 형식 맞추기 (예: '20240302')
    base_date = single_date.strftime('%Y%m%d')

    # block_request로 매매일지 데이터 가져오기 ❹
    df = kiwoom.block_request("opt10170",
                              계좌번호=account,
                              비밀번호="0000",  # 비밀번호는 실제 사용 시 정확한 값으로 설정
                              기준일자=base_date,
                              단주구분="1",
                              현금신용구분="0",
                              output="주식일봉차트조회",
                              next=0)

    # "기준날짜" 컬럼 추가 ❺
    df['기준날짜'] = base_date

    # DataFrame에 추가 ❻
    all_trades_df = pd.concat([all_trades_df, df], ignore_index=True)

    # API 요청 간 0.5초 대기 ❼
    time.sleep(0.5)

# CSV 파일로 저장 ❽
all_trades_df.to_csv("매매일지.csv", index=False)
```

이 코드는 다음 단계를 따릅니다:

PyKiwoom을 이용해 키움증권에 로그인합니다.
로그인한 계정의 첫 번째 계좌번호를 가져옵니다.
지난 15일 동안의 날짜를 순회하면서 각 날짜에 대한 매매일지 데이터를 요청합니다.
각 데이터에 "기준날짜" 컬럼을 추가하여 모든 데이터를 하나의 DataFrame에 합칩니다.
최종적으로 합쳐진 DataFrame을 "매매일지.csv" 파일로 저장합니다.

주의사항:
비밀번호는 실제 사용하는 값으로 적절히 변경해야 합니다. 여기서는 예시로 '0000'을 사용했습니다.
API 요청 사이에 적절한 대기 시간(0.5초)을 두어 요청 간격을 조절합니다.
실제 사용 시, PyKiwoom 설치 및 키움증권 API 사용을 위한 환경 설정이 필요합니다.

★ 코드 설명 (get_trading_data.py)

챗GPT가 생성해 준 코드 앞부분의 Open API 연결 및 계좌번호를 가져오는 부분까지는 4장에서 소개한 것과 동일하므로 설명을 생략합니다.

❶에서는 pandas 라이브러리의 데이터프레임을 생성하여 all_trades_df 변수에 할당합니다. Pandas 데이터프레임은 엑셀 스프레드시트와 유사하게 2차원 테이블 형식의 데이터를 다루는 데 아주 용이합니다.

❷에서는 매매일지 데이터를 불러올 기간을 설정합니다. 프롬프트에 현 시점으로부터 15일 전까지의 데이터를 받아오도록 요청하였으므로 end_date에는 현 시간, start_date에는 timedelta를 이용하여 end_date로부터 15일 이전의 시간을 지정합니다.

❸에서는 for 반복문을 이용하여 start_date부터 시작하여 1일씩 뒤로 가면서 오늘 날짜까지 도달할 때까지 for 반복문 안의 코드블럭을 반복합니다.

❹에서는 block_request를 이용하여 Open API를 통해 매매일지를 가져옵니다. opt10170 TR을 이용하며, 해당 TR에 필요한 인자(input)는 프롬프트에 요청한 것과 같이 설정되었습니다. 이 때 비밀번호가 "0000"으로 설정되어 있는데, 필요에 따라 적절하게 변경이 필요합니다. 모의투자를 이용하는 경우 빈 문자열 ""로 변경합니다. block_request의 결과를 df 변수에 할당하고, ❺에서 불러온 데이터에 '기준날짜' 컬럼을 생성하여 base_date (for 반복문을 통해 조회하고 있는 YYYYMMDD 형식의 날짜) 변수를 입력합니다.

❻에서는 하루씩 조회하는 데이터를 15일간의 모든 날짜 데이터로 합치기 위해 pandas의 concat 함수를 이용하여 all_trades_df 데이터프레임과 df 데이터프레임을 행 방향으로 합칩니다. 여기서 ingore_index 인자는 합치는 데이터프레임 각각의 인덱스를 무시하고 새로운 인덱스를 할당하겠다는 뜻입니다. Open API에 한꺼번에 너무 많은 요청이 들어갈 경우 정상적인 결과를 받을 수 없는 경우가 발생할 수 있기 때문에 for 반복문 안쪽의 코드블럭이 실행되고 반복문의 다음 순회가 시작되기 전 ❼에서 0.5초 코드의 진행을 일시중지합니다.

반복문의 순회가 모두 끝나고 for문을 탈출하면 마지막으로 ❽에서 지금껏 합친 매매일지 데이터인 all_trades_df 데이터프레임을 '매매일지.csv' 파일로 저장합니다.

챗GPT가 생성해 준 파이썬 코드를 VS code로 불러와서 ★코드 설명의 ❹와 같이 비밀번호 인자를 "0000"에서 빈 문자열인 ""로 수정한 후 해당 스크립트를 실행합니다. 코드 실행이 성공적으로 완료되면 해당 파이썬 스크립트가 있는 폴더에 매매일지.csv 파일이 생성되었을 것입니다. 생성된 파일을 실행해 보면 한글 깨짐이 있는 것을 확인할 수 있습니다. 이는 csv 파일을 내보낼 때 한글 인코딩에 문제가 있어서 생기는 현상으로 보통 to_csv 메서드의 encoding 인자를 utf-8-sig로 설정하여 대부분 해결할 수 있습니다. 위 코드의 ❽ 부분을 직접 수정하여도 되지만, 여기서는 아래처럼 프롬프트를 작성하여 챗GPT를 통해 문제를 해결해 보도록 하겠습니다.

위 코드의 실행 결과 생성된 csv 파일을 확인해 보니 한글이 깨져서 나오는데, 해결 방법을 알려 줘.

 CSV 파일을 저장할 때 한글이 깨지는 문제는 파일을 저장할 때 인코딩 방식이 올바르지 않아 발생합니다. 대부분의 경우, 한글을 포함한 CSV 파일을 저장할 때는 'utf-8-sig' 인코딩을 사용하면 호환성 문제를 줄일 수 있습니다. 아래 코드는 to_csv 함수에 인코딩 옵션을 추가하여 이 문제를 해결하는 방법을 보여줍니다.

```
all_trades_df.to_csv("매매일지.csv", index=False, encoding='utf-8-sig')
```

이렇게 변경하면 생성된 CSV 파일은 대부분의 텍스트 에디터나 엑셀 등에서 한글이 깨지지 않고 정상적으로 표시됩니다. 'utf-8-sig' 인코딩은 UTF-8 인코딩과 호환되면서 파일의 시작 부분에 바이트 순서 표시(BOM, Byte Order Mark)를 추가하여, 일부 프로그램이 파일을 UTF-8로 올바르게 인식할 수 있게 도와줍니다.

챗GPT를 통해 확인한 수정사항을 이전 스크립트에 반영 후 스크립트를 재실행하여 생성된 매매일지 csv 파일을 실행하면 그림 76과 같이 기준날짜별 매매한 종목, 매매평균가, 매매수량, 손익금액, 수익률 등을 확인할 수 있습니다. 해당 매매일지를 기반으로 streamlit에 웹 데이터 대시보드를 제작하도록 하겠습니다.

	A	B	C	D	E	F	G	H	I	J	K	L
1	종목명	매수평균가	매수수량	매도평균가	매도수량	수수료_제	손익금액	매도금액	매수금액	수익률	종목코드	기준날짜
2	삼성전자	72850	1	73600	1	641	109	73600	72850	0.15	5930	20240201
3	현대차	195290	1	208000	1	1776	10934	208000	195290	5.26	5380	20240201

▲ 그림 76 챗GPT를 통해 생성한 기간별 매매일지 조회 스크립트를 실행하여 얻은 csv 파일을 엑셀 스프레드시트에서 확인한 화면

지금까지 특정 기간의 주식 매매 일지를 받아오기 위한 스크립트를 또 하나 작성하였습니다. 하지만 일성 주기마다 매매일지를 생신하기 위하여 해낭 스크립트를 내번 실행하는 것은 번서로운 일입니다. 따라서 chapter 4에서 제작했던 자동매매 애플리케이션에 지금까지 학습했던 매매일지 csv 파일을 저장하는 기능을 추가해 보도록 하겠습니다. 자동매매 애플리케이션이 15시가 되면 보유하고 있는 주식을 모두 매도하도록 알고리즘을 구성했는데, 모든 주식을 매도한 후 매매일지 csv 파일을 생성하도록 코드를 수정하도록 하겠습니다. 앞서 자동매매 애플리케이션을 제작한 스크립트는 소스코드로 배포된 [system 구축11 – 슬랙 메시지 보내기.py]와 같고, 매매일지를 제작하는 스크립트는 [get_trading_data.py]인데, 이 두가지 스크립트를 하나의 스크립트로 합치기 위해 아래처럼 프롬프트를 작성해 보도록 하겠습니다. 이 때 자동매매 애

플리케이션이 종료되는 시점, 즉 주식을 매도하는 sell_all_stocks 함수에 매매일지를 제작하는 알고리즘을 심어 보도록 하겠습니다.

 아래 두 가지 파이썬 스크립트를 합치려고 해. 모듈 임포트와 같은 중복되는 부분을 제거해서 〈코드2〉를 〈코드1〉의 sell_all_stocks 함수의 마지막에 실행될 수 있게끔 합쳐 줘.

〈코드 1〉
[system 구축11 – 슬랙 메시지 보내기.py 내용 추가, 여기서는 생략]

〈코드 2〉
[get_trading_data.py 내용 추가, 여기서는 생략]

 두 스크립트를 합치려면 중복되는 부분을 제거하고, 두 번째 스크립트의 로직을 첫 번째 스크립트의 sell_all_stocks 함수 마지막에 추가하는 방법을 사용할 수 있습니다. 중복되는 부분에는 모듈 임포트와 Kiwoom 로그인 절차가 포함됩니다. 이미 MyWindow 클래스에서 Kiwoom 로그인이 처리되고 있으므로, 두 번째 스크립트에서 이 부분을 제거하고 sell_all_stocks 함수 내에서 해당 로직을 실행하도록 합치겠습니다.

합쳐진 코드에서는 sell_all_stocks 함수의 끝에서 15일치 데이터를 가져와 매매일지.csv 파일로 저장하는 로직을 추가합니다. pandas 모듈과 필요한 함수들이 이미 임포트되어 있는지 확인하고, 없으면 추가해야 합니다. 아래는 수정된 코드의 일부입니다.

변경 전 sell_all_stocks 함수 끝부분과 변경 후 코드를 이어붙인 예시입니다:

```python
# 이전 코드: sell_all_stocks 함수 마지막 부분

# 새로운 기능을 추가하기 위한 모듈 임포트 확인 및 추가
import pandas as pd
from datetime import datetime, timedelta  # ❶
import time

def sell_all_stocks(self):
    # 기존의 매도 로직
    ...
    self.send_slack_message("매도 위해 가져온 종목 데이터 오류")

    # ❷

    # 〈코드 2〉의 로직을 합쳐서 여기에 추가
    all_trades_df = pd.DataFrame()
    end_date = datetime.now()  # ❸
    start_date = end_date - timedelta(days=15)  # ❸
```

```
        start_date = end_date - timedelta(days=15)  # ❸

        for single_date in (start_date + timedelta(n) for n in range(15)):  # ❸
            base_date = single_date.strftime('%Y%m%d')

            df = self.kiwoom.block_request("opt10170",
                                           계좌번호=self.kiwoom.GetLoginInfo("ACCNO")
[0],  # 첫 번째 계좌 사용
                                           비밀번호="",  # 비밀번호는 실제 사용 시 정확한
값으로 설정
                                           기준일자=base_date,
                                           단주구분="1",
                                           현금신용구분="0",
                                           output="",
                                           next=0)

            df['기준날짜'] = base_date
            all_trades_df = pd.concat([all_trades_df, df], ignore_index=True)
            time.sleep(0.5)  # API 요청 간 대기

        # CSV 파일로 저장
        all_trades_df.to_csv("매매일지.csv", index=False, encoding='utf-8-sig')
        # ❹
```

이 코드는 기존 sell_all_stocks 함수에 15일 동안의 매매 일지를 CSV 파일로 저장하는 기능을 추가한 것입니다. 중복되는 부분(모듈 임포트, Kiwoom 로그인 절차)은 제거되었고, MyWindow 클래스의 기존 Kiwoom 로그인 인스턴스를 사용하여 데이터를 요청합니다.

★ 코드 설명

생성된 코드의 최상단을 보면 두 가지 스크립트를 합치면서 필요한 모듈을 임포트합니다. 다만, [system 구축11 - 슬랙 메시지 보내기.py] 스크립트에서 datetime 모듈을 임포트하였으나, ❶과 같이 datetime 모듈에서 datetime과 timedelta를 다시 임포트하고 있습니다. 해당 임포트 구문을 그대로 사용하면 코드가 합쳐지면서 에러를 일으키게 되므로 이 부분은 뒤에서 수정하도록 하겠습니다. ❷ 위치가 기존 [system 구축11 - 슬랙 메시지 보내기.py] 스크립트가 끝나고 매매일지 csv 파일 생성 알고리즘이 시작되는 부분입니다. ❸에서는 ❶에서 임포트한 datetime의 now와 timedelta를 사용하여 현재 날짜와 시간을 불러오는 부분으로 ❶이 삭제되고 datetime 모듈이 그대로 사용되면 해당 부분도 datetime.datetime.now(), datetime.timedelta와 같이 수정되어야 합니다.

위 ★코드 설명에서 모듈 임포트 부분의 수정이 필요하다고 설명드렸습니다. 위 코드의 ①에 해당하는 줄만 삭제하고, 나머지 pandas, time 모듈 임포트 구문을 [system 구축11 - 슬랙 메시지 보내기.py] 스크립트 맨 위에 추가합니다. ❶을 삭제하는 이유는 [system 구축11 - 슬

랙 메시지 보내기.py] 스크립트에 이미 datetime 모듈을 임포트하는 구문이 있기 때문에, 코드의 충돌을 피하기 위함입니다. ❷ 아래 부분을 sell_all_stocks 함수의 끝부분에 이어 붙여야 하는데, ❸의 datetime.now()와 timedelta(days=15)는 ❶을 삭제하였으므로 아래 코드처럼 ❸을 수정합니다. 이는 ❶의 datetime 모듈에서 datetime과 timedelta를 직접 임포트하는 구문을 삭제하고 기존 system 구축11 - 슬랙 메시지 보내기.py] 스크립트에 존재하던 datetime 모듈 임포트문을 사용하기 때문입니다.

```
end_date = datetime.datetime.now()
start_date = end_date - datetime.timedelta(days=15)

for single_date in (start_date + datetime.timedelta(n) for n in range(15)):
```

마지막으로 ❹에서 매매일지 파일을 생성하였다는 로그를 GUI 윈도우에 출력하게끔 코드 한 줄을 아래처럼 추가합니다. 로그 출력을 위한 코드는 앞서 여러 번 다룬 바 있으므로 추가 설명을 생략합니다.

```
self.buysell_log.append("매매일지.csv 파일 생성 완료")
```

지금까지 수정된 코드는 아래와 같습니다. 아래 스크립트는 소스코드의 [system 구축12 - 최종버전.py]로 제공됩니다. 이제 변동성돌파 전략을 기반으로 주식 자동매매를 진행하며, 15시가 되면 모든 보유 주식을 매도한 후 당일부터 15일 전까지의 매매일지 csv 파일을 생성합니다.

```
system 구축12 - 최종버전.py
import sys
from PyQt5 import uic
from PyQt5.QtWidgets import QApplication, QMainWindow
from PyQt5.QtCore import QTimer, QTime
from pykiwoom.kiwoom import Kiwoom
from pykrx import stock
import datetime
import requests
import pandas as pd
import time

# Qt Designer로 생성한 gui 파일 로드
form_class = uic.loadUiType(r'파일 경로 추가')[0]

class MyWindow(QMainWindow, form_class):
```

```python
    def __init__(self):
        super().__init__()
        self.setupUi(self)

        # Kiwoom 로그인
        self.kiwoom = Kiwoom()
        self.kiwoom.CommConnect(block=True)

        # 버튼 연결
        self.button_start.clicked.connect(self.start_trading)
        self.button_stop.clicked.connect(self.stop_trading)

        # 타이머 설정
        self.market_timer = QTimer(self)
        self.market_timer.timeout.connect(self.check_market_time)
        self.trade_timer = QTimer(self)
        self.trade_timer.timeout.connect(self.trade_stocks)

        # 슬랙 웹훅 URL 설정
        self.slack_webhook_url = "여기에_당신의_슬랙_웹훅_URL을_입력하세요"

        # 매수한 종목 추적을 위한 딕셔너리 추가
        self.bought_stocks = {}

    def start_trading(self):
        self.market_timer.start(1000 * 60)  # 1분마다 check_market_time 호출
        self.trade_timer.start(1000 * 17)   # 17초마다 trade_stocks 호출

    def stop_trading(self):
        self.market_timer.stop()  # 타이머 중지
        self.trade_timer.stop()

    def check_market_time(self):
        now = QTime.currentTime()
        if now.toString("HHmm") >= "1500":  # 15시가 되면 매도
            self.stop_trading()   # 모든 타이머 중지
            self.sell_all_stocks()

    def send_slack_message(self, message):
        """슬랙으로 메시지를 전송하는 함수"""
        data = {"text": message}
        response = requests.post(self.slack_webhook_url, json=data)
        if response.status_code != 200:
            print(f"슬랙 메시지 전송 실패: {response.status_code}, {response.text}")

    def trade_stocks(self):
```

```python
        codes = self.code_list.text().split(',')  # 종목 코드 분리
        k_value = float(self.k_value.text())  # K 값 입력 받기

        today = datetime.date.today()  #
        yesterday = today - datetime.timedelta(days=1)

        # 가장 최근의 거래일 얻기
        last_trading_day = stock.get_nearest_business_day_in_a_week(date=yesterday.strftime('%Y%m%d'))

        for code in codes:
            # 매수한 종목이 아니거나, 오늘 매수하지 않았으면
            if code.strip() and code.strip() not in self.bought_stocks or self.bought_stocks.get(code.strip()) != today:
                # 현재가 조회 및 로그 출력
                current_price = int(self.kiwoom.block_request("opt10001",
                                                              종목코드=code.strip(),
                                                              output="주식기본정보",
                                                              next=0)['현재가'][0].replace(",", ""))

                # 현재가가 음수인 경우 절대값으로 변환
                current_price = abs(current_price)

                now = datetime.datetime.now().strftime('%H:%M:%S')
                name = self.kiwoom.block_request("opt10001",
                                                 종목코드=code.strip(),
                                                 output="주식기본정보",
                                                 next=0)['종목명'][0]
                self.textboard.append(f"[{now}] [{code.strip()}] [{name}] [현재가: {current_price}]")

                # 변동성 돌파 전략 계산 및 매수 조건 확인
                yesterday_data = stock.get_market_ohlcv_by_date(last_trading_day, last_trading_day, code.strip())
                if not yesterday_data.empty:
                    high = yesterday_data['고가'][0]
                    low = yesterday_data['저가'][0]
                    close = yesterday_data['종가'][0]
                    target_price = close + (high - low) * k_value

                    if current_price > target_price:  # 변동성 돌파 전략에 따라 매수
                        self.buy_stock(code.strip(), current_price, 1)

                        # 매수 후 매수한 종목 기록에 추가
                        self.bought_stocks[code.strip()] = today
```

```python
    def buy_stock(self, code, price, quantity):
        # 매수 주문
        account_number = self.kiwoom.GetLoginInfo("ACCNO")[0]  # 첫 번째 계좌 사용
        order_type = 1  # 신규매수
        trade_type = "00"  # 지정가
        self.kiwoom.SendOrder("SendOrder", "0101", account_number, order_type, code, quantity, price, trade_type, "")
        self.buysell_log.append(f"[매수 주문] [{code}] [가격: {price}] [수량: {quantity}]")
        # 슬랙 메시지 전송 추가
        self.send_slack_message(f"[매수 주문] [{code}] [가격: {price}] [수량: {quantity}]")

    def sell_all_stocks(self):
        account_number = self.kiwoom.GetLoginInfo("ACCNO")[0].split(';')[0]  # 첫 번째 계좌 사용
        password = ""  # 비밀번호는 빈 문자열로 설정 (실제 사용 시 필요에 따라 수정)

        result = self.kiwoom.block_request("opw00018",
                          계좌번호=account_number,
                          비밀번호=password,
                          비밀번호입력매체구분="00",
                          조회구분=2,
                          output="계좌평가잔고개별합산",
                          next=0)

        if '종목번호' in result and len(result['종목번호']) > 0:  # KeyError 방지 및 결과 데이터가 비어 있지 않은지 확인
            for i in range(len(result['종목번호'])):
                code = result['종목번호'][i].strip()[1:]  # 종목코드 앞의 'A' 제거
                quantity_str = result['보유수량'][i].strip()
                quantity = int(quantity_str) if quantity_str.isdigit() else 0  # 보유수량이 빈 문자열인 경우 0으로 처리

                if quantity > 0:  # 보유 수량이 0보다 클 때만 매도 주문
                    self.kiwoom.SendOrder("SendOrderSell", "0101", account_number, 2, code, quantity, 0, "03", "")
                    self.buysell_log.append(f"[매도 주문] [{code}] [시장가] [수량: {quantity}]")
                    # 슬랙 메시지 전송 추가
                    self.send_slack_message(f"[매도 주문] [{code}] [시장가] [수량: {quantity}]")
                else:
                    self.buysell_log.append("[매도 주문 실패] 보유한 주식이 없습니다.")
                    self.send_slack_message("[매도 주문 실패] 보유한 주식이 없습니다.")
        else:
            self.buysell_log.append("매도 위해 가져온 종목 데이터 오류")
            self.send_slack_message("매도 위해 가져온 종목 데이터 오류")

        # 매매 일지 csv 파일 생성
        all_trades_df = pd.DataFrame()
        end_date = datetime.datetime.now()
```

```python
        start_date = end_date - datetime.timedelta(days=15)

        for single_date in (start_date + datetime.timedelta(n) for n in range(15)):
            base_date = single_date.strftime('%Y%m%d')

            df = self.kiwoom.block_request("opt10170",
                            계좌번호=self.kiwoom.GetLoginInfo("ACCNO")[0],  # 첫 번째 계좌 사용
                            비밀번호="",  # 비밀번호는 실제 사용 시 정확한 값으로 설정
                            기준일자=base_date,
                            단주구분="1",
                            현금신용구분="0",
                            output="",
                            next=0)

            df['기준날짜'] = base_date
            all_trades_df = pd.concat([all_trades_df, df], ignore_index=True)
            time.sleep(0.5)

        # CSV 파일로 저장
        all_trades_df.to_csv("매매일지.csv", index=False, encoding='utf-8-sig')
        self.buysell_log.append("매매일지.csv 파일 생성 완료")

if __name__ == "__main__":
    app = QApplication(sys.argv)
    myWindow = MyWindow()
    myWindow.show()
    sys.exit(app.exec_())
```

이제 매매일지 csv 파일을 기반으로 간단한 streamlit 웹 대시보드를 제작해 보도록 하겠습니다. 이번 절에서 만들어 보고자 하는 streamlit 웹 대시보드의 구조는 아래 그림 77과 같습니다. 우선 ❶에서는 사이드바를 이용하여 사용자로부터 변동성 돌파 전략을 테스트하는 데 사용할 관심종목 종목코드와 K값을 입력 받습니다. 또한, 매매일지 csv 파일을 입력받을 파일 업로더 위젯도 생성합니다. ❷에서는 사이드바에서 입력 받은 각 종목코드 별 시계열 캔들차트를 그립니다. 또한 각 날짜에서 입력받은 K값을 기반으로 변동성 돌파 매매전략을 사용했을 때 각 날짜별 매수목표가격을 꺾은선 그래프로 캔들차트와 함께 표시합니다. 이 때, 사용자가 입력한 종목코드가 두 개 이상일 수 있으므로, 입력한 종목코드의 개수만큼 탭을 생성하여 각 탭 별로 하나의 종목에 대한 차트를 표시합니다. ❸에서는 업로드한 매매일지 파일을 기반으로 수익 시계열 차트를 그립니다. 일별 수익률을 꺾은선 그래프로, 손익금액을 막대차트로 표현하겠습니다.

마지막으로 ❹에서는 streamlit 컬럼을 사용하여 매매일지를 기반으로 종목별 매수 수량 파이차트, 전체 기간의 종목별 평균 수익률 막대차트, 종목별 매수확률을 막대차트로 표시해 보겠습니다. 여기서 매수확률이란 사용자가 입력한 K값 기반으로 변동성 돌파 전략을 수행했을 때 해당 종목을 매수한 날이 전체 거래일 대비 얼마나 되는 지 나타내는 지표입니다.

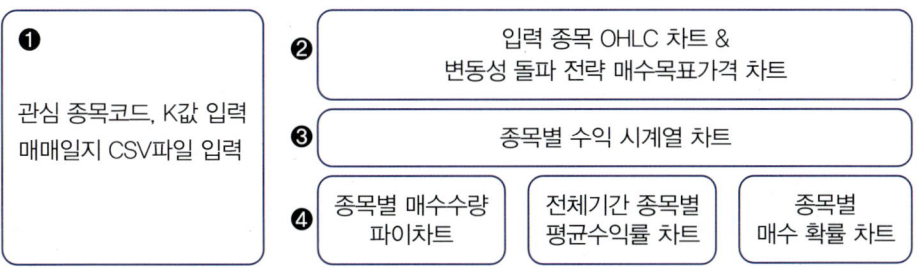

▲ 그림 77 매매일지를 기반으로 제작할 Streamlit 웹 대시보드 구성

우선 그림 77의 ❶ 일부분과 ❷를 구현해 보도록 하겠습니다. 사이드바를 만들어 ❶과 같이 사용자로부터 종목코드와 변동성 돌파 전략을 테스트할 K값을 입력 받을 텍스트 입력 위젯 2개를 생성하고, 사용자가 입력을 마친 후 버튼을 클릭하면 ❷에 해당하는 차트를 그리도록 설계해 보도록 하겠습니다. 이 때 plotly 모듈의 캔들차트를 이용하여 종목별로 OHLC 차트를 그리고, 입력받은 K값에 기반하여 변동성 돌파 전략의 매수목표가격을 구하여 같은 그래프에 꺾은선으로 표현합니다. 해당 요구사항을 종합하여 아래와 같이 프롬프트를 작성합니다

> 파이썬 streamlit과 pykrx 모듈을 이용하여 아래 요구사항에 맞는 웹 대시보드 생성을 위한 코드를 생성해 줘.
>
> 1. streamlit sidebar에 사용자로부터 하나 이상의 주식 종목코드를 받아올 수 있는 텍스트 입력 위젯을 생성해 줘. 사용자는 하나 이상의 주식 종목코드를 콤마(,)로 연결하여 입력할 거야.
> 2. sidebar에 주식 변동성 돌파 매매전략의 백테스팅을 하기 위해 사용자로부터 K값을 입력받을 수 있는 텍스트 입력 위젯을 생성해 줘.
> 3. 1과 2에서 사용자가 주식 종목코드와 K값을 입력한 후 sidebar의 "데이터 가져오기" 버튼을 누르면 pykrx 모듈을 이용하여 입력받은 종목들의 주식 데이터를 오늘 날짜부터 15일 전까지 가져오도록 해 줘.
> 4. streamlit 메인 페이지에 tabs layout을 이용하여 각 tab별로 하나의 종목코드에 해당하는 y축이 2개인 plotly 시계열 그래프를 그려 줘. 이 때 x축은 날짜, y1은 선택된 종목의 ohlc 차트, y2는 꺾은선 그래프로 변동성 돌파 전략을 사용해 계산된 매수목표가격으로 설정해 줘.
> 5. y2로 설정한 x일의 매수목표가격은 직전 날짜(x-1)의 고가, 저가, 종가 데이터와 사용자가 입력한 K값을 이용하여 다음 수식을 이용하여 계산해 줘. ((고가 - 저가) * K값 + 종가)

아래 코드는 Streamlit과 pykrx 모듈을 사용하여 요구사항에 맞게 웹 대시보드를 생성하는 방법을 보여줍니다. 코드를 따라가면서 각 부분이 어떻게 요구사항을 충족시키는지 설명하겠습니다.

1. Streamlit Sidebar 설정: 사용자로부터 하나 이상의 주식 종목코드와 K값을 입력받습니다.
2. pykrx 모듈 사용: 입력받은 종목들의 주식 데이터를 가져옵니다.
3. Plotly를 이용한 시계열 그래프 생성: ohlcv 차트와 변동성 돌파 전략을 사용해 계산된 매수목표가격을 그래프로 표시합니다.

```python
import streamlit as st
from pykrx import stock
import pandas as pd
import plotly.graph_objects as go
from datetime import datetime, timedelta

# Streamlit 앱의 사이드바 설정 ❶
st.sidebar.title('주식 데이터 대시보드 설정')
# 사용자로부터 주식 종목코드 입력 받기 ❷
symbol_input = st.sidebar.text_input('주식 종목코드 입력', '005930,000660')
symbols = symbol_input.split(',')
# K값 입력 받기
k_value = st.sidebar.text_input('K값 입력', '0.5')
k_value = float(k_value)
# 데이터 가져오기 버튼 ❸
if st.sidebar.button('데이터 가져오기'):
    # 현재 날짜와 15일 전 날짜 계산 ❹
    end_date = datetime.now()
    start_date = end_date - timedelta(days=15)

    tabs = st.tabs([f"종목 {symbol}" for symbol in symbols]) # ❺

    for tab, symbol in zip(tabs, symbols):
        with tab:
            # pykrx 모듈을 사용하여 주식 데이터 가져오기 ❻
            df = stock.get_market_ohlcv_by_date(start_date.strftime('%Y%m%d'), end_date.strftime('%Y%m%d'), symbol)
            df['매수목표가격'] = (df['고가'] - df['저가']) * k_value + df['종가']

            # Plotly 그래프 생성 ❼
            fig = go.Figure()

            # OHLCV 차트 추가
            fig.add_trace(go.Candlestick(x=df.index,
                                          open=df['시가'], high=df['고가'],
                                          low=df['저가'], close=df['종가'],
                                          name='OHLCV'))
```

```python
# 매수목표가격 꺾은선 그래프 추가
fig.add_trace(go.Scatter(x=df.index, y=df['매수목표가격'],
                         mode='lines+markers',
                         name='매수목표가격'))

# 레이아웃 설정
fig.update_layout(title=f"{symbol} 주식 데이터",
                  yaxis_title="가격",
                  xaxis_title="날짜")
st.plotly_chart(fig, use_container_width=True)
```

실행 방법:

1. 위 코드를 .py 확장자 파일로 저장합니다.
2. 터미널에서 해당 파일이 있는 디렉토리로 이동한 후, streamlit run 파일명.py 명령어로 스트림릿 앱을 실행합니다.
3. 웹 브라우저가 자동으로 열리면서 대시보드가 표시됩니다.

주의사항:

1. pykrx 모듈은 한국 주식 데이터를 가져오는 데 사용되므로, 주식 종목코드는 KRX 상장 코드를 사용해야 합니다.
2. K값, 종목코드 입력 및 데이터 로드 과정에서 사용자 입력에 따른 에러 처리는 이 코드에서는 다루지 않았습니다. 실제 애플리케이션에서는 사용자 입력 검증과 에러 처리를 추가로 고려해야 합니다.

★ 코드 설명(streamlit_trading_report_1.py)

위 코드는 ❶과 ❷에서 사이드바를 구성합니다.

❶의 sidebar.title에서 사이드바에 표시될 제목을 "주식 데이터 대시보드 설정"으로 표시합니다. 이후 text_input 함수를 이용하여 사용자로부터 주식 종목코드를 입력받아 symbol_input 변수에 할당하고, 입력받은 문자열을 콤마를 기준으로 분리하여 리스트 형식으로 symbols 변수에 할당합니다. 종목코드 뿐만 아니라 사용자로부터 K값을 입력받아 실수형으로 k_value 변수에 저장합니다.

❸에서는 sidebar.button을 이용하여 사이드바에 "데이터 가져오기" 레이블을 표시하는 버튼 위젯을 생성합니다. 이 때 if문을 이용하여 해당 버튼이 클릭되었을 경우 if 조건문 안쪽의 코드블럭이 실행되게끔 합니다.

❹에서 현재 날짜 및 시간을 end_date에, end_date에서 15일만큼 이전의 날짜 및 시간을 start_date 변수에 저장합니다. 이 변수들은 이후 pykrx 모듈을 이용하여 주식 데이터를 불러올 때 검색 기간으로 사용됩니다.

❺에서는 탭을 생성합니다. 이 때 리스트 컴프리헨션을 이용하여 입력받은 종목코드를 순회하면서 해당 종목코드 개수만큼의 탭을 생성하며 탭 이름은 종목코드로 설정합니다. for 반복문을 통해 각 종목코드에 해당하는 탭별로 ❻에서 pykrx 모듈을 통해 주식 데이터를 가져오고 고가, 저가, 종가 데이터와 사용자로부터 입력받은 K값을 이용하여 매수목표가격을 계산하여 ❻에서 가져온 주식 데이터의 (df 변수) "매수목표가격" 컬럼에 저장합니다. 이 때 프롬프트에서는 전일 고가, 저가, 종가 기준으로 당일 매수목표가격을 설정해 달라고 하였으나, 생성된 코드를 보면 전일 고가, 저가, 종가 데이터가 아닌 당일 데이터를 사용하였습니다. 이 부분은 뒤에서 수정이 필요해 보입니다.

❼에서는 plotly graph object의 Candlestick을 이용하여 각 종목별로 OHLC 차트를 그립니다. 동일한 그래프에 앞서 계산한 매수목표가격을 꺾은선 그래프를 graph object의 Scatter를 이용하여 그립니다 (함수 이름이 Scatter지만 산점도, 선그래프 등을 그리는 데 다양하게 활용됩니다). 이 두 가지의 차트를 하나의 그래프 위에 나타내기 위하여, graph object의 Figure 객체에 add_trace 메서드를 이용하여 Candlestick과 Scatter를 추가한 것을 확인할 수 있습니다. 마지막으로 update_layout 메서드를 이용하여 그래프에 "[종목코드] 주식 데이터" 타이틀과 y축 및 x축 레이블을 설정하였습니다.

Plotly를 통해 그래프를 그리는 것은 따로 하나의 책으로 설명해야 할 만큼 분량이 많습니다. 여기서는 챗GPT를 통해 간편하게 시각화 코드를 생성했지만, 파이썬 시각화에 관심이 있으신 분들은 따로 Matplotlib, Seaborn 혹은 Plotly 라이브러리에 대해 공부해 보시는 것을 추천드립니다.

위 프롬프트를 통해 생성한 파이썬 코드는 사용자로부터 입력 받은 종목코드와 K값을 이용하여 각 종목코드 별로 OHLC 차트와 변동성 돌파 전략 기반의 매수목표가격을 계산하여 하나의 그래프 위에 나타냅니다. 앞의 ★코드 설명에서 언급한 것과 같이 변동성 돌파 전략을 통해 매수 목표 가격을 계산하는 과정에서 전일 고가, 저가, 종가 데이터를 사용하는 것이 아닌 당일 데이터를 사용하는 것으로 코드가 생성되었기 때문에 해당 부분을 수정하기 위하여 아래와 같이 프롬프트를 작성하여 전달해 보겠습니다.

 위 코드에서 매수목표가격은 직전 날짜의 저가, 고가, 종가 데이터를 이용해 달라고 했는데, 해당 부분이 반영되지 않은 것 같아. 예를 들어, 2024년 2월 28일의 매수목표가격은 2024년 2월 27일에 해당하는 고가, 저가, 종가 데이터를 이용해서 계산되어야 해. 해당 부분을 반영하여 코드를 수정해 줘.

 아래 수정된 코드는 이전 날짜의 고가, 저가, 종가 데이터를 사용하여 매수목표가격을 계산하는 방법을 반영합니다. 직전 날짜의 데이터를 이용하여 매수목표가격을 계산하기 위해 .shift(1) 함수를 사용하여 데이터프레임의 값을 한 행 아래로 이동시킨 후 계산합니다.

```python
import streamlit as st
from pykrx import stock
import pandas as pd
import plotly.graph_objects as go
from datetime import datetime, timedelta

# Streamlit 앱의 사이드바 설정
st.sidebar.title('주식 데이터 대시보드 설정')
# 사용자로부터 주식 종목코드 입력 받기
symbol_input = st.sidebar.text_input('주식 종목코드 입력', '005930,000660')
symbols = symbol_input.split(',')
# K값 입력 받기
k_value = st.sidebar.text_input('K값 입력', '0.5')
k_value = float(k_value)
# 데이터 가져오기 버튼
if st.sidebar.button('데이터 가져오기'):
```

```python
# 현재 날짜와 15일 전 날짜 계산
end_date = datetime.now()
start_date = end_date - timedelta(days=15)

# ❶

tabs = st.tabs([f"종목 {symbol}" for symbol in symbols])

for tab, symbol in zip(tabs, symbols):
    with tab:
        # pykrx 모듈을 사용하여 주식 데이터 가져오기
        df = stock.get_market_ohlcv_by_date(start_date.strftime('%Y%m%d'), end_date.strftime('%Y%m%d'), symbol)

        # 직전 날짜 데이터를 사용하여 매수목표가격 계산 ❷
        df['매수목표가격'] = ((df['고가'].shift(1) - df['저가'].shift(1)) * k_value + df['종가'].shift(1))

        # Plotly 그래프 생성
        fig = go.Figure()

        # OHLCV 차트 추가
        fig.add_trace(go.Candlestick(x=df.index,
                                     open=df['시가'], high=df['고가'],
                                     low=df['저가'], close=df['종가'],
                                     name='OHLCV'))

        # 매수목표가격 꺾은선 그래프 추가
        fig.add_trace(go.Scatter(x=df.index, y=df['매수목표가격'],
                                 mode='lines+markers',
                                 name='매수목표가격'))

        # 레이아웃 설정
        fig.update_layout(title=f"{symbol} 주식 데이터",
                          yaxis_title="가격",
                          xaxis_title="날짜")
        st.plotly_chart(fig, use_container_width=True)
```

이 코드에서 중요한 변경점은 df['매수목표가격'] 계산 부분입니다. .shift(1) 함수를 이용하여 고가, 저가, 종가를 하루 전 데이터로 이동시킨 후, 이를 사용하여 매수목표가격을 계산합니다. 이렇게 하면 사용자가 요구한 대로 직전 날짜의 데이터를 기반으로 매수목표가격을 설정할 수 있습니다.

실행 방법과 주의사항:

위 코드를 .py 확장자 파일로 저장한 후, 터미널에서 해당 파일이 있는 디렉토리로 이동해 streamlit run 파일명.py 명령어로 실행합니다.

주식 종목코드는 KRX 상장 코드를 사용해야 하며, K값과 종목코드 입력 시 사용자 입력에 따른 에러 처리는 코드에서 다루지 않았습니다. 실제 애플리케이션에서는 추가로 고려해야 합니다.

> ★ 코드 설명(streamlit_trading_report_1.py)
>
> ❷에 수정사항이 있습니다. 직전일의 고가, 저가, 종가 데이터에 기반하여 당일의 매수목표가격을 계산하기 위해서 shift 메서드를 이용하여 (고가 - 저가) * K값 + 종가 결과를 아래로 1칸 (다음 날) 이동시킵니다. shift 메서드는 앞서 이미 다룬 바 있으며, 이를 통해 직전 거래일의 주식 데이터 기반으로 당일 거래일의 매수목표가격을 계산할 수 있습니다.

직전 거래일의 주식 데이터를 기반으로 당일의 매수목표가격을 계산하는 수정 사항을 반영하였고, 추가로 위 코드의 ❶ 위치에 streamlit title 함수를 이용하여 "종목별 OHLC 차트와 매수목표가격"이라는 제목을 임의로 추가하였습니다. 이는 그림 78과 같이 streamlit 레이아웃을 구성하기 위하여 각 차트를 섹션으로 구분하여 각 섹션별로 제목을 붙이기 위함입니다.

지금까지의 코드는 제공되는 소스코드 중 streamlit_trading_report_1.py와 같으며, 해당 스크립트를 streamlit으로 실행하여 웹 대시보드에서 확인하면 아래 그림 78과 같은 화면을 얻습니다. 왼쪽 사이드바의 텍스트 입력 위젯에 종목코드를 콤마로 구분하여 005930,005380과 같이 입력하고 (삼성전자와 현대차) K값으로는 0.1을 입력한 후 "데이터 가져오기" 버튼을 클릭하면 오른쪽과 같은 차트가 나타납니다. 이 때 두 개의 종목코드를 입력하였는데, 각 종목별로 streamlit 탭 레이아웃을 통해 그래프가 하나씩 나누어져 그려지게 됩니다. 각 종목별로 그려진 그래프에는 일별 OHLC 차트와 함께 변동성 돌파 전략의 매수목표가격이 표시됩니다. OHLC 차트의 고점이 매수목표가격보다 높으면 해당 거래일에 매수주문이 진행됩니다. 그래프의 x축 아래쪽으로 보면 그래프의 기간을 조절할 수 있는 슬라이더가 있습니다. 해당 슬라이더의 좌, 우측에 막대를 드래그하여 x축의 범위를 직접 조절해 보시기 바랍니다. Plotly 모듈은 이처럼 줌인, 줌아웃, 위치 변경 등과 같이 사용자와 소통할 수 있는 인터랙티브 시각화를 할 수 있어 streamlit과 같은 웹 대시보드 환경에서 그 활용도가 더욱 높아집니다.

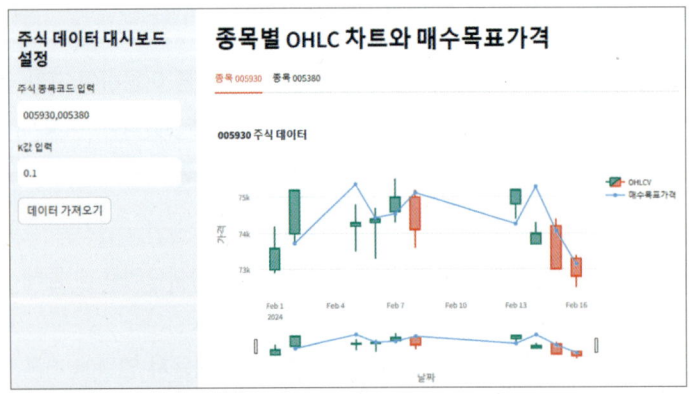

▲ 그림 78 사용자로부터 입력받은 종목코드와 K값을 바탕으로 OHLC 차트 및 변동성 돌파 전략 기반의 매수목표가격을 하나의 plotly 그래프에 나타내어 웹 대시보드에 표현한 결과

이제 매매일지 csv 파일을 이용하여 그림 77의 ❸을 구현해 보도록 하겠습니다. Streamlit의 파일 업로더 위젯을 추가하여 매매일지를 업로드하고, 업로드된 csv 파일을 pandas 데이터프레임으로 불러와 해당 데이터를 기반으로 x축을 매매일지의 기준날짜로, 수익률과 손익금액을 각각 두 개의 y축으로 하는 꺾은선 그래프와 막대그래프를 하나의 그래프에 나타내 보도록 하겠습니다. 이 때 날짜별로 거래한 종목이 하나 이상일 수 있는데, 종목별로 수익률 꺾은선과 막대를 따로 그려보도록 하겠습니다. GPT-4.0 버전을 사용하면 파일을 업로드 할 수 있는 기능이 있습니다. 프롬프트에 매매일지.csv 파일을 업로드 한 후, 아래처럼 프롬프트를 작성해 보도록 하겠습니다.

[매매일지.csv 파일 업로드]
첨부한 csv 파일은 특정 기간동안의 주식 거래일지야. 해당 파일을 분석하여 아래 plotly 차트를 그릴 수 있는 파이썬 코드를 생성해 줘.

〈차트1: 일별 수익률〉

1. 2 개의 y축을 가지는 그래프. x축을 기준날짜로, y1을 해당 날짜의 수익률 꺾은선 그래프로, y2를 해당 날짜의 손익금액 막대 그래프로 나타내 줘.
2. 일별로 하나 이상의 종목을 매매할 수 있는데, 종목별로 막대 및 선을 색깔로 구분하여 나눠 그려 줘.

```python
# 먼저 사용자가 제공한 CSV 파일을 읽어서 내용을 확인해보겠습니다.
import pandas as pd

# 파일 경로 ❶
file_path = '/mnt/data/매매일지.csv'

# CSV 파일 읽기
trading_log_df = pd.read_csv(file_path)

# 데이터 프레임의 첫 5행을 출력하여 내용을 확인
trading_log_df.head()
```

	종목명	매수평균가	매수수량	매도평균가	매도수량	수수료_제세금	손익금액	매도금액	매수금액
0	NaN	NaN	NaN	NaN	NaN	NaN	NaN	NaN	NaN
1	NaN	NaN	NaN	NaN	NaN	NaN	NaN	NaN	NaN
2	현대차	250000.0	1.0	253500.0	1.0	2206.0	1294.0	253500.0	250000.0
3	삼성전자	73600.0	1.0	73800.0	1.0	632.0	−432.0	73800.0	73600.0
4	NaN	NaN	NaN	NaN	NaN	NaN	NaN	NaN	NaN

	수익률	종목코드	기준날짜
0	NaN	NaN	20240217
1	NaN	NaN	20240218
2	0.52	5380.0	20240219
3	−0.59	5930.0	20240219
4	NaN	NaN	20240220

CSV 파일에는 기준날짜별로 종목명, 매수평균가, 매도평균가, 매도수량, 수수료 및 제세금, 손익금액, 매도금액, 매수금액, 수익률, 종목코드 등의 정보가 포함되어 있습니다. 일부 행에는 모든 값이 NaN으로 되어 있어, 이는 거래가 이루어지지 않은 날짜를 나타내는 것으로 보입니다.

분석 요구사항에 따라, 일별 수익률과 손익금액을 각각 꺾은선 그래프와 막대 그래프로 나타내는 Plotly 차트를 생성하기 위해, 먼저 데이터를 전처리한 후 차트를 그리는 코드를 작성하겠습니다. 전처리 과정에서는 거래가 없는 날짜(NaN 값이 있는 행)를 제외하고, 각 종목별로 데이터를 구분하여 처리할 것입니다.

```
# 거래가 이루어진 데이터만 필터링 ❷
filtered_df = trading_log_df.dropna()

# 기준날짜별, 종목별로 수익률과 손익금액을 집계
# 이 과정은 이미 데이터가 종목별로 분리되어 있으므로 추가 집계 없이 사용 가능

# 기준날짜 형식을 datetime으로 변환 ❸
filtered_df['기준날짜'] = pd.to_datetime(filtered_df['기준날짜'], format='%Y%m%d')

filtered_df.head()
```

	종목명	매수평균가	매수수량	매도평균가	매도수량	수수료_제세금	손익금액	매도금액₩
2	현대차	250000.0	1.0	253500.0	1.0	2206.0	1294.0	253500.0
3	삼성전자	73600.0	1.0	73800.0	1.0	632.0	−432.0	73800.0
6	현대차	243030.0	436.0	0.0	0.0	370860.0	0.0	0.0
7	삼성전자	73250.0	117.0	0.0	0.0	29990.0	0.0	0.0
8	현대차	244222.0	9.0	243553.0	445.0	582099.0	−588124.0	108381000.0

	매수금액	수익률	종목코드	기준날짜
2	250000.0	0.52	5380.0	2024-02-19
3	73600.0	−0.59	5930.0	2024-02-19
6	105961000.0	0.00	5380.0	2024-02-22
7	8570200.0	0.00	5930.0	2024-02-22
8	2198000.0	−26.76	5380.0	2024-02-23

이제 데이터를 전처리하여 거래가 이루어진 날짜와 종목별로 필요한 정보(수익률, 손익금액)를 분리하였습니다. 다음으로, Plotly를 사용하여 요구사항에 맞는 차트를 그리는 파이썬 코드를 작성하겠습니다. 이 코드는 일별로 각 종목의 수익률을 꺾은선 그래프로, 손익금액을 막대 그래프로 나타내며, 각각의 y축을 사용하여 두 데이터를 함께 표시할 것입니다. 종목별로 색깔을 구분하여 표시합니다.

```python
from plotly.subplots import make_subplots

# 종목별로 색상을 지정하기 위한 딕셔너리 생성 ❹
colors = {stock: f'rgb({(i*50)%255}, {(i*80)%255}, {(i*30)%255})' for i, stock in enumerate(filtered_df['종목명'].unique())}

# 2개의 y축을 가진 서브플롯 생성 ❺
fig = make_subplots(specs=[[{"secondary_y": True}]])

# 각 종목별로 수익률(꺾은선 그래프)과 손익금액(막대 그래프) 추가 ❻
for stock, group_df in filtered_df.groupby('종목명'):
    color = colors[stock]
    # 수익률 꺾은선 그래프 추가
    fig.add_trace(go.Scatter(x=group_df['기준날짜'], y=group_df['수익률'], name=f"{stock} 수익률", marker_color=color), secondary_y=False)
    # 손익금액 막대 그래프 추가
    fig.add_trace(go.Bar(x=group_df['기준날짜'], y=group_df['손익금액'], name=f"{stock} 손익금액", marker_color=color), secondary_y=True)

# 차트 레이아웃 설정 ❼
fig.update_layout(title_text="일별 수익률 및 손익금액", xaxis_title="기준날짜")
fig.update_yaxes(title_text="수익률 (%)", secondary_y=False)
fig.update_yaxes(title_text="손익금액 (원)", secondary_y=True)

# 차트 출력
fig.show()
```

★ 코드 설명

챗GPT가 사용자가 입력한 csv 파일을 읽어와 데이터를 파악한 후 간단한 전처리를 거쳐 원하는 시각화 코드를 생성해 주었습니다.

❶에서는 첨부한 csv 파일의 경로를 지정하여 pandas의 read_csv 함수를 이용하여 읽어온 후, head 메서드를 통해 첫 5개 행만 표시합니다. 만약 이 코드를 불러와서 직접 사용하고자 한다면 매매일지 csv 파일이 존재하는 위치로 file_path 변수의 값을 수정해야 합니다. 불러온 매매일지 파일은 거래가 이루어지지 않은 일자에는 기준날짜를 제외한 나머지 컬럼들이 모두 결측치이므로 ❷에서 dropna 메서드를 통해 결측치를 가지는 모든 행을 제거하여 실제 거래가 이루어진 날의 데이터만 남깁니다.

❸에서는 기준날짜 컬럼의 데이터 형식을 datetime 형식으로 변경합니다. 이 때 pandas의 to_datetime 함수를 이용하며, format 인자에 데이터의 입력 형식을 전달하여 함수의 올바른 파싱을 유도합니다.

❹에서는 plotly 라이브러리를 이용하여 차트를 그리기 위한 준비를 합니다. 매매일지에 존재하는 모든 종목의 고유값을 불러와 RGB 형식으로 종목별 색상을 지정합니다. 여기서 딕셔너리 내 stock 키의 값인 문자열 내 i 변수와 곱해지는 값들을 조절하여 색상을 자유롭게 튜닝할 수 있으나, 여기서는 챗GPT가 생성해 준 값을 수정 없이 그대로 사용하겠습니다.

❺에서는 plotly 라이브러리의 make_subplots 함수를 이용하여 두 개의 y축을 가지는 그래프를 그릴 준비를 합니다.

❻에서는 for 반복문을 통하여 종목별로 그래프를 그립니다. 매매일지 데이터를 groupby 메서드를 이용하여 주식 종목별로 집계연산을 수행하는데, 이 때 plotly figure의 add_trace 메서드를 이용하여 앞서 생성한 두 개의 y축을 가지는 fig 변수에 그래프를 추가해 나가는 방식입니다. Plotly graph object의 Scatter를 이용하여 수익률을 꺾은선 그래프로 첫 번째 y축에, Bar를 이용하여 손익금액을 두 번째 y축에 막대그래프로 나타냅니다.

❼에서는 차트의 제목 및 두 개의 y축에 대한 축 레이블을 설정합니다.

챗GPT가 생성해 준 코드는 매매일지 csv 파일을 불러와 간단한 전처리를 수행하고 plotly 라이브러리를 이용한 차트를 시각화 하는 것입니다. 하지만 우리의 목적은 해당 코드의 출력물인 차트를 streamlit 라이브러리에 표시하는 것이므로, 아래처럼 추가 프롬프트를 작성하여 streamlit 웹 대시보드에 해당 차트를 표시할 수 있도록 코드를 생성해 달라고 요청합니다. 이 때 매매일지 csv 파일은 streamlit 파일 업로더 위젯을 사용하여 업로드 하는 방식으로 코드 생성을 요청하도록 하겠습니다.

 위 차트를 streamlit 웹 대시보드에 표현할 수 있게끔 파이썬 코드를 생성해 줘. 사용자가 streamlit file_uploader 위젯을 사용하여 csv 파일을 업로드하면, 해당 파일을 읽어서 동일한 알고리즘으로 차트를 그릴 수 있게 코드를 생성해 줘.

 아래는 Streamlit 웹 대시보드에서 사용자가 file_uploader 위젯을 사용하여 CSV 파일을 업로드하고, 그 파일을 분석하여 일별 수익률 및 손익금액을 표현하는 꺾은선 그래프와 막대 그래프를 함께 나타내는 파이썬 코드입니다. 이 코드는 앞서 분석한 알고리즘을 기반으로 작성되었습니다.

```python
import streamlit as st
import pandas as pd
import plotly.graph_objects as go
from plotly.subplots import make_subplots

# 파일 업로드 위젯 ❶
uploaded_file = st.file_uploader("CSV 파일을 업로드하세요.", type=["csv"])

if uploaded_file is not None:
    # CSV 파일 읽기
    df = pd.read_csv(uploaded_file)
```

```python
# NaN 값 제거 및 데이터 전처리
filtered_df = df.dropna()
filtered_df['기준날짜'] = pd.to_datetime(filtered_df['기준날짜'], format='%Y%m%d')

# 종목별 색상 매핑
colors = {stock: f'rgb({(i*50)%255}, {(i*80)%255}, {(i*30)%255})' for i, stock in enumerate(filtered_df['종목명'].unique())}

# 2개의 y축을 가진 서브플롯 생성
fig = make_subplots(specs=[[{"secondary_y": True}]])

# 각 종목별로 차트에 데이터 추가
for stock, group_df in filtered_df.groupby('종목명'):
    color = colors[stock]
    # 수익률 꺾은선 그래프
        fig.add_trace(go.Scatter(x=group_df['기준날짜'], y=group_df['수익률'], name=f"{stock} 수익률", marker_color=color), secondary_y=False)
        # 손익금액 막대 그래프
        fig.add_trace(go.Bar(x=group_df['기준날짜'], y=group_df['손익금액'], name=f"{stock} 손익금액", marker_color=color), secondary_y=True)

# 차트 레이아웃 설정
fig.update_layout(title_text="일별 수익률 및 손익금액", xaxis_title="기준날짜")
fig.update_yaxes(title_text="수익률 (%)", secondary_y=False)
fig.update_yaxes(title_text="손익금액 (원)", secondary_y=True)

# Streamlit을 통해 차트 표시 ❷
st.plotly_chart(fig)
```

이 코드는 다음 단계로 구성되어 있습니다:

1. Streamlit의 file uploader를 사용하여 사용자로부터 CSV 파일을 업로드 받습니다.

2. 업로드된 파일을 Pandas 데이터프레임으로 읽어옵니다.

3. NaN 값을 제거하고, 기준날짜의 형식을 datetime으로 변환하여 데이터를 전처리합니다.

4. 종목별로 서로 다른 색상을 할당하여 데이터를 시각적으로 구분합니다.

5. Plotly를 사용하여 2개의 y축을 가진 차트를 생성하고, 각 종목별로 수익률과 손익금액을 각각 꺾은선 그래프와 막대 그래프로 추가합니다.

6. 최종적으로 Streamlit을 통해 생성된 차트를 웹 대시보드에 표시합니다.

Streamlit 웹 애플리케이션을 실행하려면, 이 코드를 .py 파일에 저장하고, 터미널에서 해당 파일이 위치한 디렉토리로 이동한 다음 streamlit run [파일명].py 명령어를 실행합니다.

> ★ 코드 설명
>
> 챗GPT가 생성해 준 코드의 대부분은 이전 프롬프트의 결과와 동일하나, ❶과 ❷ 부분이 변경되었습니다.
> ❶에서는 streamlit의 파일 업로더 위젯을 이용하여 csv 파일을 불러와 uploaded_file 변수에 저장하며, 아래 if문이 True가 되어 if문 내 코드블럭이 실행됩니다. 이후 코드는 대부분 앞서 설명한 것과 동일하며, 생성한 plotly 차트를 ❷에서 streamlit plotly_chart 함수를 통해 웹 대시보드에 표현하는 부분이 추가되었습니다.

이제 매매일지 csv 파일을 불러와 plotly 차트를 그리는 코드가 streamlit 웹 대시보드에 표현되도록 코드가 만들어졌습니다. 이 코드를 앞서 생성해 둔 그림 77의 ❶과 ❷까지 완성된 스크립트[streamlit_trading_report_1.py]와 연결해 보도록 하겠습니다. 챗GPT가 생성해 준 코드의 ❶의 streamlit 파일 업로더 위젯을 사이드바에 나타내도록 하겠습니다. 앞서 그림 78의 코드에서 사이드바를 통해 주식 종목코드와 K값을 사용자로부터 받아오는 텍스트 입력 위젯을 생성하였는데, 그 아래에 파일 업로더 위젯을 위치하도록 하겠습니다. 아래 코드의 ⓑ 위치에 해당 코드라인을 붙여넣습니다. 다음으로 앞 코드의 ❶ 이후에 나타나는 if문부터 끝까지가 매매일지 csv 파일을 기반으로 차트를 그리는 역할을 하는데, 해당 부분을 아래 코드 기준으로 if sidebar.button('데이터 가져오기'): 조건문 코드 블록의 맨 아래쪽 ⓒ위치에 붙여넣습니다. 이렇게 하면 사이드바의 데이터 가져오기 버튼을 클릭하였을 때, 앞서 그림 78처럼 OHLC 차트가 생성되고, 뒤이어 일별 수익률 및 손익금액 차트가 나타나게 됩니다. 여기서 일별 수익률 및 손익금액 차트는 plotly subplots의 make_subplots 함수를 통해 그렸었는데, 해당 함수를 사용하기 위한 임포트 구문도 아래 코드의 ⓐ와 같이 추가하여야 합니다. 마지막으로, OHLC 차트와 일별 수익률 및 손익금액 차트를 구분하기 위하여 streamlit divider 함수와 header, write 함수를 이용하여 ⓓ에서와 같이 그래프에 대한 설명을 붙입니다.

```
streamlit_trading_report_2.py

import streamlit as st
from pykrx import stock
import pandas as pd
import plotly.graph_objects as go
from plotly.subplots import make_subplots # ⓐ
from datetime import datetime, timedelta

# Streamlit 앱의 사이드바 설정
st.sidebar.title('주식 데이터 대시보드 설정')
# 사용자로부터 주식 종목코드 입력 받기
symbol_input = st.sidebar.text_input('주식 종목코드 입력', '005930,000660')
symbols = symbol_input.split(',')
```

```python
# K값 입력 받기
k_value = st.sidebar.text_input('K값 입력', '0.5')
k_value = float(k_value)
uploaded_file = st.sidebar.file_uploader("CSV 파일을 업로드하세요.", type=["csv"]) # ⓑ
# 데이터 가져오기 버튼
if st.sidebar.button('데이터 가져오기'):
    # 현재 날짜와 15일 전 날짜 계산
    end_date = datetime.now()
    start_date = end_date - timedelta(days=15)

    st.header('종목별 OHLC 차트와 매수목표가격') # 임의 추가

    tabs = st.tabs([f"종목 {symbol}" for symbol in symbols])
    for tab, symbol in zip(tabs, symbols):
        with tab:
            # pykrx 모듈을 사용하여 주식 데이터 가져오기
            df = stock.get_market_ohlcv_by_date(start_date.strftime('%Y%m%d'), end_date.strftime('%Y%m%d'), symbol) #날짜수정

            # 직전 날짜의 데이터를 이용해 매수목표가격 계산
            df['매수목표가격'] = ((df['고가'] - df['저가']) * k_value + df['종가']).shift(1)

            # Plotly 그래프 생성
            fig = go.Figure()

            # OHLCV 차트 추가
            fig.add_trace(go.Candlestick(x=df.index,
                                        open=df['시가'], high=df['고가'],
                                        low=df['저가'], close=df['종가'],
                                        name='OHLCV'))

            # 매수목표가격 꺾은선 그래프 추가 (NaN 값을 제외하고 표시)
            fig.add_trace(go.Scatter(x=df.index, y=df['매수목표가격'],
                                    mode='lines+markers',
                                    name='매수목표가격'))

            # 레이아웃 설정
            fig.update_layout(title=f"{symbol} 주식 데이터",
                            yaxis_title="가격",
                            xaxis_title="날짜")
            st.plotly_chart(fig, use_container_width=True)

    if uploaded_file is not None: # ⓒ
st.divider()# ⓓ
        st.header('일별 종목 수익 차트') # 임의추가
```

```python
st.write(
    '''
    일별로 매매한 종목의 수익률과 손익금액에 대한 그래프를 한 차트에 그립니다.
    수익률은 꺾은선 그래프로 왼쪽 y축 값으로 확인할 수 있으며,
    손익금액은 막대 그래프로 오른쪽 y축에서 값을 확인할 수 있습니다.
    오른쪽의 범례를 클릭하면 특정 그래프를 숨기거나 보이게 할 수 있습니다.
    '''
)

# CSV 파일 읽기
df = pd.read_csv(uploaded_file)

# NaN 값 제거 및 데이터 전처리
filtered_df = df.dropna()
filtered_df['기준날짜'] = pd.to_datetime(filtered_df['기준날짜'], format='%Y%m%d')

# 종목별 색상 매핑
colors = {stock: f'rgb({(i*50)%255}, {(i*80)%255}, {(i*30)%255})' for i, stock in enumerate(filtered_df['종목명'].unique())}

# 2개의 y축을 가진 서브플롯 생성
fig = make_subplots(specs=[[{"secondary_y": True}]])

# 각 종목별로 차트에 데이터 추가
for stock, group_df in filtered_df.groupby('종목명'):
    color = colors[stock]
    # 수익률 꺾은선 그래프
    fig.add_trace(go.Scatter(x=group_df['기준날짜'], y=group_df['수익률'], name=f"{stock} 수익률", marker_color=color), secondary_y=False)
    # 손익금액 막대 그래프
    fig.add_trace(go.Bar(x=group_df['기준날짜'], y=group_df['손익금액'], name=f"{stock} 손익금액", marker_color=color), secondary_y=True)

# 차트 레이아웃 설정
fig.update_layout(title_text="일별 수익률 및 손익금액", xaxis_title="기준날짜")
fig.update_yaxes(title_text="수익률 (%)", secondary_y=False)
fig.update_yaxes(title_text="손익금액 (원)", secondary_y=True)

# Streamlit을 통해 차트 표시
st.plotly_chart(fig)
```

지금까지 생성 및 수정된 스크립트는 소스코드로 제공되는 [streamlit_trading_report_2.py] 와 같습니다. 해당 스크립트를 이용하여 streamlit 애플리케이션을 실행하고 종목코드와 K

값을 텍스트 입력한 후, 매매일지 csv 파일을 파일 업로더 위젯에 업로드하여 사이드바 아래쪽의 데이터 가져오기 버튼을 클릭하면 기존 OHLC 차트 아래에 그림 79와 같은 일별 종목 수익 차트가 추가된 것을 확인할 수 있습니다. 아래 그림은 스크롤을 내려 위쪽의 OHLC 차트가 보이지 않는 상태입니다.

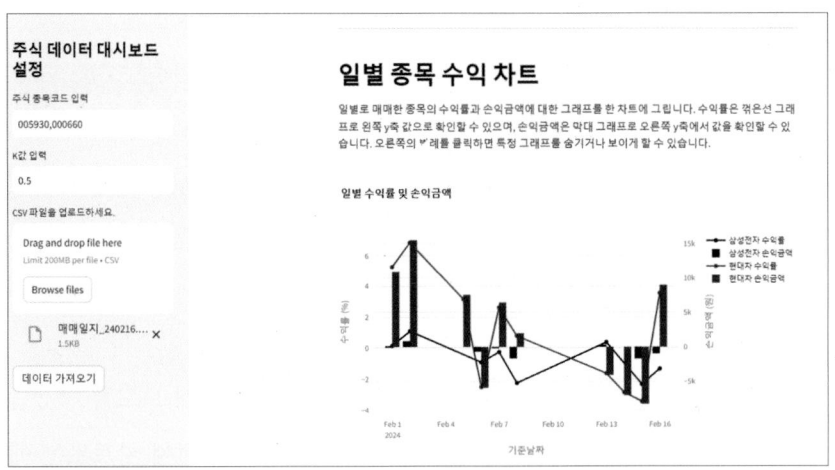

▲ 그림 79 일별 종목 수익 차트를 기존 streamlit 웹 대시보드에 추가한 결과. 스크롤을 내려 일별 종목 수익 차트만 표시되었으며, 기존 OHLC 차트는 스크롤을 위로 올리면 확인할 수 있음.

위 그림의 차트에서 각각의 종목 별로 수익률에 해당하는 꺾은선 그래프와 손익금액에 해당하는 막대그래프가 나눠져 그려진 것을 확인할 수 있습니다. 만약 특정 종목에 대한 그래프만 확인하고 싶은 경우 아래 그림 80과 같이 범례를 클릭하여 특정 그래프를 숨기거나 보이기 처리할 수 있습니다. 그림 80은 삼성전자에 대한 수익률과 손익금액 그래프를 숨김 처리한 그래프이며, plotly 차트는 이처럼 인터랙티브한 시각화를 할 수 있어 streamlit 웹 대시보드와 함께 사용하여 높은 수준의 데이터 시각화를 할 수 있습니다.

앞서 3장에서 변동성 돌파 전략을 백테스팅 했을 때 확인했던 수익률 수준 대비 직접 제작한 애플리케이션을 통해 모의투자를 진행한 경우의 수익률이 저조한 것을 확인할 수 있습니다. 이는 애플리케이션의 테스트를 위해 수익률을 고려하지 않고 K값을 임의로 낮춰 매수 확률을 높였기 때문일 뿐만 아니라, 키움증권 모의투자 정책상 거래 수수료가 0.35% 수준으로 실제 투자 수수료 대비 매우 높게 설정되어 있기 때문입니다. 따라서 키움증권 모의투자 시스템을 이용하여 매매 테스트를 진행할 때는 높은 수수료를 고려하여 실제 예상 수익을 재계산할 필요가 있습니다.

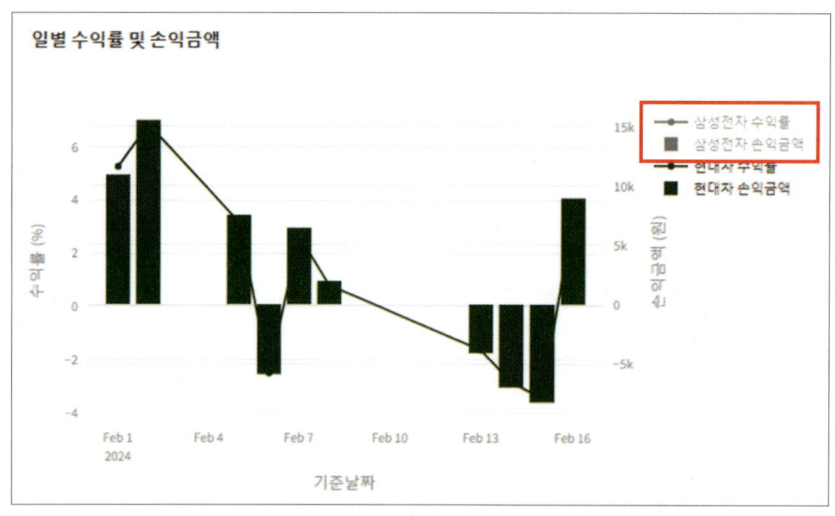

▲ 그림 80 Plotly 차트의 범례를 클릭하여 특정 그래프를 숨기거나 보이게 설정한 화면

이제 그림 77의 ❹부분에 들어갈 차트를 그리는 코드를 챗GPT를 통해 생성해 보도록 하겠습니다. 이 부분에는 총 3개의 차트를 streamlit 컬럼으로 나누어 그리는데, 첫 번째 차트로는 매매한 종목별로 전체 기간에 대한 매수수량 비율을 나타내는 파이차트를, 두 번째로는 각 종목별로 전체 기간의 평균 수익률에 대한 막대차트를, 마지막 세 번째로는 각 종목별로 매수 확률을 (전체 거래일 수에서 해당 주식을 거래하지 않은 일 수를 뺀 값을 전체 거래일 수로 나눈 값) 막대 차트로 나타내 보도록 하겠습니다. 이를 위해 아래처럼 프롬프트를 작성하여 챗GPT에게 전달합니다.

[매매일지.csv 파일 첨부]

첨부한 csv 파일은 일별 주식 거래일지야. 해당 데이터를 이용해서 아래 3가지의 plotly 차트를 그리기 위한 파이썬 코드를 생성해 줘.

〈차트 1〉
1. 각 종목명별로 전체 기간의 매수수량에 대한 파이차트를 그려 줘.

〈차트 2〉
1. 각 종목명별로 전체 기간의 수익률 평균에 대한 막대차트를 그려 줘.

〈차트 3〉
1. 각 종목명별로 매수 진행 확률을 구해서 막대 차트로 그려 줘. 매수 진행 확률은 ((전체 거래일 - 해당 주식을 거래하지 않은 날) / 전체 거래일)로 계산해 줘.
2. 위에서 전체 거래일은 첨부 데이터의 기준날짜에서 주말과 한국의 공휴일을 제외한 working day 기준으로 계산해 줘.

```python
# 먼저 사용자가 업로드한 파일을 불러와 내용을 확인합니다.
import pandas as pd

# 업로드한 파일 경로
file_path = '/mnt/data/매매일지_240216.csv'

# 데이터 불러오기
trading_data = pd.read_csv(file_path)

# 데이터의 처음 몇 줄을 출력하여 내용 확인
trading_data.head()
```

	종목명	매수평균가	매수수량	매도평균가	매도수량	수수료_제세금	손익금액	매도금액	매수금액₩
0	삼성전자	72850.0	1.0	73600.0	1.0	641.0	109.0	73600.0	72850.0
1	현대차	195290.0	1.0	208000.0	1.0	1776.0	10934.0	208000.0	195290.0
2	삼성전자	73730.0	1.0	75200.0	1.0	653.0	817.0	75200.0	73730.0
3	현대차	209550.0	1.0	227000.0	1.0	1925.0	15525.0	227000.0	209550.0
4	NaN	NaN	NaN	NaN	NaN	NaN	NaN	NaN	NaN

	수익률	종목코드	기준날짜
0	0.15	5930.0	20240201
1	5.26	5380.0	20240201
2	1.09	5930.0	20240202
3	6.84	5380.0	20240202
4	NaN	NaN	20240203

파일에는 다음과 같은 정보가 포함되어 있습니다:

종목명: 주식 종목명

매수평균가: 매수 평균 가격

매수수량: 매수 수량

매도평균가: 매도 평균 가격

매도수량: 매도 수량

수수료_제세금: 수수료 및 제세금

손익금액: 손익 금액

매도금액: 매도 금액

매수금액: 매수 금액

수익률: 수익률

종목코드: 종목 코드

기준날짜: 거래일 기준 날짜

요청하신 차트를 그리기 위해 다음 단계를 진행하겠습니다:

1. 각 종목명별로 전체 기간의 매수수량에 대한 파이 차트를 그리기 위해 데이터를 준비합니다.
2. 각 종목명별로 전체 기간의 수익률 평균에 대한 막대 차트를 그리기 위해 데이터를 준비합니다.
3. 각 종목명별로 매수 진행 확률을 구하고, 이를 막대 차트로 그리기 위해 데이터를 준비합니다.

여기서, 전체 거래일은 주말과 한국의 공휴일을 제외한 working day로 계산됩니다.

먼저, 각 차트를 위한 데이터를 준비하기 시작하겠습니다.

```python
from pandas.tseries.holiday import AbstractHolidayCalendar, Holiday, nearest_workday, MO
from pandas.tseries.offsets import CustomBusinessDay
import numpy as np

# 한국 공휴일 정의 ❶
class KoreanHolidayCalendar(AbstractHolidayCalendar):
    rules = [
        Holiday('New Year\'s Day', month=1, day=1, observance=nearest_workday),
        Holiday('Seollal', month=2, day=11, observance=nearest_workday),
        Holiday('Independence Day', month=3, day=1, observance=nearest_workday),
        Holiday('Children\'s Day', month=5, day=5, observance=nearest_workday),
        Holiday('Buddha\'s Birthday', month=5, day=19, observance=nearest_workday),
        Holiday('Memorial Day', month=6, day=6, observance=nearest_workday),
        Holiday('Liberation Day', month=8, day=15, observance=nearest_workday),
        Holiday('Chuseok', month=9, day=20, observance=nearest_workday),
        Holiday('National Foundation Day', month=10, day=3, observance=nearest_workday),
        Holiday('Hangeul Day', month=10, day=9, observance=nearest_workday),
        Holiday('Christmas Day', month=12, day=25, observance=nearest_workday)
    ]

kr_holidays = CustomBusinessDay(calendar=KoreanHolidayCalendar())

# 기준날짜를 datetime 타입으로 변환
trading_data['기준날짜'] = pd.to_datetime(trading_data['기준날짜'], format='%Y%m%d')

# 전체 거래일 계산 ❷
total_days = pd.date_range(start=trading_data['기준날짜'].min(), end=trading_data['기준날짜'].max(), freq=kr_holidays)

# 1. 각 종목명별 매수수량 합계 ❸
buy_quantity_by_stock = trading_data.groupby('종목명')['매수수량'].sum()

# 2. 각 종목명별 수익률 평균
avg_return_by_stock = trading_data.groupby('종목명')['수익률'].mean()
```

```
# 3. 각 종목명별 매수 진행 확률 ❹
# 각 종목별 거래일 계산
trading_days_by_stock = trading_data.groupby('종목명')['기준날짜'].nunique()

# 매수 진행 확률 계산
buying_progress = (trading_days_by_stock / len(total_days)) * 100

# 결과 출력
buy_quantity_by_stock, avg_return_by_stock, buying_progress
```

(종목명
　삼성전자　　8.0
　현대차　　　10.0
Name: 매수수량, dtype: float64,
　종목명
　삼성전자　　−0.68625
　현대차　　　1.17800
Name: 수익률, dtype: float64,
　종목명
　삼성전자　　72.727273
　현대차　　　90.909091
Name: 기준날짜, dtype: float64)

데이터 분석 결과는 다음과 같습니다:

1. 각 종목명별 매수수량 합계:
삼성전자: 8개
현대차: 10개
2. 각 종목명별 수익률 평균:
삼성전자: 약 −0.69%
현대차: 약 1.18%
1. 각 종목명별 매수 진행 확률 (전체 거래일 대비 해당 주식을 거래한 날의 비율):
삼성전자: 약 72.73%
현대차: 약 90.91%

이제 요청하신 3가지 차트를 Plotly를 사용하여 그리는 파이썬 코드를 제공하겠습니다.

차트 1: 각 종목명별 매수수량에 대한 파이차트

```
import plotly.express as px

# 각 종목명별 매수수량에 대한 파이차트 ❺
fig1 = px.pie(values=buy_quantity_by_stock.values, names=buy_quantity_by_stock.index,
title='각 종목명별 매수수량')
fig1.show()
```

차트 2: 각 종목명별 수익률 평균에 대한 막대차트

```
# 각 종목명별 수익률 평균에 대한 막대차트 ❻
fig2 = px.bar(x=avg_return_by_stock.index, y=avg_return_by_stock.values, title='각 종목명별 수익률 평균', labels={'x':'종목명', 'y':'수익률 평균'})
fig2.show()
```

차트 3: 각 종목명별 매수 진행 확률에 대한 막대차트

```
# 각 종목명별 매수 진행 확률에 대한 막대차트 ❼
fig3 = px.bar(x=buying_progress.index, y=buying_progress.values, title='각 종목명별 매수 진행 확률', labels={'x':'종목명', 'y':'매수 진행 확률 (%)'})
fig3.show()
```

위 코드를 사용하여 Plotly를 이용해 차트를 그릴 수 있습니다. 각 코드 블록은 해당하는 차트를 생성하고 표시합니다. 데이터를 바탕으로 한 시각화를 통해 분석 결과를 더 잘 이해할 수 있을 것입니다.

★ 코드 설명

챗GPT가 앞에서와 유사하게 첨부한 매매일지.csv 파일을 분석하고 전처리하여 plotly를 이용한 시각화 차트를 그리는 코드를 생성해 주었습니다. 챗GPT의 답변 앞부분에서 매매일지 csv 파일을 읽고 확인하는 부분은 앞서 설명한 것과 동일하므로 다시 설명하지 않습니다.

❶에서는 pandas의 AbstractHolidayCalendar를 이용하여 한국의 공휴일을 정의하는 KoreanHolidayCalendar 클래스를 생성하였습니다. 이는 매수확률을 계산할 때 휴일을 제외하고 주식 거래일을 기준으로 삼기 위하여 한국의 공휴일을 제외하는 역할을 합니다. 클래스 내 rules 리스트 변수에 누락되거나 잘못된 공휴일이 있다면 동일한 형식으로 추가하거나 수정할 필요가 있습니다. 챗GPT가 생성해 준 것을 확인했을 때 2024년 설 연휴의 대체공휴일 등을 반영하지 못한 것으로 보이지만, 여기서는 따로 추가하거나 수정하지 않고 챗GPT가 생성해 준 것을 그대로 사용하도록 하겠습니다.

❷에서는 매수확률을 구하기 위하여 전체 거래일을 계산합니다. Pandas의 date_range 함수를 이용하여 매매일지의 기준날짜 컬럼에서 가장 오래된 날과 가장 최근의 날짜를 가져오고, 앞서 생성한 KoreanHolidayCalendar 클래스를 pandas의 CustomBuinessDay 함수에 전달하여 freq 인자의 값으로 전달합니다. 이렇게 계산한 총 거래일 수를 total_days 변수에 할당합니다.

❸에서는 각 종목명을 기준으로 매수수량의 합계와 수익률의 평균을 groupby 메서드를 사용하여 집계합니다.

groupby 메서드를 사용하면 인자로 전달된 데이터를 기준으로 원 데이터프레임의 특정 컬럼 내 변수 그룹별 연산이 가능합니다.

❹에서도 동일하게 groupby 메서드를 사용하여 종목별로 총 거래일을 계산하며, 이 때 groupy에 사용된 집계함수로는 고유값의 개수를 구하는 nunique가 사용되었습니다. 이렇게 계산한 값을 총 거래일(total_days 변수)로 나눠 매수확률을 계산하고 buying_progress 변수에 값을 할당합니다. ⑤ ~ ⑦에서는 지금까지 구한 파생변수들을 차트로 나타냅니다.

❺에서 plotly express의 pie 함수를 이용하여 파이차트를 그리며, 이 때 앞서 그룹연산을 통해 계산한 종목별 매수 수량 합계인 buy_quantity_by_stock의 값을 values 값의 인자로 전달합니다.

❻에서는 avg_return_by_stock 변수로 plotly 막대차트를 그립니다. 이 때 x축으로 종목명을, y축으로는 해당 종목별 평균 수익률을 전달합니다.

마지막으로 ❼에서 종목별 매수 확률 데이터를 담고 있는 buying_progress 변수를 이용하여 동일한 방식으로 plotly 막대차트를 그립니다.

챗GPT가 생성해 준 코드와 답변을 살펴보면 업로드한 매매일지 파일을 읽고 요구한 3가지 파생변수들을 (종목별 전체 기간 동안의 매수수량, 종목별 전체 기간 동안의 평균 수익률, 종목별 총 거래 일수를 전체 거래일 수로 나눈 종목별 매수 확률) 계산하고 그 값을 출력하며, 마지막으로 해당 변수들을 plotly 시각화 차트로 나타낼 수 있는 코드를 생성해 준 것을 확인할 수 있습니다. 이러한 결과들을 streamlit 웹 대시보드에 표현하기 위하여 앞에서와 동일한 절차로 해당 결과를 streamlit 웹 대시보드에 표현할 수 있게끔 코드를 작성해 달라고 요청하겠습니다. 이 때 그림 77의 ❹와 같이 세 가지의 차트를 각각 3개의 컬럼에 나타내기 위하여 아래처럼 프롬프트를 작성하였습니다.

위 분석 및 시각화를 streamlit을 통해 웹 대시보드에 표현하려고 해. 아래 사항들을 참고해서 python 코드를 생성해 줘.
1. 첨부 파일은 streamlit file upload 위젯을 이용하여 uploaded_file 변수에 받아온 상태야.
2. 총 3개의 차트를 3개의 streamlit columns 레이아웃을 이용하여 각 column당 하나의 차트를 넣어 줘. 이 때 차트1의 제목은 "종목별 매수수량 비율", 차트2는 "종목별 평균 수익률", 차트3은 "종목별 일일 매수 확률"로 설정해 줘.

아래는 Streamlit을 사용하여 웹 대시보드에 3개의 차트를 표현하기 위한 Python 코드입니다. 이 코드는 Streamlit의 파일 업로드 위젯을 사용하여 업로드된 파일을 처리하고, 3개의 컬럼 레이아웃에 각각의 차트를 배치합니다.

```
import streamlit as st
import pandas as pd
import plotly.express as px
from pandas.tseries.holiday import AbstractHolidayCalendar, Holiday, nearest_workday
```

```python
from pandas.tseries.offsets import CustomBusinessDay

# 한국 공휴일 정의 ❶
class KoreanHolidayCalendar(AbstractHolidayCalendar):
    rules = [
        # 여기에 필요한 한국 공휴일을 정의
    ]

# Streamlit 파일 업로드 위젯
uploaded_file = st.file_uploader("파일 업로드", type=['csv'])

if uploaded_file is not None:
    # 데이터 읽기
    df = pd.read_csv(uploaded_file)

    # 기준날짜를 datetime 타입으로 변환 ❸
    df['기준날짜'] = pd.to_datetime(df['기준날짜'], format='%Y%m%d')

    # 한국 공휴일을 고려한 Business Day 계산
    kr_business_day = CustomBusinessDay(calendar=KoreanHolidayCalendar())
    total_days = pd.date_range(start=df['기준날짜'].min(), end=df['기준날짜'].max(), freq=kr_business_day)

    # 데이터 분석
    buy_quantity_by_stock = df.groupby('종목명')['매수수량'].sum()
    avg_return_by_stock = df.groupby('종목명')['수익률'].mean()
    trading_days_by_stock = df.groupby('종목명')['기준날짜'].nunique()
    buying_progress = (trading_days_by_stock / len(total_days)) * 100

    # Streamlit 컬럼 레이아웃 ❷
    col1, col2, col3 = st.columns(3)

    # 차트 1: 종목별 매수수량 비율 파이 차트
    with col1:
        fig1 = px.pie(values=buy_quantity_by_stock.values, names=buy_quantity_by_stock.index, title='종목별 매수수량 비율')
        st.plotly_chart(fig1)

    # 차트 2: 종목별 평균 수익률 막대 차트
    with col2:
        fig2 = px.bar(x=avg_return_by_stock.index, y=avg_return_by_stock.values, title='종목별 평균 수익률', labels={'x':'종목명', 'y':'평균 수익률'})
        st.plotly_chart(fig2)

    # 차트 3: 종목별 일일 매수 확률 막대 차트
    with col3:
        fig3 = px.bar(x=buying_progress.index, y=buying_progress.values, title='종목별 일일 매수 확률', labels={'x':'종목명', 'y':'매수 확률 (%)'})
        st.plotly_chart(fig3)
```

이 코드를 사용하기 전에, KoreanHolidayCalendar 클래스에 필요한 한국 공휴일을 정의해야 합니다. 공휴일이 정의되면, 업로드된 파일을 통해 데이터를 읽고, 필요한 분석을 수행하여 각 컬럼에 차트를 표시합니다. Streamlit 애플리케이션을 실행하려면, 이 코드를 .py 파일로 저장하고 Streamlit으로 실행하면 됩니다.

★ 코드 설명

챗GPT가 생성해 준 코드의 대부분은 이전 프롬프트의 결과와 동일하나, ❶과 ❷ 부분이 변경되었으며, 나머지는 그림 77의 ❸을 구현할 때와 같은 맥락입니다.

❶에서는 앞에서와 동일하게 한국의 공휴일을 정의하는 KoreanHolidayCalendar 클래스를 정의하는데, 이 때 클래스 내 rules 변수에 들어가던 값이 모두 생략되었습니다. 앞에서 챗GPT가 생성해 준 코드와 동일한 형식으로 한국의 공휴일을 설정하겠습니다.

❷에서는 streamlit columns 함수를 이용하여 3개의 컬럼을 생성하며, with 구문을 이용하여 각 컬럼별로 plotly 차트를 그린 후 plotly_chart 함수를 이용하여 streamlit 웹 대시보드에 표시합니다.

챗GPT가 생성해 준 코드를 앞서 그림 77의 ❶~❸까지 완성된 스크립트에 합쳐보도록 하겠습니다. 우선 한국의 공휴일을 확인하기 위해 사용한 pandas의 공휴일 관련 모듈을 임포트하는 구문을 아래 코드의 ⓐ와 같이 삽입합니다 (AbstractHolidayCalendar, Holiday, nearest_workday). 다음으로 KoreanHolidayCalendar 클래스를 정의한 부분을 (위 챗GPT 생성 코드의 ❶) 임포트 구문 바로 다음인 ⓑ에 삽입합니다. 필요에 따라 클래스 내 rules 변수에 동일한 형식으로 한국의 공휴일을 추가할 수 있으나, 여기서는 챗GPT가 생성해 준 코드를 수정 없이 그대로 사용하겠습니다. 그림 77의 ❸ 부분을 구성하기 위해 이미 매매일지 csv 파일을 불러오는 파일 업로드 위젯을 생성하고 pandas 데이터프레임 형식으로 받아오는 코드를 작성한 바 있으므로, 위 챗GPT가 생성해 준 코드에서 pandas 데이터프레임을 통해 매매일지를 불러온 직후에 해당하는 ❸부터 마지막까지를 아래처럼 ⓓ 부분에 붙여넣습니다. 추가로 ⓒ처럼 streamlit divider, header와 write 함수를 이용하여 이번에 추가하는 3가지 차트에 대한 설명을 임의로 추가하였습니다.

```
import streamlit as st
from pykrx import stock
import pandas as pd
import plotly.graph_objects as go
import plotly.express as px
from plotly.subplots import make_subplots
from datetime import datetime, timedelta
from pandas.tseries.holiday import AbstractHolidayCalendar, Holiday, nearest_workday # ⓐ
```

```python
from pandas.tseries.offsets import CustomBusinessDay

# 한국 공휴일 정의 ⓑ
class KoreanHolidayCalendar(AbstractHolidayCalendar):
    rules = [
        Holiday('New Year\'s Day', month=1, day=1, observance=nearest_workday),
        Holiday('Seollal', month=2, day=11, observance=nearest_workday),
        Holiday('Independence Day', month=3, day=1, observance=nearest_workday),
        Holiday('Children\'s Day', month=5, day=5, observance=nearest_workday),
        Holiday('Buddha\'s Birthday', month=5, day=19, observance=nearest_workday),
        Holiday('Memorial Day', month=6, day=6, observance=nearest_workday),
        Holiday('Liberation Day', month=8, day=15, observance=nearest_workday),
        Holiday('Chuseok', month=9, day=20, observance=nearest_workday),
        Holiday('National Foundation Day', month=10, day=3, observance=nearest_workday),
        Holiday('Hangeul Day', month=10, day=9, observance=nearest_workday),
        Holiday('Christmas Day', month=12, day=25, observance=nearest_workday)
    ]

# Streamlit 앱의 사이드바 설정
st.sidebar.title('주식 데이터 대시보드 설정')
# 사용자로부터 주식 종목코드 입력 받기
symbol_input = st.sidebar.text_input('주식 종목코드 입력', '005930,000660')
symbols = symbol_input.split(',')
# K값 입력 받기
k_value = st.sidebar.text_input('K값 입력', '0.5')
k_value = float(k_value)
uploaded_file = st.sidebar.file_uploader("CSV 파일을 업로드하세요.", type=["csv"])
# 데이터 가져오기 버튼
if st.sidebar.button('데이터 가져오기'):

    ##### [중략] #####

        for stock, group_df in filtered_df.groupby('종목명'):
            color = colors[stock]
            # 수익률 꺾은선 그래프
            fig.add_trace(go.Scatter(x=group_df['기준날짜'], y=group_df['수익률'], name=f"{stock} 수익률", marker_color=color), secondary_y=False)
            # 손익금액 막대 그래프
            fig.add_trace(go.Bar(x=group_df['기준날짜'], y=group_df['손익금액'], name=f"{stock} 손익금액", marker_color=color), secondary_y=True)

        # 차트 레이아웃 설정
        fig.update_layout(title_text="일별 수익률 및 손익금액", xaxis_title="기준날짜")
        fig.update_yaxes(title_text="수익률 (%)", secondary_y=False)
        fig.update_yaxes(title_text="손익금액 (원)", secondary_y=True)

        # Streamlit을 통해 차트 표시
        st.plotly_chart(fig)
```

```python
st.divider() # ⓒ
st.header('종목별 전체 기간 데이터')
st.write(
    '''
    전체 기간동안의 매매 데이터를 차트로 표시합니다.
    1) 종목별 전체 기간 동안의 매매 수량의 비율을 나타냅니다.
    2) 종목별 전체 기간 동안의 평균 수익률을 나타냅니다.
    3) 종목별 전체 거래일 동안 해당 종목을 매수할 확률을 나타냅니다.
    '''
)

# 기준날짜를 datetime 타입으로 변환 ⓓ
df['기준날짜'] = pd.to_datetime(df['기준날짜'], format='%Y%m%d')

# 한국 공휴일을 고려한 Business Day 계산
kr_business_day = CustomBusinessDay(calendar=KoreanHolidayCalendar())
total_days = pd.date_range(start=df['기준날짜'].min(), end=df['기준날짜'].max(), freq=kr_business_day)

# 데이터 분석
buy_quantity_by_stock = df.groupby('종목명')['매수수량'].sum()
avg_return_by_stock = df.groupby('종목명')['수익률'].mean()
trading_days_by_stock = df.groupby('종목명')['기준날짜'].nunique()
buying_progress = (trading_days_by_stock / len(total_days)) * 100

# Streamlit 컬럼 레이아웃
col1, col2, col3 = st.columns(3)
pie_chart_width, chart_height = 320, 300
bar_chart_width = 220 # 임의추가

# 차트 1: 종목별 매수수량 비율 파이 차트
with col1:
    fig1 = px.pie(values=buy_quantity_by_stock.values, names=buy_quantity_by_stock.index, title='종목별 매수수량 비율')
    st.plotly_chart(fig1)

# 차트 2: 종목별 평균 수익률 막대 차트
with col2:
    fig2 = px.bar(x=avg_return_by_stock.index, y=avg_return_by_stock.values, title='종목별 평균 수익률', labels={'x':'종목명', 'y':'평균 수익률'})
    st.plotly_chart(fig2)

# 차트 3: 종목별 일일 매수 확률 막대 차트
with col3:
    fig3 = px.bar(x=buying_progress.index, y=buying_progress.values, title='종목별 일일 매수 확률', labels={'x':'종목명', 'y':'매수 확률 (%)'})
    st.plotly_chart(fig3)
```

지금까지 완성된 코드를 streamlit 웹 대시보드에 표현해 보도록 하겠습니다. Streamlit 웹 애플리케이션을 실행한 후 종목코드와 K값, 그리고 매매일지 csv 파일을 업로드한 후 데이터 가져오기 버튼을 눌러 메인 페이지를 활성화시킵니다. 스크롤을 아래로 내려 방금 전 추가한 종목별 전체 기간 데이터 화면을 살펴보면 아래 그림 81과 같이 임의로 추가한 divider, header, 텍스트 아래에 차트가 생성되었는데, 각 차트의 크기가 너무 커서 서로 겹쳐져 알아보기 힘든 상황입니다. Plotly로 그린 시각화 차트는 각 차트의 크기를 조절할 수 있는 방법이 있는데, 이를 활용하여 각 차트의 크기를 줄일 필요가 있어 보입니다. 아래처럼 챗GPT에 프롬프트를 작성하여 차트의 크기를 조절하는 코드를 생성해 달라고 요청하겠습니다.

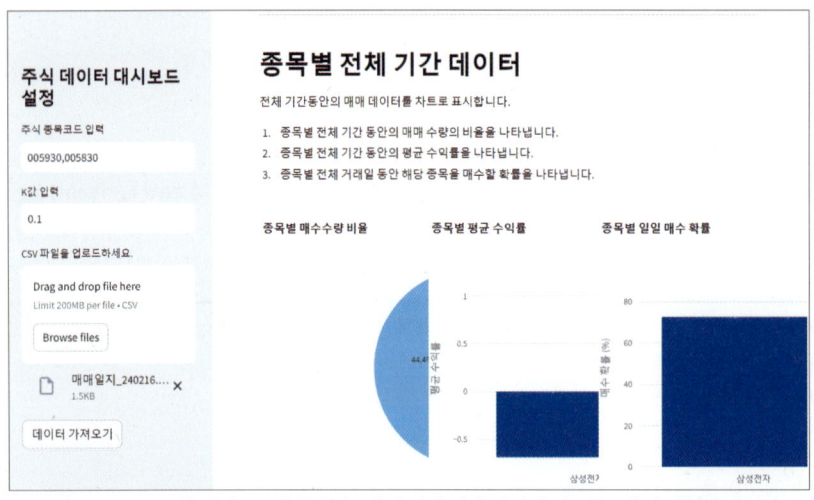

▲ 그림 81 Streamlit 웹 대시보드에 종목별 3개의 전체 기간 데이터 차트를 3개의 컬럼에 나누어 표시한 화면

 위 코드로 streamlit 애플리케이션을 실행하니 plotly 차트가 겹쳐져서 나왔어. 각 차트를 column의 너비에 맞게 사이즈를 줄여야 할 것 같은데, 수정된 코드를 생성해 줘.

 Streamlit 컬럼 레이아웃 내에서 Plotly 차트의 크기를 조정하여 각 컬럼의 너비에 맞게 표시하도록 코드를 수정하겠습니다. Plotly 차트의 update_layout 메서드를 사용하여 차트의 크기를 조정할 수 있습니다. 아래 코드는 각 차트의 너비와 높이를 조정하는 방법을 보여줍니다.

```python
import streamlit as st
import pandas as pd
import plotly.express as px
from pandas.tseries.holiday import AbstractHolidayCalendar, Holiday, nearest_workday
from pandas.tseries.offsets import CustomBusinessDay

# 한국 공휴일 정의
class KoreanHolidayCalendar(AbstractHolidayCalendar):
    rules = [
        # 여기에 필요한 한국 공휴일을 정의
```

```python
]

# Streamlit 파일 업로드 위젯
uploaded_file = st.file_uploader("파일 업로드", type=['csv'])

if uploaded_file is not None:
    # 데이터 읽기
    df = pd.read_csv(uploaded_file)

    # 기준날짜를 datetime 타입으로 변환
    df['기준날짜'] = pd.to_datetime(df['기준날짜'], format='%Y%m%d')

    # 한국 공휴일을 고려한 Business Day 계산
    kr_business_day = CustomBusinessDay(calendar=KoreanHolidayCalendar())
    total_days = pd.date_range(start=df['기준날짜'].min(), end=df['기준날짜'].max(), freq=kr_business_day)

    # 데이터 분석
    buy_quantity_by_stock = df.groupby('종목명')['매수수량'].sum()
    avg_return_by_stock = df.groupby('종목명')['수익률'].mean()
    trading_days_by_stock = df.groupby('종목명')['기준날짜'].nunique()
    buying_progress = (trading_days_by_stock / len(total_days)) * 100

    # Streamlit 컬럼 레이아웃
    col1, col2, col3 = st.columns(3)

    # 차트 사이즈 조정 변수 ❶
    chart_width, chart_height = 320, 300

    # 차트 1: 종목별 매수수량 비율 파이 차트
    with col1:
        fig1 = px.pie(values=buy_quantity_by_stock.values, names=buy_quantity_by_stock.index, title='종목별 매수수량 비율')
        fig1.update_layout(width=chart_width, height=chart_height)  # 차트 사이즈 조정 ❷
        st.plotly_chart(fig1)

    # 차트 2: 종목별 평균 수익률 막대 차트
    with col2:
        fig2 = px.bar(x=avg_return_by_stock.index, y=avg_return_by_stock.values, title='종목별 평균 수익률', labels={'x':'종목명', 'y':'평균 수익률'})
        fig2.update_layout(width=chart_width, height=chart_height)  # 차트 사이즈 조정 ❷
        st.plotly_chart(fig2)

    # 차트 3: 종목별 일일 매수 확률 막대 차트
    with col3:
        fig3 = px.bar(x=buying_progress.index, y=buying_progress.values, title='종목별 일일 매수 확률', labels={'x':'종목명', 'y':'매수 확률 (%)'})
        fig3.update_layout(width=chart_width, height=chart_height)  # 차트 사이즈 조정 ❷
        st.plotly_chart(fig3)
```

이 코드는 각 차트의 너비와 높이를 chart_width와 chart_height 변수를 사용하여 조정합니다. 이 변수들의 값을 변경하여 컬럼 레이아웃 내에서 차트의 크기를 조절할 수 있습니다. Streamlit 애플리케이션을 실행할 때 이제 각 차트가 컬럼의 너비에 맞게 적절히 표시될 것입니다.

> ★ 코드 설명
>
> Plotly로 생성한 차트의 크기를 조절하기 위해 ❶과 ❷ 부분이 추가되었습니다.
> 우선 차트의 너비와 높이를 조절하기 위하여 ❶에서 chart_width, chart_height 변수를 생성하고, 각각 320, 300의 값을 할당합니다.
> 이후 ❷에서 컬럼별로 생성되는 각 차트 변수인 fig1, fig2, fig3에서 update_layout 메서드를 이용하여 width와 height 인자에 ❶에서 설정한 chart_width, chart_height 변수를 전달합니다.

챗 GPT가 생성해 준 코드는 ★코드 설명과 같이 ❶과 ❷ 부분만 추가되었습니다. 해당 부분을 지금까지 생성한 스크립트에 반영하였습니다. 이 때 ❶ 부분의 chart_width와 chart_height 변수의 값을 수정하여 각각의 차트 너비와 높이를 조절할 수 있는데, 챗GTP가 위에서 생성해 준 320, 300이라는 값은 여전히 세 개의 컬럼으로 나누어 차트를 표시하기에는 너무 큰 값이라 판단되어 해당 값을 220, 300으로 임의로 변경하였습니다. 독자 분들께서 여러 가지 값들을 테스트하며 streamlit 웹 대시보드에 차트를 나타내어 보고, 다른 적절한 값을 찾으셔도 좋습니다.

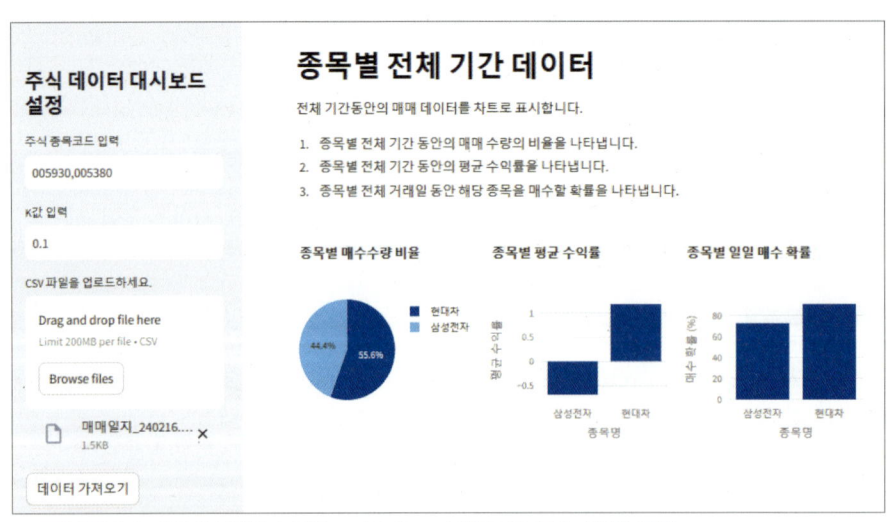

▲ 그림 82 Plotly 차트의 너비와 높이를 update_layout 메서드를 통해 수정한 화면

수정된 최종 스크립트를 streamlit 웹 대시보드에 나타낸 결과는 그림 82와 같습니다. 전체 기간동안 삼성전자와 현대차 두 종목에 대해서 각각 44%, 56%의 비율로 매수를 진행했으며,

종목별 평균 수익률은 삼성전자와 현대차 각각 −7%, +1.2% 정도입니다. 마지막으로, 종목별로 일일 매수 확률 그래프가 표현되었는데, 삼성전자와 현대차 주식을 각각 73%, 91% 확률로 매수한 것을 확인할 수 있습니다. 이 그래프와 주식 시황 등을 종합적으로 고려하여 변동성 돌파 전략의 K값을 높이거나 낮추는 판단을 할 수 있을 것입니다. 위 그림에서 차트로 표현된 수익률은 앞서 설명한 바와 같이 키움증권 모의투자의 높은 수수료율을 반영환 결과로, 실제 환경에서 투자를 하였다면 더 적은 수수료율이 반영되므로 수익률이 더 높았을 것입니다. 앞서 언급한 것과 같이 4장에서 제작한 변동성 돌파 전략을 기반으로 한 자동매매 애플리케이션은 시황 및 종목의 특성에 따라 K값을 세밀하게 튜닝하여야 하며, 이 책에서 소개한 변동성 돌파 전략을 그대로 사용하기 보다는 투자자들만의 노하우를 반영하여 고수익을 위한 보다 복잡한 매매 알고리즘을 추가할 필요가 있습니다. 지금까지 모든 추가 및 수정 사항이 반영된 최종 스크립트는 아래와 같습니다.

```python
# streamlit_trading_report_3.py
import streamlit as st
from pykrx import stock
import pandas as pd
import plotly.graph_objects as go
import plotly.express as px
from plotly.subplots import make_subplots
from datetime import datetime, timedelta
from pandas.tseries.holiday import AbstractHolidayCalendar, Holiday, nearest_workday
from pandas.tseries.offsets import CustomBusinessDay

# 한국 공휴일 정의
class KoreanHolidayCalendar(AbstractHolidayCalendar):
    rules = [
        Holiday('New Year\'s Day', month=1, day=1, observance=nearest_workday),
        Holiday('Seollal', month=2, day=11, observance=nearest_workday),
        Holiday('Independence Day', month=3, day=1, observance=nearest_workday),
        Holiday('Children\'s Day', month=5, day=5, observance=nearest_workday),
        Holiday('Buddha\'s Birthday', month=5, day=19, observance=nearest_workday),
        Holiday('Memorial Day', month=6, day=6, observance=nearest_workday),
        Holiday('Liberation Day', month=8, day=15, observance=nearest_workday),
        Holiday('Chuseok', month=9, day=20, observance=nearest_workday),
        Holiday('National Foundation Day', month=10, day=3, observance=nearest_workday),
        Holiday('Hangeul Day', month=10, day=9, observance=nearest_workday),
        Holiday('Christmas Day', month=12, day=25, observance=nearest_workday)
    ]
```

```python
# Streamlit 앱의 사이드바 설정
st.sidebar.title('주식 데이터 대시보드 설정')
# 사용자로부터 주식 종목코드 입력 받기
symbol_input = st.sidebar.text_input('주식 종목코드 입력', '005930,000660')
symbols = symbol_input.split(',')
# K값 입력 받기
k_value = st.sidebar.text_input('K값 입력', '0.5')
k_value = float(k_value)
uploaded_file = st.sidebar.file_uploader("CSV 파일을 업로드하세요.", type=["csv"])
# 데이터 가져오기 버튼
if st.sidebar.button('데이터 가져오기'):
    # 현재 날짜와 15일 전 날짜 계산
    end_date = datetime.now()
    start_date = end_date - timedelta(days=15)

    st.header('종목별 OHLC 차트와 매수목표가격') # 임의 추가

    tabs = st.tabs([f"종목 {symbol}" for symbol in symbols])
    for tab, symbol in zip(tabs, symbols):
        with tab:
            # pykrx 모듈을 사용하여 주식 데이터 가져오기
            df = stock.get_market_ohlcv_by_date(start_date.strftime('%Y%m%d'), end_date.strftime('%Y%m%d'), symbol) #날짜수정

            # 직전 날짜의 데이터를 이용해 매수목표가격 계산
            df['매수목표가격'] = ((df['고가'] - df['저가']) * k_value + df['종가']).shift(1)

            # Plotly 그래프 생성
            fig = go.Figure()

            # OHLCV 차트 추가
            fig.add_trace(go.Candlestick(x=df.index,
                                         open=df['시가'], high=df['고가'],
                                         low=df['저가'], close=df['종가'],
                                         name='OHLCV'))

            # 매수목표가격 꺾은선 그래프 추가 (NaN 값을 제외하고 표시)
            fig.add_trace(go.Scatter(x=df.index, y=df['매수목표가격'],
                                     mode='lines+markers',
                                     name='매수목표가격'))

            # 레이아웃 설정
            fig.update_layout(title=f"{symbol} 주식 데이터",
                              yaxis_title="가격",
                              xaxis_title="날짜")
            st.plotly_chart(fig, use_container_width=True)

    if uploaded_file is not None:
        st.divider() # 임의추가
```

```python
st.header('일별 종목 수익 차트') # 임의추가
st.write(
    '''
    일별로 매매한 종목의 수익률과 손익금액에 대한 그래프를 한 차트에 그립니다.
    수익률은 꺾은선 그래프로 왼쪽 y축 값으로 확인할 수 있으며,
    손익금액은 막대 그래프로 오른쪽 y축에서 값을 확인할 수 있습니다.
    오른쪽의 범례를 클릭하면 특정 그래프를 숨기거나 보이게 할 수 있습니다.
    '''
)

# CSV 파일 읽기
df = pd.read_csv(uploaded_file)

# NaN 값 제거 및 데이터 전처리
filtered_df = df.dropna()
filtered_df['기준날짜'] = pd.to_datetime(filtered_df['기준날짜'], format='%Y%m%d')

# 종목별 색상 매핑
 colors = {stock: f'rgb({(i*50)%255}, {(i*80)%255}, {(i*30)%255})' for i, stock in enumerate(filtered_df['종목명'].unique())}

# 2개의 y축을 가진 서브플롯 생성
fig = make_subplots(specs=[[{"secondary_y": True}]])

# 각 종목별로 차트에 데이터 추가
for stock, group_df in filtered_df.groupby('종목명'):
    color = colors[stock]
    # 수익률 꺾은선 그래프
    fig.add_trace(go.Scatter(x=group_df['기준날짜'], y=group_df['수익률'], name=f"{stock} 수익률", marker_color=color), secondary_y=False)
    # 손익금액 막대 그래프
    fig.add_trace(go.Bar(x=group_df['기준날짜'], y=group_df['손익금액'], name=f"{stock} 손익금액", marker_color=color), secondary_y=True)

# 차트 레이아웃 설정
fig.update_layout(title_text="일별 수익률 및 손익금액", xaxis_title="기준날짜")
fig.update_yaxes(title_text="수익률 (%)", secondary_y=False)
fig.update_yaxes(title_text="손익금액 (원)", secondary_y=True)

# Streamlit을 통해 차트 표시
st.plotly_chart(fig)


st.divider() # 임의추가
st.header('종목별 전체 기간 데이터') # 임의추가
st.write(
    '''
    전체 기간동안의 매매 데이터를 차트로 표시합니다.
    1) 종목별 전체 기간 동안의 매매 수량의 비율을 나타냅니다.
```

```python
    2) 종목별 전체 기간 동안의 평균 수익률을 나타냅니다.
    3) 종목별 전체 거래일 동안 해당 종목을 매수할 확률을 나타냅니다.
    '''
)

# 기준날짜를 datetime 타입으로 변환
df['기준날짜'] = pd.to_datetime(df['기준날짜'], format='%Y%m%d')

# 한국 공휴일을 고려한 Business Day 계산
kr_business_day = CustomBusinessDay(calendar=KoreanHolidayCalendar())
total_days = pd.date_range(start=df['기준날짜'].min(), end=df['기준날짜'].max(), freq=kr_business_day)

# 데이터 분석
buy_quantity_by_stock = df.groupby('종목명')['매수수량'].sum()
avg_return_by_stock = df.groupby('종목명')['수익률'].mean()
trading_days_by_stock = df.groupby('종목명')['기준날짜'].nunique()
buying_progress = (trading_days_by_stock / len(total_days)) * 100

# Streamlit 컬럼 레이아웃
col1, col2, col3 = st.columns(3)
chart_width, chart_height = 220, 300

# 차트 1: 종목별 매수수량 비율 파이 차트
with col1:
    fig1 = px.pie(values=buy_quantity_by_stock.values, names=buy_quantity_by_stock.index, title='종목별 매수수량 비율')
    fig1.update_layout(width=chart_width, height=chart_height)  # 차트 사이즈 조정
    st.plotly_chart(fig1)

# 차트 2: 종목별 평균 수익률 막대 차트
with col2:
    fig2 = px.bar(x=avg_return_by_stock.index, y=avg_return_by_stock.values, title='종목별 평균 수익률', labels={'x':'종목명', 'y':'평균 수익률'})
    fig2.update_layout(width=chart_width, height=chart_height)  # 차트 사이즈 조정
    st.plotly_chart(fig2)

# 차트 3: 종목별 일일 매수 확률 막대 차트
with col3:
    fig3 = px.bar(x=buying_progress.index, y=buying_progress.values, title='종목별 일일 매수 확률', labels={'x':'종목명', 'y':'매수 확률 (%)'})
    fig3.update_layout(width=chart_width, height=chart_height)  # 차트 사이즈 조정
    st.plotly_chart(fig3)
```

파이썬 관련 추천 도서

**파이썬 데이터 분석 & 시각화
+ 웹 대시보드 제작하기**

박찬의 저 | 254쪽 | 17,700원

**챗GPT를 활용한
40가지 파이썬 프로그램 만들기**

장문철 저 | 252쪽 | 17,700원

**만들면서 배우는
파이썬과 40개의 작품들**

장문철 저 | 348쪽 | 18,800원

**SSS급 일잘러를 위한
파이썬과 40개의 작품들**

장문철 저 | 380쪽 | 22,200원

프로그래밍 추천 도서

한 권으로 끝내는
파이썬 인공지능 입문+실전(종합편)
서민우 저 | 444쪽 | 23,000원

만들면서 배우는
플러터 앱 프로그래밍
최주호, 김근호, 이지원 공저 | 388쪽 | 22,000원

클라우드 서비스 개발자를 위한
AWS로 구현하는 CI/CD 배포 입문
최주호, 정재원, 정동진 공저 | 300쪽 | 20,000원

한 권으로 끝내는
HTML5 & CSS3 웹디자인 입문+활용
윤성훈, 정지영, 정동진 공저 | 300쪽 | 25,500원